The Complete Works of
Pliny the Younger

Gaius Plinius Caecilius Secundus

The Complete Works of Pliny the Younger
Copyright 2013 © Jiahu Books
First Published in Great Britain in 2013 by Jiahu Books – part of
Richardson-Prachai Solutions Ltd, Egerton Gate, Milton Keynes, MK5 7HH
ISBN: 978-1-909669-98-7
Conditions of sale
A CIP catalogue record for this book is available from the British Library.
Visit us at: **jiahubooks.co.uk**

EPISTVLARVM LIBRI DECEM

LIBER PRIMVS	5
LIBER SECVNDVS	23
LIBER TERTIVS	41
LIBER QVARTVS	60
LIBER QVINTVS	78
LIBER SEXTVS	95
LIBER SEPTIMVS	115
LIBER OCTAVVS	133
LIBER NONVS	151
LIBER DECIMVS	170
PANEGYRICUS	204

LIBER PRIMVS

1. C. PLINIUS SEPTICIO CLARO SUO S.

1 Frequenter hortatus es, ut epistulas, si quas paulo curatius scripsissem, colligerem publicaremque. Collegi non servato temporis ordine — neque enim historiam componebam -, sed ut quaeque in manus venerat. 2 Superest ut nec te consilii nec me paeniteat obsequii. Ita enim fiet, ut eas quae adhuc neglectae iacent requiram et si quas addidero non supprimam. Vale.

2. PLINIUS MATURO ARRIANO SUO S.

1 Quia tardiorem adventum tuum prospicio, librum quem prioribus epistulis promiseram exhibeo. Hunc rogo ex consuetudine tua et legas et emendes, eo magis quod nihil ante peraeque eodem 'zêlô' scripsisse videor. 2 Temptavi enim imitari Demosthenen semper tuum, Calvum nuper meum, dumtaxat figuris orationis; nam vim tantorum virorum, 'pauci quos aequus ...' assequi possunt. 3 Nec materia ipsa huic — vereor ne improbe dicam — aemulationi repugnavit: erat enim prope tota in contentione dicendi, quod me longae desidiae indormientem excitavit, si modo is sum ego qui excitari possim. 4 Non tamen omnino Marci nostri 'lêkythous' fugimus, quotiens paulum itinere decedere non intempestivis amoenitatibus admonebamur: acres enim esse non tristes volebamus. 5 Nec est quod putes me sub hac exceptione veniam postulare. Nam quo magis intendam limam tuam, confitebor et ipsum me et contubernales ab editione non abhorrere, si modo tu fortasse errori nostro album calculum adieceris. 6 Est enim plane aliquid edendum — atque utinam hoc potissimum quod paratum est! Audis desidiae votum — edendum autem ex pluribus causis, maxime quod libelli quos emisimus dicuntur in manibus esse, quamvis iam gratiam novitatis exuerint; nisi tamen auribus nostris bibliopolae blandiuntur. Sed sane blandiantur, dum per hoc mendacium nobis studia nostra commendent. Vale.

3. C. PLINIUS CANINIO RUFO SUO S.

1 Quid agit Comum, tuae meaeque deliciae? quid suburbanum amoenissimum, quid illa porticus verna semper, quid platanon opacissimus, quid euripus viridis et gemmeus, quid subiectus et serviens lacus, quid illa mollis et tamen solida gestatio, quid balineum illud quod plurimus sol implet et circumit, quid triclinia illa popularia illa paucorum, quid cubicula diurna nocturna? Possident te et per vices partiuntur? 2 An, ut solebas, intentione rei familiaris obeundae crebris excursionibus avocaris? Si possident, felix beatusque es; si minus, 'unus e multis'. 3 Quin tu — tempus enim — humiles et sordidas curas aliis mandas, et ipse te in alto isto pinguique secessu studiis asseris? Hoc sit negotium tuum hoc otium; hic labor haec quies; in his vigilia, in his etiam somnus reponatur. 4 Effinge aliquid et excude, quod sit perpetuo tuum. Nam reliqua rerum tuarum post te alium atque alium dominum sortientur, hoc numquam tuum desinet esse si semel coeperit. 5 Scio quem animum, quod horter ingenium; tu modo enitere ut tibi ipse sis tanti, quanti videberis aliis si tibi fueris. Vale.

4. C. PLINIUS POMPEIAE CELERINAE SOCRUI S.

1 Quantum copiarum in Ocriculano, in Narniensi, in Carsulano, in Perusino tuo, in Narniensi vero etiam balineum! Ex epistulis meis, nam iam tuis opus non est: una illa brevis et verus sufficit. 2 Non mehercule tam mea sunt quae mea sunt, quam quae tua; hoc tamen differunt, quod sollicitius et intentius tui me quam mei excipiunt. Idem fortasse eveniet tibi, si quando in nostra deverteris. 3 Quod velim facias, primum ut perinde nostris rebus ac nos tuis perfruaris, deinde ut mei expergiscantur aliquando, qui me secure ac prope neglegenter exspectant. 4 Nam mitium dominorum apud servos ipsa consuetudine metus exolescit; novitatibus excitantur, probarique dominis per alios magis quam per ipsos laborant. Vale.

5. C. PLINIUS VOCONIO ROMANO SUO S.

1 Vidistine quemquam M. Regulo timidiorem humiliorem post Domitiani mortem? Sub quo non minora flagitia commiserat quam sub Nerone sed tectiora. Coepit vereri ne sibi irascerer, nec fallebatur: irascebar. 2 Rustici Aruleni periculum foverat, exsultaverat morte; adeo ut librum recitaret publicaretque, in quo Rusticum insectatur atque etiam 'Stoicorum simiam' appellat, adicit 'Vitelliana cicatrice stigmosum' — agnoscis eloquentiam Reguli -, 3 lacerat Herennium Senecionem tam intemperanter quidem, ut dixerit ei Mettius Carus 'Quid tibi cum meis mortuis? Numquid ego Crasso aut Camerino molestus sum?'

quos ille sub Nerone accusaverat. 4 Haec me Regulus dolenter tulisse credebat, ideoque etiam cum recitaret librum non adhibuerat. Praeterea reminiscebatur, quam capitaliter ipsum me apud centumviros lacessisset. 5 Aderam Arrionillae Timonis uxori, rogatu Aruleni Rustici; Regulus contra. Nitebamur nos in parte causae sententia Metti Modesti optimi viri: is tunc in exsilio erat, a Domitiano relegatus. Ecce tibi Regulus 'Quaero,' inquit, 'Secunde, quid de Modesto sentias.' Vides quod periculum, si respondissem 'bene'; quod flagitium si 'male'. Non possum dicere aliud tunc mihi quam deos adfuisse. 'Respondebo' inquam 'si de hoc centumviri iudicaturi sunt.' Rursus ille: 'Quaero, quid de Modesto sentias.' 6Iterum ego: 'Solebant testes in reos, non in damnatos interrogari.' Tertio ille: 'Non iam quid de Modesto, sed quid de pietate Modesti sentias quaero. 7'Quaeris' inquam 'quid sentiam; at ego ne interrogare quidem fas puto, de quo pronuntiatum est.' Conticuit; me laus et gratulatio secuta est, quod nec famam meam aliquo responso utili fortasse, inhonesto tamen laeseram, nec me laqueis tam insidiosae interrogationis involveram.

8 Nunc ergo conscientia exterritus apprehendit Caecilium Celerem, mox Fabium Iustum; rogat ut me sibi reconcilient. Nec contentus pervenit ad Spurinnam; huic suppliciter, ut est cum timet abiectissimus: 'Rogo mane videas Plinium domi, sed plane mane — neque enim ferre diutius sollicitudinem possum -, et quoquo modo efficias, ne mihi irascatur.' 9 Evigilaveram; nuntius a Spurinna: 'Venio ad te.' 'Immo ego ad te.' Coimus in porticum Liviae, cum alter ad alterum tenderemus. Exponit Reguli mandata, addit preces suas, ut decebat optimum virum pro dissimillimo, parce. Cui ego: 'Dispicies ipse quid renuntiandum Regulo putes. 10 Te decipi a me non oportet. Exspecto Mauricum' — nondum ab exsilio venerat -: 'ideo nihil alterutram in partem respondere tibi possum, facturus quidquid ille decreverit; illum enim esse huius consilii ducem, me comitem decet.' 11 Paucos post dies ipse me Regulus convenit in praetoris officio; illuc persecutus secretum petit; ait timere se ne animo meo penitus haereret, quod in centumvirali iudicio aliquando dixisset, cum responderet mihi et Satrio Rufo: 'Satrius Rufus, cui non est cum Cicerone aemulatio et qui contentus est eloquentia saeculi nostri'. 12 Respondi nunc me intellegere maligne dictum quia ipse confiteretur, ceterum potuisse honorificum existimari. 'Est enim' inquam 'mihi cum Cicerone aemulatio, nec sum contentus eloquentia saeculi nostri; 13 nam stultissimum credo ad imitandum non optima quaeque proponere. Sed tu qui huius iudicii meministi, cur illius oblitus es, in quo me interrogasti, quid de Metti Modesti pietate sentirem?' Expalluit notabiliter, quamvis palleat semper, et haesitabundus: 'Interrogavi non ut tibi nocerem, sed ut

Modesto.' Vide hominis crudelitatem, qui se non dissimulet exsuli nocere voluisse. 14Subiunxit egregiam causam: 'Scripsit' inquit 'in epistula quadam, quae apud Domitianum recitata est: "Regulus, omnium bipedum nequissimus"'; quod quidem Modestus verissime scripserat. 15 Hic fere nobis sermonis terminus; neque enim volui progredi longius, ut mihi omnia libera servarem dum Mauricus venit. Nec me praeterit esse Regulum 'dyskathaireton'; est enim locuples factiosus, curatur a multis, timetur a pluribus, quod plerumque fortius amore est. 16 Potest tamen fieri ut haec concussa labantur; nam gratia malorum tam infida est quam ipsi. Verum, ut idem saepius dicam, exspecto Mauricum. Vir est gravis prudens, multis experimentis eruditus et qui futura possit ex praeteritis providere. Mihi et temptandi aliquid et quiescendi illo auctore ratio constabit. 17 Haec tibi scripsi, quia aequum erat te pro amore mutuo non solum omnia mea facta dictaque, verum etiam consilia cognoscere. Vale.

6. C. PLINIUS CORNELIO TACITO SUO S.

1 Ridebis, et licet rideas. Ego, ille quem nosti, apros tres et quidem pulcherrimos cepi. 'Ipse?' inquis. Ipse; non tamen ut omnino ab inertia mea et quiete discederem. Ad retia sedebam; erat in proximo non venabulum aut lancea, sed stilus et pugillares; meditabar aliquid enotabamque, ut si manus vacuas, plenas tamen ceras reportarem. 2 Non est quod contemnas hoc studendi genus; mirum est ut animus agitatione motuque corporis excitetur; iam undique silvae et solitudo ipsumque illud silentium quod venationi datur, magna cogitationis incitamenta sunt. 3 Proinde cum venabere, licebit auctore me ut panarium et lagunculam sic etiam pugillares feras: experieris non Dianam magis montibus quam Minervam inerrare. Vale.

7. C. PLINIUS OCTAVIO RUFO SUO S.

1 Vide in quo me fastigio collocaris, cum mihi idem potestatis idemque regni dederis quod Homerus Iovi Optimo Maximo: 'tô d' heteron men edôke patêr, heteron d' aneneusen.' 2 Nam ego quoque simili nutu ac renutu respondere voto tuo possum. Etenim, sicut fas est mihi, praesertim te exigente, excusare Baeticis contra unum hominem advocationem, ita nec fidei nostrae nec constantiae quam diligis convenit, adesse contra provinciam quam tot officiis, tot laboribus, tot etiam periculis meis aliquando devinxerim. 3 Tenebo ergo hoc temperamentum, ut ex duobus, quorum alterutrum petis, eligam id potius, in quo non solum studio tuo verum etiam iudicio satisfaciam. Neque enim tantopere mihi considerandum est, quid vir optimus in praesentia velis, quam quid semper sis

probaturus. 4 Me circa Idus Octobris spero Romae futurum, eademque haec praesentem quoque tua meaque fide Gallo confirmaturum; cui tamen iam nunc licet spondeas de animo meo 'ê kai kyaneêsin ep' ophrysi neuse'. 5 Cur enim non usquequaque Homericis versibus agam tecum? quatenus tu me tuis agere non pateris, quorum tanta cupiditate ardeo, ut videar mihi hac sola mercede posse corrumpi, ut vel contra Baeticos adsim. 6 Paene praeterii, quod minime praetereundum fuit, accepisse me careotas optimas, quae nunc cum ficis et boletis certandum habent. Vale.

8. C. PLINIUS POMPEIO SATURNINO SUO S.

1 Peropportune mihi redditae sunt litterae tuae quibus flagitabas, ut tibi aliquid ex scriptis meis mitterem, cum ego id ipsum destinassem. Addidisti ergo calcaria sponte currenti, pariterque et tibi veniam recusandi laboris et mihi exigendi verecundiam sustulisti. 2 Nam nec me timide uti decet eo quod oblatum est, nec te gravari quod depoposcisti. Non est tamen quod ab homine desidioso aliquid novi operis exspectes. Petiturus sum enim ut rursus vaces sermoni quem apud municipes meos habui bibliothecam dedicaturus. 3 Memini quidem te iam quaedam adnotasse, sed generaliter; ideo nunc rogo ut non tantum universitati eius attendas, verum etiam particulas qua soles lima persequaris. Erit enim et post emendationem liberum nobis vel publicare vel continere. 4 Quin immo fortasse hanc ipsam cunctationem nostram in alterutram sententiam emendationis ratio deducet, quae aut indignum editione dum saepius retractat inveniet, aut dignum dum id ipsum experitur efficiet. 5 Quamquam huius cunctationis meae causae non tam in scriptis quam in ipso materiae genere consistunt: est enim paulo quasi gloriosius et elatius. Onerabit hoc modestiam nostram, etiamsi stilus ipse pressus demissusque fuerit, propterea quod cogimur cum de munificentia parentum nostrorum tum de nostra disputare. 6 Anceps hic et lubricus locus est, etiam cum illi necessitas lenocinatur. Etenim si alienae quoque laudes parum aequis auribus accipi solent, quam difficile est obtinere, ne molesta videatur oratio de se aut de suis disserentis! Nam cum ipsi honestati tum aliquanto magis gloriae eius praedicationique invidemus, atque ea demum recte facta minus detorquemus et carpimus, quae in obscuritate et silentio reponuntur. 7 Qua ex causa saepe ipse mecum, nobisne tantum, quidquid est istud, composuisse an et aliis debeamus. Ut nobis, admonet illud, quod pleraque quae sunt agendae rei necessaria, eadem peracta nec utilitatem parem nec gratiam retinent.

8 Ac, ne longius exempla repetamus, quid utilius fuit quam munificentiae rationem etiam stilo prosequi? Per hoc enim assequebamur, primum ut honestis

cogitationibus immoraremur, deinde ut pulchritudinem illarum longiore tractatu pervideremus, postremo ut subitae largitionis comitem paenitentiam caveremus. Nascebatur ex his exercitatio quaedam contemnendae pecuniae. 9 Nam cum omnes homines ad custodiam eius natura restrinxerit, nos contra multum ac diu pensitatus amor liberalitatis communibus avaritiae vinculis eximebat, tantoque laudabilior munificentia nostra fore videbatur, quod ad illam non impetu quodam, sed consilio trahebamur. 10 Accedebat his causis, quod non ludos aut gladiatores sed annuos sumptus in alimenta ingenuorum pollicebamur. Oculorum porro et aurium voluptates adeo non egent commendatione, ut non tam incitari debeant oratione quam reprimi; 11 ut vero aliquis libenter educationis taedium laboremque suscipiat, non praemiis modo verum etiam exquisitis adhortationibus impetrandum est. 12 Nam si medici salubres sed voluptate carentes cibos blandioribus alloquiis prosequuntur, quanto magis decuit publice consulentem utilissimum munus, sed non perinde populare, comitate orationis inducere? praesertim cum enitendum haberemus, ut quod parentibus dabatur et orbis probaretur, honoremque paucorum ceteri patienter et exspectarent et mererentur. 13 Sed ut tunc communibus magis commodis quam privatae iactantiae studebamus, cum intentionem effectumque muneris nostri vellemus intellegi, ita nunc in ratione edendi veremur, ne forte non aliorum utilitatibus sed propriae laudi servisse videamur.

14 Praeterea meminimus quanto maiore animo honestatis fructus in conscientia quam in fama reponatur. Sequi enim gloria, non appeti debet, nec, si casu aliquo non sequatur, idcirco quod gloriam meruit minus pulchrum est. 15 Ii vero, qui benefacta sua verbis adornant, non ideo praedicare quia fecerint, sed ut praedicarent fecisse creduntur. Sic quod magnificum referente alio fuisset, ipso qui gesserat recensente vanescit; homines enim cum rem destruere non possunt, iactationem eius incessunt. Ita si silenda feceris, factum ipsum, si laudanda non sileas, ipse culparis. 16 Me vero peculiaris quaedam impedit ratio. Etenim hunc ipsum sermonem non apud populum, sed apud decuriones habui, nec in propatulo sed in curia. 17 Vereor ergo ut sit satis congruens, cum in dicendo assentationem vulgi acclamationemque defugerim, nunc eadem illa editione sectari, cumque plebem ipsam, cui consulebatur, limine curiae parietibusque discreverim, ne quam in speciem ambitionis inciderem, nunc eos etiam, ad quos ex munere nostro nihil pertinet praeter exemplum, velut obvia ostentatione conquirere. 18 Habes cunctationis meae causas; obsequar tamen consilio tuo, cuius mihi auctoritas pro ratione sufficiet. Vale.

9. C. PLINIUS MINICIO FUNDANO SUO S.

1 Mirum est quam singulis diebus in urbe ratio aut constet aut constare videatur, pluribus iunctisque non constet. 2 Nam si quem interroges 'Hodie quid egisti?', respondeat: 'Officio togae virilis interfui, sponsalia aut nuptias frequentavi, ille me ad signandum testamentum, ille in advocationem, ille in consilium rogavit.' 3 Haec quo die feceris, necessaria, eadem, si cotidie fecisse te reputes, inania videntur, multo magis cum secesseris. Tunc enim subit recordatio: 'Quot dies quam frigidis rebus absumpsi!' 4 Quod evenit mihi, postquam in Laurentino meo aut lego aliquid aut scribo aut etiam corpori vaco, cuius fulturis animus sustinetur. 5 Nihil audio quod audisse, nihil dico quod dixisse paeniteat; nemo apud me quemquam sinistris sermonibus carpit, neminem ipse reprehendo, nisi tamen me cum parum commode scribo; nulla spe nullo timore sollicitor, nullis rumoribus inquietor: mecum tantum et cum libellis loquor. 6 O rectam sinceramque vitam! O dulce otium honestumque ac paene omni negotio pulchrius! O mare, o litus, verum secretumque 'mûseion', quam multa invenitis, quam multa dictatis! 7 Proinde tu quoque strepitum istum inanemque discursum et multum ineptos labores, ut primum fuerit occasio, relinque teque studiis vel otio trade. 8 Satius est enim, ut Atilius noster eruditissime simul et facetissime dixit, otiosum esse quam nihil agere. Vale.

10. C. PLINIUS ATTIO CLEMENTI SUO S.

1 Si quando urbs nostra liberalibus studiis floruit, nunc maxime floret. 2 Multa claraque exempla sunt; sufficeret unum, Euphrates philosophus. Hunc ego in Syria, cum adulescentulus militarem, penitus et domi inspexi, amarique ab eo laboravi, etsi non erat laborandum. Est enim obvius et expositus, plenusque humanitate quam praecipit. 3 Atque utinam sic ipse quam spem tunc ille de me concepit impleverim, ut ille multum virtutibus suis addidit! aut ego nunc illas magis miror quia magis intellego. 4 Quamquam ne nunc quidem satis intellego; ut enim de pictore scalptore fictore nisi artifex iudicare, ita nisi sapiens non potest perspicere sapientem. 5 Quantum tamen mihi cernere datur, multa in Euphrate sic eminent et elucent, ut mediocriter quoque doctos advertant et afficiant. Disputat subtiliter graviter ornate, frequenter etiam Platonicam illam sublimitatem et latitudinem effingit. Sermo est copiosus et varius, dulcis in primis, et qui repugnantes quoque ducat impellat. 6 Ad hoc proceritas corporis, decora facies, demissus capillus, ingens et cana barba; quae licet fortuita et inania putentur, illi tamen plurimum venerationis acquirunt. 7 Nullus horror in cultu, nulla tristitia, multum severitatis; reverearis occursum, non reformides. Vitae

sanctitas summa; comitas par: insectatur vitia non homines, nec castigat errantes sed emendat. Sequaris monentem attentus et pendens, et persuaderi tibi etiam cum persuaserit cupias. 8 Iam vero liberi tres, duo mares, quos diligentissime instituit. Socer Pompeius Iulianus, cum cetera vita tum vel hoc uno magnus et clarus, quod ipse provinciae princeps inter altissimas condiciones generum non honoribus principem, sed sapientia elegit.

9 Quamquam quid ego plura de viro quo mihi frui non licet? An ut magis angar quod non licet? Nam distringor officio, ut maximo sic molestissimo: sedeo pro tribunali, subnoto libellos, conficio tabulas, scribo plurimas sed illitteratissimas litteras. 10 Soleo non numquam — nam id ipsum quando contingit! — de his occupationibus apud Euphraten queri. Ille me consolatur, affirmat etiam esse hanc philosophiae et quidem pulcherrimam partem, agere negotium publicum, cognoscere iudicare, promere et exercere iustitiam, quaeque ipsi doceant in usu habere. 11 Mihi tamen hoc unum non persuadet, satius esse ista facere quam cum illo dies totos audiendo discendoque consumere. Quo magis te cui vacat hortor, cum in urbem proxime veneris — venias autem ob hoc maturius -, illi te expoliendum limandumque permittas. 12 Neque enim ego ut multi invideo aliis bono quo ipse careo, sed contra: sensum quendam voluptatemque percipio, si ea quae mihi denegantur amicis video superesse. Vale.

11. C. PLINIUS FABIO IUSTO SUO S.

1 Olim mihi nullas epistulas mittis. Nihil est, inquis, quod scribam. At hoc ipsum scribe, nihil esse quod scribas, vel solum illud unde incipere priores solebant: 'Si vales, bene est; ego valeo.' 2 Hoc mihi sufficit; est enim maximum. Ludere me putas? serio peto. Fac sciam quid agas, quod sine sollicitudine summa nescire non possum. Vale.

12. C. PLINIUS CALESTRIO TIRONI SUO S.

1 Iacturam gravissimam feci, si iactura dicenda est tanti viri amissio. Decessit Corellius Rufus et quidem sponte, quod dolorem meum exulcerat. Est enim luctuosissimum genus mortis, quae non ex natura nec fatalis videtur. 2 Nam utcumque in illis qui morbo finiuntur, magnum ex ipsa necessitate solacium est; in iis vero quos accersita mors aufert, hic insanabilis dolor est, quod creduntur potuisse diu vivere. 3 Corellium quidem summa ratio, quae sapientibus pro necessitate est, ad hoc consilium compulit, quamquam plurimas vivendi causas habentem, optimam conscientiam optimam famam, maximam auctoritatem,

praeterea filiam uxorem nepotem sorores, interque tot pignora veros amicos. 4 Sed tam longa, tam iniqua valetudine conflictabatur, ut haec tanta pretia vivendi mortis rationibus vincerentur. Tertio et tricensimo anno, ut ipsum audiebam, pedum dolore correptus est. Patrius hic illi; nam plerumque morbi quoque per successiones quasdam ut alia traduntur. 5 Hunc abstinentia sanctitate, quoad viridis aetas, vicit et fregit; novissime cum senectute ingravescentem viribus animi sustinebat, cum quidem incredibiles cruciatus et indignissima tormenta pateretur. 6 Iam enim dolor non pedibus solis ut prius insidebat, sed omnia membra pervagabatur. Veni ad eum Domitiani temporibus in suburbano iacentem. 7 Servi e cubiculo recesserunt — habebat hoc moris, quotiens intrasset fidelior amicus -; quin etiam uxor quamquam omnis secreti capacissima digrediebatur. 8Circumtulit oculos et 'Cur' inquit 'me putas hos tantos dolores tam diu sustinere? — ut scilicet isti latroni vel uno die supersim.' Dedisses huic animo par corpus, fecisset quod optabat. Adfuit tamen deus voto, cuius ille compos ut iam securus liberque moriturus, multa illa vitae sed minora retinacula abrupit. 9 Increverat valetudo, quam temperantia mitigare temptavit; perseverantem constantia fugit. Iam dies alter tertius quartus: abstinebat cibo. Misit ad me uxor eius Hispulla communem amicum C. Geminium cum tristissimo nuntio, destinasse Corellium mori nec aut suis aut filiae precibus inflecti; solum superesse me, a quo revocari posset ad vitam. 10 Cucurri. Perveneram in proximum, cum mihi ab eadem Hispulla Iulius Atticus nuntiat nihil iam ne me quidem impetraturum: tam obstinate magis ac magis induruisse. Dixerat sane medico admoventi cibum: 'Kekrika', quae vox quantum admirationis in animo meo tantum desiderii reliquit. 11 Cogito quo amico, quo viro caream. Implevit quidem annum septimum et sexagensimum, quae aetas etiam robustissimis satis longa est; scio. Evasit perpetuam valetudinem; scio. Decessit superstitibus suis, florente re publica, quae illi omnibus carior erat; et hoc scio. 12 Ego tamen tamquam et iuvenis et firmissimi mortem doleo, doleo autem — licet me imbecillum putes — meo nomine. Amisi enim, amisi vitae meae testem rectorem magistrum. In summa dicam, quod recenti dolore contubernali meo Calvisio dixi: 'Vereor ne neglegentius vivam.' 13 Proinde adhibe solacia mihi, non haec: 'Senex erat, infirmus erat' — haec enim novi -, sed nova aliqua, sed magna, quae audierim numquam, legerim numquam. Nam quae audivi quae legi sponte succurrunt, sed tanto dolore superantur. Vale.

13. C. PLINIUS SOSIO SENECIONI SUO S.

1 Magnum proventum poetarum annus hic attulit: toto mense Aprili nullus fere dies, quo non recitaret aliquis. Iuvat me quod vigent studia, proferunt se ingenia hominum et ostentant, tametsi ad audiendum pigre coitur. 2 Plerique in stationibus sedent tempusque audiendi fabulis conterunt, ac subinde sibi nuntiari iubent, an iam recitator intraverit, an dixerit praefationem, an e: magna parte evolucrit librum; tum demum ac tunc quoque Lente cunctanterque veniunt, nec tamen permanent, sed ante finem recedunt, alii dissimulanter et furtim, alii simpliciter et libere. 3 At hercule memoria parentum Claudium Caesarem ferunt, cum in Palatio spatiaretur audissetque clamorem, causam requisisse, cumque dictum esset recitare Nonianum, subitum recitanti inopinatumque venisse. 4 Nunc otiosissimus quisque multo ante rogatus et identidem admonitus aut non venit aut, si venit, queritur se diem — quia non perdidit — perdidisse. 5 Sed tanto magis laudandi probandique sunt, quos a scribendi recitandique studio haec auditorum vel desidia vel superbia non retardat. Equidem prope nemini defui. Erant sane plerique amici; 6 neque enim est fere quisquam, qui studia, ut non simul et nos amet. His ex causis longius quam destinaveram tempus in urbe consumpsi. Possum iam repetere secessum et scribere aliquid, quod non recitem, ne videar, quorum recitationibus adfui, non auditor fuisse sed creditor. Nam ut in ceteris rebus ita in audiendi officio perit gratia si reposcatur. Vale.

14. C. PLINIUS IUNIO MAURICO SUO S.

1 Petis ut fratris tui filiae prospiciam maritum; quod merito mihi potissimum iniungis. Scis enim quanto opere summum illum virum suspexerim dilexerimque, quibus ille adulescentiam meam exhortationibus foverit, quibus etiam laudibus ut laudandus viderer effecerit. 2 Nihil est quod a te mandari mihi aut maius aut gratius, nihil quod honestius a me suscipi possit, quam ut eligam iuvenem, ex quo nasci nepotes Aruleno Rustico deceat. 3 Qui quidem diu quaerendus fuisset, nisi paratus et quasi provisus esset Minicius Acilianus, qui me ut iuvenis iuvenem — est enim minor pauculis annis — familiarissime diligit, reveretur ut senem. 4 Nam ita formari a me et institui cupit, ut ego a vobis solebam. Patria est ei Brixia, ex illa nostra Italia quae multum adhuc verecundiae frugalitatis, atque etiam rusticitatis antiquae, retinet ac servat. 5 Pater Minicius Macrinus, equestris ordinis princeps, quia nihil altius volvit; allectus enim a Divo Vespasiano inter praetorios honestam quietem huic nostrae — ambitioni dicam an dignitati? — constantissime praetulit. 6 Habet aviam maternam Serranam Proculam e

municipio Patavio. Nosti loci mores: Serrana tamen Patavinis quoque severitatis exemplum est. Contigit et avunculus ei P. Acilius gravitate prudentia fide prope singulari. In summa nihil erit in domo tota, quod non tibi tamquam in tua placeat. 7 Aciliano vero ipsi plurimum vigoris industriae, quamquam in maxima verecundia. Quaesturam tribunatum praeturam honestissime percucurrit, ac iam pro se tibi necessitatem ambiendi remisit. 8 Est illi facies liberalis, multo sanguine multo rubore suffusa, est ingenua totius corporis pulchritudo et quidam senatorius decor. Quae ego nequaquam arbitror neglegenda; debet enim hoc castitati puellarum quasi praemium dari. 9 Nescio an adiciam esse patri eius amplas facultates. Nam cum imaginor vos quibus quaerimus generum, silendum de facultatibus puto; cum publicos mores atque etiam leges civitatis intueor, quae vel in primis census hominum spectandos arbitrantur, ne id quidem praetereundum videtur. Et sane de posteris et his pluribus cogitanti, hic quoque in condicionibus deligendis ponendus est calculus. 10 Tu fortasse me putes indulsisse amori meo, supraque ista quam res patitur sustulisse. At ego fide mea spondeo futurum ut omnia longe ampliora quam a me praedicantur invenias. Diligo quidem adulescentem ardentissime sicut meretur; sed hoc ipsum amantis est, non onerare eum laudibus. Vale.

15. C. PLINIUS SEPTICIO CLARO SUO S.

1 Heus tu! Promittis ad cenam, nec venis? Dicitur ius: ad assem impendium reddes, nec id modicum. 2 Paratae erant lactucae singulae, cochleae ternae, ova bina, halica cum mulso et nive — nam hanc quoque computabis, immo hanc in primis quae perit in ferculo -, olivae betacei cucurbitae bulbi, alia mille non minus lauta. Audisses comoedos vel lectorem vel lyristen vel — quae mea liberalitas — omnes. 3 At tu apud nescio quem ostrea vulvas echinos Gaditanas maluisti. Dabis poenas, non dico quas. Dure fecisti: invidisti, nescio an tibi, certe mihi, sed tamen et tibi. Quantum nos lusissemus risissemus studuissemus! 4 Potes apparatius cenare apud multos, nusquam hilarius simplicius incautius. In summa experire, et nisi postea te aliis potius excusaveris, mihi semper excusa. Vale.

16. C. PLINIUS ERUCIO SUO S.

1 Amabam Pompeium Saturninum — hunc dico nostrum — laudabamque eius ingenium, etiam antequam scirem, quam varium quam flexibile quam multiplex esset; nunc vero totum me tenet habet possidet. 2 Audivi causas agentem acriter et ardenter, nec minus polite et ornate, sive meditata sive subita proferret. Adsunt aptae crebraeque sententiae, gravis et decora constructio, sonantia verba et

antiqua. Omnia haec mire placent cum impetu quodam et flumine pervehuntur, placent si retractentur. 3 Senties quod ego, cum orationes eius in manus sumpseris, quas facile cuilibet veterum, quorum est aemulus, comparabis. 4 Idem tamen in historia magis satisfaciet vel brevitate vel luce vel suavitate vel splendore etiam et sublimitate narrandi. Nam in contionibus eadem quae in orationibus vis est, pressior tantum et circumscriptior et adductior. 5 Praeterea facit versus, quales Catullus meus aut Calvus, re vera quales Catullus aut Calvus. Quantum illis leporis dulcedinis amaritudinis amoris! Inserit sane, sed data opera, mollibus levibusque duriusculos quosdam; et hoc quasi Catullus aut Calvus. 6 Legit mihi nuper epistulas; uxoris esse dicebat. Plautum vel Terentium metro solutum legi credidi. Quae sive uxoris sunt ut affirmat, sive ipsius ut negat, pari gloria dignus, qui aut illa componat, aut uxorem quam virginem accepit, tam doctam politamque reddiderit. 7 Est ergo mecum per diem totum; eundem antequam scribam, eundem cum scripsi, eundem etiam cum remittor, non tamquam eundem lego. 8 Quod te quoque ut facias et hortor et moneo; neque enim debet operibus eius obesse quod vivit. An si inter eos quos numquam vidimus floruisset, non solum libros eius verum etiam imagines conquireremus, eiusdem nunc honor praesentis et gratia quasi satietate languescit? 9 At hoc pravum malignumque est, non admirari hominem admiratione dignissimum, quia videre alloqui audire complecti, nec laudare tantum verum etiam amare contingit. Vale.

17. C. PLINIUS CORNELIO TITIANO SUO S.

1 Est adhuc curae hominibus fides et officium, sunt qui defunctorum quoque amicos agant. Titinius Capito ab imperatore nostro impetravit, ut sibi liceret statuam L. Silani in foro ponere. 2 Pulchrum et magna laude dignum amicitia principis in hoc uti, quantumque gratia valeas, aliorum honoribus experiri. 3 Est omnino Capitoni in usu claros viros colere; mirum est qua religione quo studio imagines Brutorum Cassiorum Catonum domi ubi potest habeat. Idem clarissimi cuiusque vitam egregiis carminibus exornat. 4 Scias ipsum plurimis virtutibus abundare, qui alienas sic amat. Redditus est Silano debitus honor, cuius immortalitati Capito prospexit pariter et suae. Neque enim magis decorum et insigne est statuam in foro populi Romani habere quam ponere. Vale.

18. C. PLINIUS SUETONIO TRANQUILLO SUO S.

1 Scribis te perterritum somnio vereri ne quid adversi in; actione patiaris; rogas ut dilationem petam, et pauculos dies, certe proximum, excusem. Difficile est, sed experiar, 'kai gar t' onar ek Dios estin'. 2 Refert tamen, eventura soleas an

contraria somniare. Mihi reputanti somnium meum istud, quod times tu, egregiam actionem portendere videtur. 3 Susceperam causam Iuni Pastoris, cum mihi quiescenti visa est socrus mea advoluta genibus ne agerem obsecrare; et eram acturus adulescentulus adhuc, eram in quadruplici iudicio, eram contra potentissimos civitatis atque etiam Caesaris amicos, quae singula excutere mentem mihi post tam triste somnium poterant. 4 Egi tamen 'logisamenos' illud 'heis oiônos aristos amynesthai peri patrês'. Nam mihi patria, et si quid carius patria, fides videbatur. Prospere cessit, atque adeo illa actio mihi aures hominum, illa ianuam famae patefecit. 5 Proinde dispice an tu quoque sub hoc exemplo somnium istud in bonum vertas; aut si tutius putas illud cautissimi cuiusque praeceptum 'Quod dubites, ne feceris', id ipsum rescribe. 6 Ego aliquam stropham inveniam agamque causam tuam, ut istam agere tu eum voles possis. Est enim sane alia ratio tua, alia mea fuit. Nam iudicium centumvirale differri nullo modo, istuc aegre quidem sed tamen potest. Vale.

19. C. PLINIUS ROMATIO FIRMO SUO S.

1 Municeps tu meus et condiscipulus et ab ineunte aetate contubernalis, pater tuus et matri et avunculo meo, mihi etiam quantum aetatis diversitas passa est, familiaris: magnae et graves causae, cur suscipere augere dignitatem tuam debeam. 2 Esse autem tibi centum milium censum, satis indicat quod apud nos decurio es. Igitur ut te non decurione solum verum etiam equite Romano perfruamur, offero tibi ad implendas equestres facultates trecenta milia nummum. 3 Te memorem huius muneris amicitiae nostrae diuturnitas spondet: ego ne illud quidem admoneo, quod admonere deberem, nisi scirem sponte facturum, ut dignitate a me data quam modestissime ut a me data utare. 4 Nam sollicitius custodiendus est honor, in quo etiam beneficium amici tuendum est. Vale.

20. C. PLINIUS CORNELIO TACITO SUO S.

1 Frequens mihi disputatio est cum quodam docto homine et perito, cui nihil aeque in causis agendis ut brevitas placet. 2 Quam ego custodiendam esse confiteor, si causa permittat: alioqui praevaricatio est transire dicenda, praevaricatio etiam cursim et breviter attingere quae sint inculcanda infigenda repetenda. 3 Nam plerisque longiore tractatu vis quaedam et pondus accedit, utque corpori ferrum, sic oratio animo non ictu magis quam mira imprimitur. 4 Hic ille mecum auctoritatibus agit ac mihi ex Graecis orationes Lysiae ostentat, ex nostris Gracchorum Catonisque, quorum sane plurimae sunt

circumcisae et breves: ego Lysiae Demosthenen Aeschinen Hyperiden multosque praeterea, Gracchis et Catoni Pollionem Caesarem Caelium, in primis M. Tullium oppono, cuius oratio optima fertur esse quae maxima. Et hercule ut aliae bonae res ita bonus liber melior est quisque quo maior. 5Vides ut statuas signa picturas, hominum denique multorumque animalium formas, arborum etiam, si modo sint decorae, nihil magis quam amplitudo commendet. Idem orationibus evenit; quin etiam voluminibus ipsis auctoritatem quandam et pulchritudinem adicit magnitudo.

6 Haec ille multaque alia, quae a me in eandem sententiam solent dici, ut est in disputando incomprehensibilis et lubricus, ita eludit ut contendat hos ipsos, quorum orationibus nitar, pauciora dixisse quam ediderint. 7 Ego contra puto. Testes sunt multae multorum orationes et Ciceronis pro Murena pro Vareno, in quibus brevis et nuda quasi subscriptio quorundam criminum solis titulis indicatur. Ex his apparet illum permulta dixisse, cum ederet omisisse. 8 Idem pro Cluentio ait se totam causam vetere instituto solum perorasse, et pro C. Cornelio quadriduo egisse, ne dubitare possimus, quae per plures dies — ut necesse erat — latius dixerit, postea recisa ac repurgata in unum librum grandem quidem unum tamen coartasse. 9 At aliud est actio bona, aliud oratio. Scio nonnullis ita videri, sed ego — forsitan fallar — persuasum habeo posse fieri ut sit actio bona quae non sit bona oratio, non posse non bonam actionem esse quae sit bona oratio. Est enim oratio actionis exemplar et quasi 'archetypon'. 10 Ideo in optima quaque mille figuras extemporales invenimus, in iis etiam quas tantum editas scimus, ut in Verrem: 'artificem quem? quemnam? recte admones; Polyclitum esse dicebant.' Sequitur ergo ut actio sit absolutissima, quae maxime orationis similitudinem expresserit, si modo iustum et debitum tempus accipiat; quod si negetur, nulla oratoris maxima iudicis culpa est. 11 Adsunt huic opinioni meae leges, quae longissima tempora largiuntur nec brevitatem dicentibus sed copiam — hoc est diligentiam — suadent; quam praestare nisi in angustissimis causis non potest brevitas. 12 Adiciam quod me docuit usus, magister egregius. Frequenter egi, frequenter iudicavi, frequenter in consilio fui: aliud alios movet, ac plerumque parvae res maximas trahunt. Varia sunt hominum iudicia, variae voluntates. Inde qui eandem causam simul audierunt, saepe diversum, interdum idem sed ex diversis animi motibus sentiunt. 13Praeterea suae quisque inventioni favet, et quasi fortissimum amplectitur, cum ab alio dictum est quod ipse praevidit. Omnibus ergo dandum est aliquid quod teneant, quod agnoscant. 14 Dixit aliquando mihi Regulus, cum simul adessemus: 'Tu omnia quae sunt in causa putas exsequenda; ego iugulum statim video, hunc premo.' Premit sane quod

elegit, sed in eligendo frequenter errat. 15 Respondi posse fieri, ut genu esset aut talus, ubi ille iugulum putaret. At ego, inquam, qui iugulum perspicere non possum, omnia pertempto, omnia experior, 'panta' denique 'lithon kinô'; 16 utque in cultura agri non vineas tantum, verum etiam arbusta, nec arbusta tantum verum etiam campos curo et exerceo, utque in ipsis campis non far aut siliginem solam, sed hordeum fabam ceteraque legumina sero, sic in actione plura quasi semina latius spargo, ut quae provenerint colligam. 17 Neque enim minus imperspicua incerta fallacia sunt iudicum ingenia quam tempestatum terrarumque. Nec me praeterit summum oratorem Periclen sic a comico Eupolide laudari:

'pros de g' autou tô taxei
peithô tis epekathêto toisi cheilesin.
houtôs ekêlei, kai monos tôn rhêtorôn
to kentron enkateleipe tois akroômenois.'

18 Verum huic ipsi Pericli nec illa 'peithô' nec illud 'ekêlei' brevitate vel velocitate vel utraque — differunt enim — sine facultate summa contigisset. Nam delectare persuadere copiam dicendi spatiumque desiderat, relinquere vero aculeum in audientium animis is demum potest qui non pungit sed infigit.19 Adde quae de eodem Pericle comicus alter:

'hêstrapt', ebronta, synekyka tên Hellada'

Non enim amputata oratio et abscisa, sed lata et magnifica et excelsa tonat fulgurat, omnia denique perturbat ac miscet. 20 'Optimus tamen modus est': quis negat? sed non minus non servat modum qui infra rem quam qui supra, qui astrictius quam qui effusius dicit. 21 Itaque audis frequenter ut illud: 'immodice et redundanter', ita hoc: 'ieiune et infirme'. Alius excessisse materiam, alius dicitur non implesse. Aeque uterque, sed ille imbecillitate hic viribus peccat; quod certe etsi non limatioris, maioris tamen ingeni vitium est. 22 Nec vero cum haec dico illum Homericum 'ametroepê' probo, sed hunc:

'kai epea niphadessin eoikota cheimeriêsin'
non quia non et ille mihi valdissime placeat:
'paura men, alla mala ligeôs'

si tamen detur electio, illam orationem similem nivibus hibernis, id est crebram et assiduam sed et largam, postremo divinam et caelestem volo. 23 'At est gratior multis actio brevis.' Est, sed inertibus quorum delicias desidiamque quasi iudicium respicere ridiculum est. Nam si hos in consilio habeas, non solum satius breviter dicere, sed omnino non dicere.

24 Haec est adhuc sententia mea, quam mutabo si dissenseris tu; sed plane cur dissentias explices rogo. Quamvis enim cedere auctoritati tuae debeam, rectius tamen arbitror in tanta re ratione quam auctoritate superari. 25 Proinde, si non errare videor, id ipsum quam voles brevi epistula, sed tamen scribe — confirmabis enim iudicium meum -; si erraro, longissimam para. Num corrupi te, qui tibi si mihi accederes brevis epistulae necessitatem, si dissentires longissimae imposui? Vale.

21. C. PLINIUS PLINIO PATERNO SUO S.

1 Ut animi tui iudicio sic oculorum plurimum tribuo, non quia multum — ne tibi placeas — sed quia tantum quantum ego sapis; quamquam hoc quoque multum est. 2 Omissis iocis credo decentes esse servos, qui sunt empti mihi ex consilio tuo. Superest ut frugi sint, quod de venalibus melius auribus quam oculis iudicatur. Vale.

22. C. PLINIUS CATILIO SEVERO SUO S.

1 Diu iam in urbe haereo et quidem attonitus. Perturbat me longa et pertinax valetudo Titi Aristonis, quem singulariter et miror et diligo. Nihil est enim illo gravius sanctius doctius, ut mihi non unus homo sed litterae ipsae omnesque bonae artes in uno homine summum periculum adire videantur. 2 Quam peritus ille et privati iuris et publici! quantum rerum, quantum exemplorum, quantum antiquitatis tenet! Nihil est quod discere velis quod ille docere non possit; mihi certe quotiens aliquid abditum quaero, ille thesaurus est. 3 Iam quanta sermonibus eius fides, quanta auctoritas, quam pressa et decora cunctatio! quid est quod non statim sciat? Et tamen plerumque haesitat dubitat, diversitate rationum, quas acri magnoque iudicio ab origine causisque primis repetit discernit expendit. 4 Ad hoc quam parcus in victu, quam modicus in cultu! Soleo ipsum cubiculum illius ipsumque lectum ut imaginem quandam priscae frugalitatis adspicere. 5 Ornat haec magnitudo animi, quae nihil ad ostentationem, omnia ad conscientiam refert recteque facti non ex populi sermone mercedem, sed ex facto petit. 6 In summa non facile quemquam ex istis qui sapientiae studium habitu corporis praeferunt, huic viro comparabis. Non quidem gymnasia sectatur aut porticus, nec disputationibus longis aliorum otium suumque delectat, sed in toga

negotiisque versatur, multos advocatione plures consilio iuvat. 7 Nemini tamen istorum castitate pietate, iustitia, fortitudine etiam primo loco cesserit.

Mirareris si interesses, qua patientia hanc ipsam valetudinem toleret, ut dolori resistat, ut sitim differat, ut incredibilem febrium ardorem immotus opertusque transmittat. 8 Nuper me paucosque mecum, quos maxime diligit, advocavit rogavitque, ut medicos consuleremus de summa valetudinis, ut si esset insuperabilis sponte exiret e vita; si tantum difficilis et longa, resisteret maneretque: 9 dandum enim precibus uxoris, dandum filiae lacrimis, dandum etiam nobis amicis, ne spes nostras, si modo non essent inanes, voluntaria morte desereret. 10 Id ego arduum in primis et praecipua laude dignum puto. Nam impetu quodam et instinctu procurrere ad mortem commune cum multis, deliberare vero et causas eius expendere, utque suaserit ratio, vitae mortisque consilium vel suscipere vel ponere ingentis est animi. 11 Et medici quidem secunda nobis pollicentur: superest ut promissis deus adnuat tandemque me hac sollicitudine exsolvat; qua liberatus Laurentinum meum, hoc est libellos et pugillares, studiosumque otium repetam. Nunc enim nihil legere, nihil scribere aut assidenti vacat aut anxio libet. 12 Habes quid timeam, quid optem, quid etiam in posterum destinem: tu quid egeris, quid agas, quid velis agere invicem nobis, sed laetioribus epistulis scribe. Erit confusioni meae non mediocre solacium, si tu nihil quereris. Vale.

23. C. PLINIUS POMPEIO FALCONI SUO S.

1 Consulis an existimem te in tribunatu causas agere debere. Plurimum refert, quid esse tribunatum putes, inanem umbram et sine honore nomen an potestatem sacrosanctam, et quam in ordinem cogi ut a nullo ita ne a se quidem deceat. 2 Ipse cum tribunus essem, erraverim fortasse qui me esse aliquid putavi, sed tamquam essem abstinui causis agendis: primum quod deforme arbitrabar, cui assurge cui loco cedere omnes oporteret, hunc omnibus sedentibus stare, et qui iubere posset tacere quemcumque, huic silentium clepsydra indici, et quem interfari nefas esset, hunc etiam convicia audire et si inulta pateretur inertem, si ulcisceretur insolentem videri. 3 Erat hic quoque aestus ante oculos, si forte me appellasset vel ille cui adessem, vel ille quem contra, intercederem et auxilium ferrem an quiescerem sileremque, et quasi eiurato magistratu privatum ipse me facerem. 4 His rationibus motus malui me tribunum omnibus exhibere quam paucis advocatum. 5 Sed tu — iterum dicam — plurimum interest quid esse tribunatum putes, quam personam tibi imponas; quae sapienti viro ita aptanda est ut perferatur. Vale.

24. C. PLINIUS BAEBIO HISPANO SUO S.

1 Tranquillus contubernalis meus vult emere agellum, quem venditare amicus tuus dicitur. 2 Rogo cures, quanti aequum est emat; ita enim delectabit emisse. Nam mala emptio semper ingrata, eo maxime quod exprobrare stultitiam domino videtur. 3 In hoc autem agello, si modo arriserit pretium, Tranquilli mei stomachum multa sollicitant, vicinitas urbis, opportunitas viae, mediocritas villae, modus ruris, qui avocet magis quam distringat. 4Scholasticis porro dominis, ut hic est, sufficit abunde tantum soli, ut relevare caput, reficere oculos, reptare per limitem unamque semitam terere omnesque viteculas suas nosse et numerare arbusculas possint. Haec tibi exposui, quo magis scires, quantum esset ille mihi ego tibi debiturus, si praediolum istud, quod commendatur his dotibus, tam salubriter emerit ut paenitentiae locum non relinquat. Vale.

LIBER SECVNDVS

1.

1 Post aliquot annos insigne atque etiam memorabile populi Romani oculis spectaculum exhibuit publicum funus Vergini Rufi, maximi et clarissimi civis, perinde felicis. 2 Triginta annis gloriae suae supervixit; legit scripta de se carmina, legit historias et posteritati suae interfuit. Perfunctus est tertio consulatu, ut summum fastigium privati hominis impleret, cum principis noluisset. 3 Caesares quibus suspectus atque etiam invisus virtutibus fuerat evasit, reliquit incolumem optimum atque amicissimum, tamquam ad hunc ipsum honorem publici funeris reservatus. 4 Annum tertium et octogensimum excessit in altissima tranquillitate, pari veneratione. Usus est firma valetudine, nisi quod solebant ei manus tremere, citra dolorem tamen. Aditus tantum mortis durior longiorque, sed hic ipse laudabilis. 5 Nam cum vocem praepararet acturus in consulatu principi gratias, liber quem forte acceperat grandiorem, et seni et stanti ipso pondere elapsus est. Hunc dum sequitur colligitque, per leve et lubricum pavimentum fallente vestigio cecidit coxamque fregit, quae parum apte collocata reluctante aetate male coiit.

6 Huius viri exsequiae magnum ornamentum principi magnum saeculo magnum etiam foro et rostris attulerunt. Laudatus est a consule Cornelio Tacito; nam hic supremus felicitati eius cumulus accessit, laudator eloquentissimus. 7 Et ille quidem plenus annis abit, plenus honoribus, illis etiam quos recusavit: nobis tamen quaerendus ac desiderandus est ut exemplar aevi prioris, mihi vero praecipue, qui illum non solum publice quantum admirabar tantum diligebam; 8 primum quod utrique eadem regio, municipia finitima, agri etiam possessionesque coniunctae, praeterea quod ille mihi tutor relictus affectum parentis exhibuit. Sic candidatum me suffragio ornavit; sic ad omnes honores meos ex secessibus accucurrit, cum iam pridem eiusmodi officiis renuntiasset; sic illo die quo sacerdotes solent nominare quos dignissimos sacerdotio iudicant, me semper nominabat. 9 Quin etiam in hac novissima valetudine, veritus ne forte inter quinqueviros crearetur, qui minuendis publicis sumptibus iudicio senatus

constituebantur, cum illi tot amici senes consularesque superessent, me huius aetatis per quem excusaretur elegit, his quidem verbis: 'Etiam si filium haberem, tibi mandarem.'

10 Quibus ex causis necesse est tamquam immaturam mortem eius in sinu tuo defleam, si tamen fas est aut flere aut omnino mortem vocare, qua tanti viri mortalitas magis finita quam vita est. 11 Vivit enim vivetque semper, atque etiam latius in memoria hominum et sermone versabitur, postquam ab oculis recessit. 12 Volo tibi multa alia scribere, sed totus animus in hac una contemplatione defixus est. Verginium cogito, Verginium video, Verginium iam vanis imaginibus, recentibus tamen, audio alloquor teneo; cui fortasse cives aliquos virtutibus pares et habemus et habebimus, gloria neminem. Vale.

2. C. PLINIUS PAULINO SUO S.

1 Irascor, nec liquet mihi an debeam, sed irascor. Scis, quam sit amor iniquus interdum, impotens saepe, 'mikraitios' semper. Haec tamen causa magna est, nescio an iusta; sed ego, tamquam non minus iusta quam magna sit, graviter irascor, quod a te tam diu litterae nullae. 2 Exorare me potes uno modo, si nunc saltem plurimas et longissimas miseris. Haec mihi sola excusatio vera, ceterae falsae videbuntur. Non sum auditurus 'non eram Romae' vel 'occupatior eram'; illud enim nec di sinant, ut 'infirmior'. Ipse ad villam partim studiis partim desidia fruor, quorum utrumque ex otio nascitur. Vale.

3. C. PLINIUS NEPOTI SUO S.

1 Magna Isaeum fama praecesserat, maior inventus est. Summa est facultas copia ubertas; dicit semper ex tempore, sed tamquam diu scripserit. Sermo Graecus, immo Atticus; praefationes tersae graciles dulces, graves interdum et erectae. 2 Poscit controversias plures; electionem auditoribus permittit, saepe etiam partes; surgit amicitur incipit; statim omnia ac paene pariter ad manum, sensus reconditi occursant, verba - sed qualia! - quaesita et exculta. Multa lectio in subitis, multa scriptio elucet. 3 Prohoemiatur apte, narrat aperte, pugnat acriter, colligit fortiter, ornat excelse. Postremo docet delectat afficit; quid maxime, dubites. Crebra 'enthymêmata' crebri syllogismi, circumscripti et effecti, quod stilo quoque assequi magnum est. Incredibilis memoria: repetit altius quae dixit ex tempore, ne verbo quidem labitur. 4 Ad tantam 'hexin' studio et exercitatione pervenit; nam diebus et noctibus nihil aliud agit nihil audit nihil loquitur. 5 Annum sexagensimum excessit et adhuc scholasticus tantum est: quo

genere hominum nihil aut sincerius aut simplicius aut melius. Nos enim, qui in foro verisque litibus terimur, multum malitiae quamvis nolimus addiscimus: 6 schola et auditorium et ficta causa res inermis innoxia est, nec minus felix, senibus praesertim. Nam quid in senectute felicius, quam quod dulcissimum est in iuventa? 7 Quare ego Isaeum non disertissimum tantum, verum etiam beatissimum iudico. Quem tu nisi cognoscere concupiscis, saxeus ferreusque es. 8 Proinde si non ob alia nosque ipsos, at certe ut hunc audias veni. Numquamne legisti, Gaditanum quendam Titi Livi nomine gloriaque commotum ad visendum eum ab ultimo terrarum orbe venisse, statimque ut viderat abisse? 'Aphilokalon' illitteratum iners ac paene etiam turpe est, non putare tanti cognitionem qua nulla est iucundior, nulla pulchrior, nulla denique humanior. 9 Dices: 'Habeo hic quos legam non minus disertos.' Etiam; sed legendi semper occasio est, audiendi non semper. Praeterea multo magis, ut vulgo dicitur, viva vox afficit. Nam licet acriora sint quae legas, altius tamen in animo sedent, quae pronuntiatio vultus habitus gestus etiam dicentis affigit; 10 nisi vero falsum putamus illud Aeschinis, qui cum legisset Rhodiis orationem Demosthenis admirantibus cunctis, adiecisse fertur: 'ti de, ei autou tou thêriou êkousate;' et erat Aeschines si Demostheni credimus 'lamprophônotatos'. Fatebatur tamen longe melius eadem illa pronuntiasse ipsum qui pepererat. 11 Quae omnia huc tendunt, ut audias Isaeum, vel ideo tantum ut audieris. Vale.

4. C. PLINIUS CALVINAE SUAE S.

1 Si pluribus pater tuus vel uni cuilibet alii quam mihi debuisset, fuisset fortasse dubitandum, an adires hereditatem etiam viro gravem. 2 Cum vero ego ductus affinitatis officio, dimissis omnibus qui non dico molestiores sed diligentiores erant, creditor solus exstiterim, cumque vivente eo nubenti tibi in dotem centum milia contulerim, praeter eam summam quam pater tuus quasi de meo dixit - erat enim solvenda de meo -, magnum habes facilitatis meae pignus, cuius fiducia debes famam defuncti pudoremque suscipere. Ad quod te ne verbis magis quam rebus horter, quidquid mihi pater tuus debuit, acceptum tibi fieri iubebo. 3 Nec est quod verearis ne sit mihi onerosa ista donatio. Sunt quidem omnino nobis modicae facultates, dignitas sumptuosa, reditus propter condicionem agellorum nescio minor an incertior; sed quod cessat ex reditu, frugalitate suppletur, ex qua velut fonte liberalitas nostra decurrit. 4 Quae tamen ita temperanda est, ne nimia profusione inarescat; sed temperanda in aliis, in te vero facile ei ratio constabit, etiamsi modum excesserit. Vale.

5. C. PLINIUS LUPERCO SUO S.

1 Actionem et a te frequenter efflagitatam, et a me saepe promissam, exhibui tibi, nondum tamen totam; adhuc enim pars eius perpolitur. 2 Interim quae absolutiora mihi videbantur, non fuit alienum iudicio tuo tradi. His tu rogo intentionem scribentis accommodes. Nihil enim adhuc inter manus habui, cui maiorem sollicitudinem praestare deberem. 3 Nam in ceteris actionibus existimationi hominum diligentia tantum et fides nostra, in hac etiam pietas subicietur. Inde et liber crevit, dum ornare patriam et amplificare gaudemus, pariterque et defensioni eius servimus et gloriae. 4 Tu tamen haec ipsa quantum ratio exegerit reseca. Quotiens enim ad fastidium legentium deliciasque respicio, intellego nobis commendationem et ex ipsa mediocritate libri petendam. 5 Idem tamen qui a te hanc austeritatem exigo, cogor id quod diversum est postulare, ut in plerisque frontem remittas. Sunt enim quaedam adulescentium auribus danda, praesertim si materia non refragetur; nam descriptiones locorum, quae in hoc libro frequentiores erunt, non historice tantum sed prope poetice prosequi fas est. 6 Quod tamen si quis exstiterit, qui putet nos laetius fecisse quam orationis severitas exigat, huius - ut ita dixerim - tristitiam reliquae partes actionis exorare debebunt. 7 Adnisi certe sumus, ut quamlibet diversa genera lectorum per plures dicendi species teneremus, ac sicut veremur, ne quibusdam pars aliqua secundum suam cuiusque naturam non probetur, ita videmur posse confidere, ut universitatem omnibus varietas ipsa commendet. 8 Nam et in ratione conviviorum, quamvis a plerisque cibis singuli temperemus, totam tamen cenam laudare omnes solemus, nec ea quae stomachus noster recusat, adimunt gratiam illis quibus capitur. 9 Atque haec ego sic accipi volo, non tamquam assecutum esse me credam, sed tamquam assequi laboraverim, fortasse non frustra, si modo tu curam tuam admoveris interim istis, mox iis quae sequuntur. 10 Dices te non posse satis diligenter id facere, nisi prius totam actionem cognoveris: fateor. In praesentia tamen et ista tibi familiariora fient, et quaedam ex his talia erunt ut per partes emendari possint. 11 Etenim, si avulsum statuae caput aut membrum aliquod inspiceres, non tu quidem ex illo posses congruentiam aequalitatemque deprendere, posses tamen iudicare, an id ipsum satis elegans esset; 12 nec alia ex causa principiorum libri circumferuntur, quam quia existimatur pars aliqua etiam sine ceteris esse perfecta.

13 Longius me provexit dulcedo quaedam tecum loquendi; sed iam finem faciam ne modum, quem etiam orationi adhibendum puto, in epistula excedam. Vale.

6. C. PLINIUS AVITO SUO S.

1 Longum est altius repetere nec refert, quemadmodum acciderit, ut homo minime familiaris cenarem apud quendam, ut sibi videbatur, lautum et diligentem, ut mihi, sordidum simul et sumptuosum. 2 Nam sibi et paucis opima quaedam, ceteris vilia et minuta ponebat. Vinum etiam parvolis lagunculis in tria genera discripserat, non ut potestas eligendi, sed ne ius esset recusandi, aliud sibi et nobis, aliud minoribus amicis - nam gradatim amicos habet -, aliud suis nostrisque libertis. 3 Animadvertit qui mihi proximus recumbebat, et an probarem interrogavit. Negavi. 'Tu ergo' inquit 'quam consuetudinem sequeris?' 'Eadem omnibus pono; ad cenam enim, non ad notam invito cunctisque rebus exaequo, quos mensa et toro aequavi.' 4'Etiamne libertos?' 'Etiam; convictores enim tunc, non libertos puto.' Et ille: 'Magno tibi constat.' 'Minime.' 'Qui fieri potest?' 'Quia scilicet liberti mei non idem quod ego bibunt, sed idem ego quod liberti.' 5 Et hercule si gulae temperes, non est onerosum quo utaris ipse communicare cum pluribus. Illa ergo reprimenda, illa quasi in ordinem redigenda est, si sumptibus parcas, quibus aliquanto rectius tua continentia quam aliena contumelia consulas.

6 Quorsus haec? ne tibi, optimae indolis iuveni, quorundam in mensa luxuria specie frugalitatis imponat. Convenit autem amori in te meo, quotiens tale aliquid inciderit, sub exemplo praemonere, quid debeas fugere. 7 Igitur memento nihil magis esse vitandum quam istam luxuriae et sordium novam societatem; quae cum sint turpissima discreta ac separata, turpius iunguntur. Vale.

7. C. PLINIUS MACRINO SUO S.

1 Here a senatu Vesticio Spurinnae principe auctore triumphalis statua decreta est, non ita ut multis, qui numquam in acie steterunt, numquam castra viderunt, numquam denique tubarum sonum nisi in spectaculis audierunt, verum ut illis, qui decus istud sudore et sanguine et factis assequebantur. 2Nam Spurinna Bructerum regem vi et armis induxit in regnum, ostentatoque bello ferocissimam gentem, quod est pulcherrimum victoriae genus, terrore perdomuit. 3 Et hoc quidem virtutis praemium, illud solacium doloris accepit, quod filio eius Cottio, quem amisit absens, habitus est honor statuae. Rarum id in iuvene; sed pater hoc quoque merebatur, cuius gravissimo vulneri magno aliquo fomento medendum fuit. 4 Praeterea Cottius ipse tam clarum specimen indolis dederat, ut vita eius brevis et angusta debuerit hac velut immortalitate proferri. Nam tanta ei sanctitas gravitas auctoritas etiam, ut posset senes illos provocare virtute, quibus nunc

honore adaequatus est. 5 Quo quidem honore, quantum ego interpretor, non modo defuncti memoriae, dolori patris, verum etiam exemplo prospectum est. Acuent ad bonas artes iuventutem adulescentibus quoque, digni sint modo, tanta praemia constituta; acuent principes viros ad liberos suscipiendos et gaudia ex superstitibus et ex amissis tam gloriosa solacia. 6 His ex causis statua Cotti publice laetor, nec privatim minus. Amavi consummatissimum iuvenem, tam ardenter quam nunc impatienter requiro. Erit ergo pergratum mihi hanc effigiem eius subinde intueri subinde respicere, sub hac consistere praeter hanc commeare. 7 Etenim si defunctorum imagines domi positae dolorem nostrum levant, quanto magis hae quibus in celeberrimo loco non modo species et vultus illorum, sed honor etiam et gloria refertur! Vale.

8. C. PLINIUS CANINIO SUO S.

1 Studes an piscaris an venaris an simul omnia? Possunt enim omnia simul fieri ad Larium nostrum. Nam lacus piscem, feras silvae quibus lacus cingitur, studia altissimus iste secessus affatim suggerunt. 2 Sed sive omnia simul sive aliquid facis, non possum dicere 'invideo'; angor tamen non et mihi licere, qui sic concupisco ut aegri vinum balinea fontes. Numquamne hos artissimos laqueos, si solvere negatur, abrumpam? Numquam, puto. 3Nam veteribus negotiis nova accrescunt, nec tamen priora peraguntur: tot nexibus, tot quasi catenis maius in dies occupationum agmen extenditur. Vale.

9. C. PLINIUS APOLLINARI SUO S.

1 Anxium me et inquietum habet petitio Sexti Eruci mei. Afficior cura et, quam pro me sollicitudinem non adii, quasi pro me altero patior; et alioqui meus pudor, mea existimatio, mea dignitas in discrimen adducitur. 2 Ego Sexto latum clavum a Caesare nostro, ego quaesturam impetravi; meo suffragio pervenit ad ius tribunatus petendi, quem nisi obtinet in senatu, vereor ne decepisse Caesarem videar. 2 Proinde adnitendum est mihi, ut talem eum iudicent omnes, qualem esse princeps mihi credidit. Quae causa si studium meum non incitaret, adiutum tamen cuperem iuvenem probissimum gravissimum eruditissimum, omni denique laude dignissimum, et quidem cum tota domo. 4 Nam pater ei Erucius Clarus, vir sanctus antiquus disertus atque in agendis causis exercitatus, quas summa fide pari constantia nec verecundia minore defendit. Habet avunculum C. Septicium, quo nihil verius nihil simplicius nihil candidius nihil fidelius novi. 5 Omnes me certatim et tamen aequaliter amant, omnibus nunc ego in uno referre gratiam possum. Itaque prenso amicos, supplico, ambio, domos stationesque circumeo,

quantumque vel auctoritate vel gratia valeam, precibus experior, teque obsecro ut aliquam oneris mei partem suscipere tanti putes. 6 Reddam vicem si reposces, reddam et si non reposces. Diligeris coleris frequentaris: ostende modo velle te, nec deerunt qui quod tu velis cupiant. Vale.

10. C. PLINIUS OCTAVIO SUO S.

1 Hominem te patientem vel potius durum ac paene crudelem, qui tam insignes libros tam diu teneas! 2 Quousque et tibi et nobis invidebis, tibi maxima laude, nobis voluptate? Sine per ora nominum ferantur isdemque quibus lingua Romana spatiis pervagentur. Magna et iam longa exspectatio est, quam frustrari adhuc et differre non debes. 3 Enotuerunt quidam tui versus, et invito te claustra sua refregerunt. Hos nisi retrahis in corpus, quandoque ut errones aliquem cuius dicantur invenient. 4 Habe ante oculos mortalitatem, a qua asserere te hoc uno monimento potes; nam cetera fragilia et caduca non minus quam ipsi homines occidunt desinuntque. 5 Dices, ut soles: 'Amici mei viderint.' Opto equidem amicos tibi tam fideles tam eruditos tam laboriosos, ut tantum curae intentionisque suscipere et possint et velint, sed dispice ne sit parum providum, sperare ex aliis quod tibi ipse non praestes. 6 Et de editione quidem interim ut voles: recita saltem quo magis libeat emittere, utque tandem percipias gaudium, quod ego olim pro te non temere praesumo. 7 Imaginor enim qui concursus quae admiratio te, qui clamor quod etiam silentium maneat; quo ego, cum dico vel recito, non minus quam clamore delector, sit modo silentium acre et intentum, et cupidum ulteriora audiendi. 8 Hoc fructu tanto tam parato desine studia tua infinita ista cunctatione fraudare; quae cum modum excedit, verendum est ne inertiae et desidiae vel etiam timiditatis nomen accipiat. Vale.

11. C. PLINIUS ARRIANO SUO S.

1 Solet esse gaudio tibi, si quid acti est in senatu dignum ordine illo. Quamvis enim quietis amore secesseris, insidet tamen animo tuo maiestatis publicae cura. Accipe ergo quod per hos dies actum est, personae claritate famosum, severitate exempli salubre, rei magnitudine aeternum. 2 Marius Priscus accusantibus Afris quibus pro consule praefuit, omissa defensione iudices petiit. Ego et Cornelius Tacitus, adesse provincialibus iussi, existimavimus fidei nostrae convenire notum senatui facere excessisse Priscum immanitate et saevitia crimina quibus dari iudices possent, cum ob innocentes condemnandos, interficiendos etiam, pecunias accepisset. 3 Respondit Fronto Catius deprecatusque est, ne quid ultra repetundarum legem quaereretur, omniaque actionis suae vela vir movendarum

lacrimarum peritissimus quodam velut vento miserationis implevit. 4 Magna contentio, magni utrimque clamores aliis cognitionem senatus lege conclusam, aliis liberam solutamque dicentibus, quantumque admisisset reus, tantum vindicandum. 5 Novissime consul designatus Iulius Ferox, vir rectus et sanctus, Mario quidem iudices interim censuit dandos, evocandos autem quibus diceretur innocentium poenas vendidisse. 6 Quae sententia non praevaluit modo, sed omnino post tantas dissensiones fuit sola frequens, adnotatumque experimentis, quod favor et misericordia acres et vehementes primos impetus habent, paulatim consilio et ratione quasi restincta considunt. 7 Unde evenit ut, quod multi clamore permixto tuentur, nemo tacentibus ceteris dicere velit; patescit enim, cum separaris a turba, contemplatio rerum quae turba teguntur. 8 Venerunt qui adesse erant iussi, Vitellius Honoratus et Flavius Marcianus; ex quibus Honoratus trecentis milibus exsilium equitis Romani septemque amicorum eius ultimam poenam, Marcianus unius equitis Romani septingentis milibus plura supplicia arguebatur emisse; erat enim fustibus caesus, damnatus in metallum, strangulatus in carcere. 9 Sed Honoratum cognitioni senatus mors opportuna subtraxit, Marcianus inductus est absente Prisco. Itaque Tuccius Cerialis consularis iure senatorio postulavit, ut Priscus certior fieret, sive quia miserabiliorem sive quia invidiosiorem fore arbitrabatur, si praesens fuisset, sive - quod maxime credo - quia aequissimum erat commune crimen ab utroque defendi, et si dilui non potuisset in utroque puniri.

10 Dilata res est in proximum senatum, cuius ipse conspectus augustissimus fuit. Princeps praesidebat - erat enim consul -, ad hoc Ianuarius mensis cum cetera tum praecipue senatorum frequentia celeberrimus; praeterea causae amplitudo auctaque dilatione exspectatio et fama, insitumque mortalibus studium magna et inusitata noscendi, omnes undique exciverat. 11 Imaginare quae sollicitudo nobis, qui metus, quibus super tanta re in illo coetu praesente Caesare dicendum erat. Equidem in senatu non semel egi, quin immo nusquam audiri benignius soleo: tunc me tamen ut nova omnia novo metu permovebant. 12 Obversabatur praeter illa quae supra dixi causae difficultas: stabat modo consularis, modo septemvir epulonum, iam neutrum. 13 Erat ergo perquam onerosum accusare damnatum, quem ut premebat atrocitas criminis, ita quasi peractae damnationis miseratio tuebatur.14 Utcumque tamen animum cogitationemque collegi, coepi dicere non minore audientium assensu quam sollicitudine mea. Dixi horis paene quinque; nam duodecim clepsydris, quas spatiosissimas acceperam, sunt additae quattuor. Adeo illa ipsa, quae dura et adversa dicturo videbantur, secunda dicenti fuerunt. 15 Caesar quidem tantum mihi studium, tantam etiam curam - nimium

est enim dicere sollicitudinem - praestitit, ut libertum meum post me stantem saepius admoneret voci laterique consulerem, cum me vehementius putaret intendi, quam gracilitas mea perpeti posset. Respondit mihi pro Marciano Claudius Marcellinus. 16 Missus deinde senatus et revocatus in posterum; neque enim iam incohari poterat actio, nisi ut noctis interventu scinderetur.

17 Postero die dixit pro Mario Salvius Liberalis, vir subtilis dispositus acer disertus; in illa vero causa omnes artes suas protulit. Respondit Cornelius Tacitus eloquentissime et, quod eximium orationi eius inest, 'semnôs'. 18 Dixit pro Mario rursus Fronto Catius insigniter, utque iam locus ille poscebat, plus in precibus temporis quam in defensione consumpsit. Huius actionem vespera inclusit, non tamen sic ut abrumperet. Itaque in tertium diem probationes exierunt. Iam hoc ipsum pulchrum et antiquum, senatum nocte dirimi, triduo vocari, triduo contineri. 19 Cornutus Tertullus consul designatus, vir egregius et pro veritate firmissimus, censuit septingenta milia quae acceperat Marius aerario inferenda, Mario urbe Italiaque interdicendum, Marciano hoc amplius Africa. In fine sententiae adiecit, quod ego et Tacitus iniuncta advocatione diligenter et fortiter functi essemus, arbitrari senatum ita nos fecisse ut dignum mandatis partibus fuerit. 20 Assenserunt consules designati, omnes etiam consulares usque ad Pompeium Collegam: ille et septingenta milia aerario inferenda et Marcianum in quinquennium relegandum, Marium repetundarum poenae quam iam passus esset censuit relinquendum. 21 Erant in utraque sententia multi, fortasse etiam plures in hac vel solutiore vel molliore. Nam quidam ex illis quoque, qui Cornuto videbantur assensi, hunc qui post ipsos censuerat sequebantur. 22 Sed cum fieret discessio, qui sellis consulum astiterant, in Cornuti sententiam ire coeperunt. Tum illi qui se Collegae adnumerari patiebantur in diversum transierunt; Collega cum paucis relictus. Multum postea de impulsoribus sis, praecipue de Regulo questus est, qui se in sententia quam ipse dictaverat deseruisset. Est alioqui Regulo tam mobile ingenium, ut plurimum audeat plurimum timeat.

23 Hic finis cognitionis amplissimae. Superest tamen 'litourgion' non leve, Hostilius Firminus legatus Mari Prisci, qui permixtus causae graviter vehementerque vexatus est. Nam et rationibus Marciani, et sermone quem ille habuerat in ordine Lepcitanorum, operam suam Prisco ad turpissimum ministerium commodasse, stipulatusque de Marciano quinquaginta milia denariorum probabatur, ipse praeterea accepisse sestertia decem milia foedissimo quidem titulo, nomine unguentarii, qui titulus a vita hominis compti semper et

pumicati non abhorrebat. 24 Placuit censente Cornuto referri de eo proximo senatu; tunc enim, casu an conscientia, afuerat.

25 Habes res urbanas; invicem rusticas scribe. Quid arbusculae tuae, quid vineae, quid segetes agunt, quid oves delicatissimae? In summa, nisi aeque longam epistulam reddis, non est quod postea nisi brevissimam exspectes. Vale.

12. C. PLINIUS ARRIANO SUO S.

1 'Litourgion' illud, quod superesse Mari Prisci causae proxime scripseram, nescio an satis, circumcisum tamen et adrasum est. 2 Firminus inductus in senatum respondit crimini noto. Secutae sunt diversae sententiae consulum designatorum. Cornutus Tertullus censuit ordine movendum, Acutius Nerva in sortitione provinciae rationem eius non habendam. Quae sententia tamquam mitior vicit, cum sit alioqui durior tristiorque. 3 Quid enim miserius quam exsectum et exemptum honoribus senatoriis, labore et molestia non carcere? quid gravius quam tanta ignominia affectum non in solitudine latere, sed in hac altissima specula conspiciendum se monstrandumque praebere? 4 Praeterea quid publice minus aut congruens aut decorum? notatum a senatu in senatu sedere, ipsisque illis a quibus sit notatus aequari; summotum a proconsulatu quia se in legatione turpiter gesserat, de proconsulibus iudicare, damnatumque sordium vel damnare alios vel absolvere! 5 Sed hoc pluribus visum est. Numerantur enim sententiae, non ponderantur; nec aliud in publico consilio potest fieri, in quo nihil est tam inaequale quam aequalitas ipsa. Nam cum sit impar prudentia, par omnium ius est. 6 Implevi promissum priorisque epistulae fidem exsolvi, quam ex spatio temporis iam recepisse te colligo; nam et festinanti et diligenti tabellario dedi, nisi quid impedimenti in via passus est. 7 Tuae nunc partes, ut primum illam, deinde hanc remunereris litteris, quales istinc redire uberrimae possunt. Vale.

13. C. PLINIUS PRISCO SUO S.

1 Et tu occasiones obligandi me avidissime amplecteris, et ego nemini libentius debeo. 2 Duabus ergo de causis a te potissimum petere constitui, quod impetratum maxime cupio. Regis exercitum amplissimum: hinc tibi beneficiorum larga materia, longum praeterea tempus, quo amicos tuos exornare potuisti. Convertere ad nostros nec hos multos. 3 Malles tu quidem multos; sed meae

verecundiae sufficit unus aut alter, ac potius unus. 4 Is erit Voconius Romanus. Pater ei in equestri gradu clarus, clarior vitricu, immo pater alius - nam huic quoque nomini pietate successit -, mater e primi. Ipse citerioris Hispaniae - scis quod iudicium provinciae illius, quanta sit gravitas - flamen proxime fuit. 5 Hunc ego, cum simul studeremus, arte familiariterque dilexi; ille meus in urbe ille in secessu contubernalis, cum hoc seria cum hoc iocos miscui. 6 Quid enim illo aut fidelius amico aut sodale iucundius? Mira in sermone, mira etiam in ore ipso vultuque suavitas. 7 Ad hoc ingenium excelsum subtile dulce facile eruditum in causis agendis; epistulas quidem scribit, ut Musas ipsas Latine loqui credas. Amatur a me plurimum nec tamen vincitur. 8 Equidem iuvenis statim iuveni, quantum potui per aetatem, avidissime contuli, et nuper ab optimo principe trium liberorum ius impetravi; quod quamquam parce et cum delectu daret, mihi tamen tamquam eligeret indulsit. 9 Haec beneficia mea tueri nullo modo melius quam ut augeam possum, praesertim cum ipse illa tam grate interpretetur, ut dum priora accipit posteriora mereatur. 10 Habes qualis quam probatus carusque sit nobis, quem rogo pro ingenio pro fortuna tua exornes. In primis ama hominem; nam licet tribuas ei quantum amplissimum potes, nihil tamen amplius potes amicitia tua; cuius esse eum usque ad intimam familiaritatem capacem quo magis scires, breviter tibi studia mores omnem denique vitam eius expressi. 11 Extenderem preces nisi et tu rogari diu nolles et ego tota hoc epistula fecissem; rogat enim et quidem efficacissime, qui reddit causas rogandi. Vale.

14. C. PLINIUS MAXIMO SUO S.

1 Verum opinaris: distringor centumviralibus causis, quae me exercent magis quam delectant. Sunt enim pleraeque parvae et exiles; raro incidit vel personarum claritate vel negotii magnitudine insignis. 2 Ad hoc pauci cum quibus iuvet dicere; ceteri audaces atque etiam magna ex parte adulescentuli obscuri ad declamandum huc transierunt, tam irreverenter et temere, ut mihi Atilius noster expresse dixisse videatur, sic in foro pueros a centumviralibus causis auspicari, ut ab Homero in scholis. Nam hic quoque ut illic primum coepit esse quod maximum est. 3 At hercule ante memoriam meam - ita maiores natu solent dicere -, ne nobilissimis quidem adulescentibus locus erat nisi aliquo consulari producente: tanta veneratione pulcherrimum opus colebatur. 4 Nunc refractis pudoris et reverentiae claustris, omnia patent omnibus, nec inducuntur sed irrumpunt. Sequuntur auditores actoribus similes, conducti et redempti. Manceps convenitur; in media basilica tam palam sportulae quam in triclinio dantur; ex iudicio in iudicium pari mercede transitur. 5 Inde iam non inurbane 'Sophokleis'

vocantur 'apo tou sophôs kai kaleisthai', isdem Latinum nomen impositum est Laudiceni; 6 et tamen crescit in dies foeditas utraque lingua notata. Here duo nomenclatores mei - habent sane aetatem eorum qui nuper togas sumpserint - ternis denariis ad laudandum trahebantur. Tanti constat ut sis disertissimus. Hoc pretio quamlibet numerosa subsellia implentur, hoc ingens corona colligitur, hoc infiniti clamores commoventur, cum mesochorus dedit signum. 7 Opus est enim signo apud non intellegentes, ne audientes quidem; 8 nam plerique non audiunt, nec ulli magis laudant. Si quando transibis per basilicam et voles scire, quo modo quisque dicat, nihil est quod tribunal ascendas, nihil quod praebeas aurem; facilis divinatio: scito eum pessime dicere, qui laudabitur maxime.

9 Primus hunc audiendi morem induxit Larcius Licinus, hactenus tamen ut auditores corrogaret. Ita certe ex Quintiliano praeceptore meo audisse me memini. 10 Narrabat ille: 'Assectabar Domitium Afrum. Cum apud centumviros diceret graviter et lente - hoc enim illi actionis genus erat -, audit ex proximo immodicum insolitumque clamorem. Admiratus reticuit; ubi silentium factum est, repetit quod abruperat. 11 Iterum clamor, iterum reticuit, et post silentium coepit. Idem tertio. Novissime quis diceret quaesiit. Responsum est: "Licinus." Tum intermissa causa "Centumviri," inquit, "hoc artificium periit."' 12 Quod alioqui perire incipiebat cum perisse Afro videretur, nunc vero prope funditus exstinctum et eversum est. Pudet referre quae quam fracta pronuntiatione dicantur, quibus quam teneris clamoribus excipiantur. 13 Plausus tantum ac potius sola cymbala et tympana illis canticis desunt: ululatus quidem - neque enim alio vocabulo potest exprimi theatris quoque indecora laudatio - large supersunt. 14 Nos tamen adhuc et utilitas amicorum et ratio aetatis moratur ac retinet; veremur enim ne forte non has indignitates reliquisse, sed laborem fugisse videamur. Sumus tamen solito rariores, quod initium est gradatim desinendi. Vale.

15. C. PLINIUS VALERIANO SUO S.

1 Quo modo te veteres Marsi tui? quo modo emptio nova Placent agri, postquam tui facti sunt? Rarum id quidem nihil enim aeque gratum est adeptis quam concupiscentibus. 2 Me praedia materna parum commode tractant, delectant tamen ut materna, et alioqui longa patientia occallui. Habent hunc finem assiduae querellae, quod queri pudet. Vale.

16. C. PLINIUS ANNIO SUO S.

1 Tu quidem pro cetera tua diligentia admones me codicillos Aciliani, qui me ex parte instituit heredem, pro non scriptis habendos, quia non sint confirmati testamento; 2 quod ius ne mihi quidem ignotum est, cum sit iis etiam notum, qui nihil aliud sciunt. Sed ego propriam quandam legem mihi dixi, ut defunctorum voluntates, etiamsi iure deficerentur, quasi perfectas tuerer. Constat autem codicillos istos Aciliani manu scriptos. 3 Licet ergo non sint confirmati testamento, a me tamen ut confirmati observabuntur, praesertim cum delatori locus non sit. 4 Nam si verendum esset ne quod ego dedissem populus eriperet, cunctantior fortasse et cautior esse deberem; cum vero liceat heredi donare, quod in hereditate subsedit, nihil est quod obstet illi meae legi, cui publicae leges non repugnant. Vale.

17. C. PLINIUS GALLO SUO S.

1 Miraris cur me Laurentinum vel - si ita mavis -, Laurens meum tanto opere delectet; desines mirari, cum cognoveris gratiam villae, opportunitatem loci, litoris spatium. 2 Decem septem milibus passuum ab urbe secessit, ut peractis quae agenda fuerint salvo iam et composito die possis ibi manere. Aditur non una via; nam et Laurentina et Ostiensis eodem ferunt, sed Laurentina a quarto decimo lapide, Ostiensis ab undecimo relinquenda est. Utrimque excipit iter aliqua ex parte harenosum, iunctis paulo gravius et longius, equo breve et molle. 3 Varia hinc atque inde facies; nam modo occurrentibus silvis via coartatur, modo latissimis pratis diffunditur et patescit; multi greges ovium, multa ibi equorum boum armenta, quae montibus hieme depulsa herbis et tepore verno nitescunt. Villa usibus capax, non sumptuosa tutela. 4 Cuius in prima parte atrium frugi, nec tamen sordidum; deinde porticus in D litterae similitudinem circumactae, quibus parvola sed festiva area includitur. Egregium hac adversus tempestates receptaculum; nam specularibus ac multo magis imminentibus rectis muniuntur. 5 Est contra medias cavaedium hilare, mox triclinium satis pulchrum, quod in litus excurrit ac si quando Africo mare impulsum est, fractis iam et novissimis fluctibus leviter alluitur. Undique valvas aut fenestras non minores valvis habet atque ita a lateribus a fronte quasi tria maria prospectat; a tergo cavaedium porticum aream porticum rursus, mox atrium silvas et longinquos respicit montes. 6 Huius a laeva retractius paulo cubiculum est amplum, deinde aliud minus quod altera fenestra admittit orientem, occidentem altera retinet; hac et subiacens mare longius quidem sed securius intuetur. 7 Huius cubiculi et triclinii illius obiectu includitur angulus, qui purissimum solem continet et

accendit. Hoc hibernaculum, hoc etiam gymnasium meorum est; ibi omnes silent venti, exceptis qui nubilum inducunt, et serenum ante quam usum loci eripiunt. 8 Annectitur angulo cubiculum in hapsida curvatum, quod ambitum solis fenestris omnibus sequitur. Parieti eius in bibliothecae speciem armarium insertum est, quod non legendos libros sed lectitandos capit. 9 Adhaeret dormitorium membrum transitu interiacente, qui suspensus et tubulatus conceptum vaporem salubri temperamento huc illuc digerit et ministrat. Reliqua pars lateris huius servorum libertorumque usibus detinetur, plerisque tam mundis, ut accipere hospites possint. 10 Ex alio latere cubiculum est politissimum; deinde vel cubiculum grande vel modica cenatio, quae plurimo sole, plurimo mari lucet; post hanc cubiculum cum procoetone, altitudine aestivum, munimentis hibernum; est enim subductum omnibus ventis. Huic cubiculo aliud et procoeton communi pariete iunguntur. 11 Inde balinei cella frigidaria spatiosa et effusa, cuius in contrariis parietibus duo baptisteria velut eiecta sinuantur, abunde capacia si mare in proximo cogites. Adiacet unctorium, hypocauston, adiacet propnigeon balinei, mox duae cellae magis elegantes quam sumptuosae; cohaeret calida piscina mirifica, ex qua natantes mare aspiciunt, 12 nec procul sphaeristerium quod calidissimo soli inclinato iam die occurrit. Hic turris erigitur, sub qua diaetae duae, totidem in ipsa, praeterea Chianti quae latissimum mare longissimum litus villas amoenissimas possidet. 13 Est et alia turris; in hac cubiculum, in quo sol nascitur conditurque; lata post apotheca et horreum, sub hoc triclinium, quod turbati maris non nisi fragorem et sonum patitur, eumque iam languidum ac desinentem; hortum et gestationem videt, qua hortus includitur. 14 Gestatio buxo aut rore marino, ubi deficit buxus, ambitur; nam buxus, qua parte defenditur tectis, abunde viret; aperto caelo apertoque vento et quamquam longinqua aspergine maris inarescit. 15 Adiacet gestationi interiore circumitu vinea tenera et umbrosa, nudisque etiam pedibus mollis et cedens. Hortum morus et ficus frequens vestit, quarum arborum illa vel maxime ferax terra est, malignior ceteris. Hac non deteriore quam maris facie Chianti remota a mari fruitur, cingitur diaetis duabus a tergo, quarum fenestris subiacet vestibulum villae et hortus alius pinguis et rusticus. 16 Hinc cryptoporticus prope publici operis extenditur. Utrimque fenestrae, a mari plures, ab horto singulae sed alternis pauciores. Hae cum serenus dies et immotus, omnes, cum hinc vel inde ventis inquietus, qua venti quiescunt sine iniuria patent. 17 Ante cryptoporticum xystus violis odoratus. Teporem solis infusi repercussu cryptoporticus auget, quae ut tenet solem sic aquilonem inhibet summovetque, quantumque caloris ante tantum retro frigoris; similiter africum sistit, atque ita diversissimos ventos alium alio latere frangit et finit. Haec iucunditas eius hieme, maior aestate. 18 Nam ante meridiem xystum, post meridiem gestationis hortique proximam partem umbra sua temperat, quae, ut dies crevit decrevitve, modo brevior modo longior hac vel illa cadit. 19 Ipsa vero cryptoporticus tum maxime caret sole, cum ardentissimus culmini eius insistit. Ad hoc patentibus fenestris favonios accipit transmittitque nec umquam aere pigro et manente ingravescit. 20 In capite xysti, deinceps cryptoporticus horti, diaeta est amores mei, re vera amores: ipse posui. In hac heliocaminus quidem alia xystum, alia mare, utraque solem, cubiculum autem valvis cryptoporticum, fenestra prospicit mare. 21 Contra parietem medium zotheca perquam eleganter recedit, quae specularibus et velis obductis reductisve modo adicitur cubiculo modo aufertur. Lectum et duas cathedras capit; a pedibus mare, a tergo villae, a capite silvae: tot facies locorum totidem fenestris et distinguit et miscet. 22 Iunctum est cubiculum noctis et somni. Non illud voces servolorum, non maris murmur, non tempestatum motus non fulgurum lumen, ac ne diem quidem sentit, nisi fenestris apertis. Tam alti abdicitque secreti illa ratio, quod interiacens andron parietem cubiculi hortique distinguit atque ita omnem sonum media inanitate consumit. 23 Applicitum est cubiculo hypocauston perexiguum, quod angusta fenestra suppositum calorem, ut ratio exigit, aut effundit aut retinet. Procoeton inde et cubiculum porrigitur in solem, quem orientem statim exceptum ultra meridiem oblicum quidem sed tamen servat. 24 In hanc ego diaetam cum me recepi, abesse mihi etiam a villa mea videor, magnamque eius voluptatem praecipue Saturnalibus capio, cum reliqua pars tecti licentia dierum festisque clamoribus personat; nam nec ipse meorum lusibus nec illi studiis meis obstrepunt. 25 Haec utilitas haec amoenitas deficitur aqua salienti, sed puteos ac potius fontes habet; sunt enim in summo. Et omnino litoris illius mira natura: quacumque loco moveris humum, obvius et paratus umor occurrit, isque sincerus ac ne leviter quidem tanta maris vicinitate corruptus. 26Suggerunt affatim ligna proximae silvae; ceteras copias ostiensis colonia ministrat. Frugi quidem homini sufficit etiam vicus, quem una villa discernit. In hoc balinea meritoria tria, magna commoditas, si forte balineum domi vel subitus adventus vel brevior mora calfacere dissuadeat. 27 Litus ornant varietate gratissima nunc continua nunc intermissa tecta villarum, quae praestant multarum urbium faciem, sive mari sive ipso litore utare; quod non numquam longa tranquillitas mollit, saepius frequens et contrarius fluctus indurat. 28 Mare non sane pretiosis piscibus abundat, soleas tamen et squillas optimas egerit. Villa vero nostra etiam mediterraneas copias praestat, lac in primis; nam illuc e pascuis pecora conveniunt, si quando aquam umbramve sectantur.

29 Iustisne de causis iam tibi videor incolere inhabitare diligere secessum? quem tu nimis urbanus es nisi concupiscis. Atque utinam concupiscas! ut tot tantisque dotibus villulae nostrae maxima commendatio ex tuo contubernio accedat. Vale.

18. C. PLINIUS MAURICO SUO S.

1 Quid a te mihi iucundius potuit iniungi, quam ut praeceptorem fratris tui liberis quaererem? Nam beneficio tuo in scholam redeo, et illam dulcissimam aetatem quasi resumo: sedeo inter iuvenes ut solebam, atque etiam experior quantum apud illos auctoritatis ex studiis habeam. 2 Nam proxime frequenti auditorio inter se coram multis ordinis nostri clare iocabantur; intravi, conticuerunt; quod non referrem, nisi ad illorum magis laudem quam ad meam pertineret, ac nisi sperare te vellem posse fratris tui filios probe discere. 3 Quod superest, cum omnes qui profitentur audiero, quid de quoque sentiam scribam, efficiamque quantum tamen epistula consequi potero, ut ipse omnes audisse videaris. 4 Debeo enim tibi, debeo memoriae fratris tui hanc fidem hoc studium, praesertim super tanta re. Nam quid magis interest vestra, quam ut liberi - dicerem tui, nisi nunc illos magis amares - digni illo patre, te patruo reperiantur? quam curam mihi etiam si non mandasses vindicassem. 5 Nec ignoro suscipiendas offensas in eligendo praeceptore, sed oportet me non modo offensas, verum etiam simultates pro fratris tui filiis tam aequo animo subire quam parentes pro suis. Vale.

19. C. PLINIUS CERIALI SUO S.

1 Hortaris ut orationem amicis pluribus recitem. Faciam quia hortaris, quamvis vehementer addubitem. 2 Neque enim me praeterit actiones, quae recitantur, impetum omnem caloremque ac prope nomen suum perdere, ut quas soleant commendare simul et accendere iudicum consessus, celebritas advocatorum, exspectatio eventus, fama non unius actoris, diductumque in partes audientium studium, ad hoc dicentis gestus incessus, discursus etiam omnibusque motibus animi consentaneus vigor corporis. 3 Unde accidit ut ii qui sedentes agunt, quamvis illis maxima ex parte supersint eadem illa quae stantibus, tamen hoc quod sedent quasi debilitentur et deprimantur. 4 Recitantium vero praecipua pronuntiationis adiumenta, oculi manus, praepediuntur. Quo minus mirum est, si auditorum intentio relanguescit, nullis extrinsecus aut blandimentis capta aut aculeis excitata. 5 Accedit his quod oratio de qua loquor pugnax et quasi contentiosa est. Porro ita natura comparatum est, ut ea quae scripsimus cum labore, cum labore etiam audiri putemus. 6 Et sane quotus quisque tam rectus

auditor, quem non potius dulcia haec et sonantia quam austera et pressa delectent? Est quidem omnino turpis ista discordia, est tamen, quia plerumque evenit ut aliud auditores aliud iudices exigant, cum alioqui iis praecipue auditor affici debeat, quibus idem si foret iudex, maxime permoveretur. 7 Potest tamen fieri ut quamquam in his difficultatibus libro isti novitas lenocinetur, novitas apud nostros; apud Graecos enim est quiddam quamvis ex diverso, non tamen omnino dissimile. 8 Nam ut illis erat moris, leges quas ut contrarias prioribus legibus arguebant, aliarum collatione convincere, ita nobis inesse repetundarum legi quod postularemus, cum hac ipsa lege tum aliis colligendum fuit; quod nequaquam blandum auribus imperitorum, tanto maiorem apud doctos habere gratiam debet, quanto minorem apud indoctos habet. 9 Nos autem si placuerit recitare adhibituri sumus eruditissimum quemque. Sed plane adhuc an sit recitandum examina tecum, omnesque quos ego movi in utraque parte calculos pone, idque elige in quo vicerit ratio. A te enim ratio exigetur, nos excusabit obsequium. Vale.

20. C. PLINIUS CALCISIO SUO S.

1 Assem para et accipe auream fabulam, fabulas immo; nam me priorum nova admonuit, nec refert a qua potissimum incipiam. 2 Verania Pisonis graviter iacebat, huius dico Pisonis, quem Galba adoptavit. Ad hanc Regulus venit. Primum impudentiam hominis, qui venerit ad aegram, cuius marito inimicissimus, ipsi invisissimus fuerat! 3 Esto, si venit tantum; at ille etiam proximus toro sedit, quo die qua hora nata esset interrogavit. Ubi audiit, componit vultum intendit oculos movet labra, agitat digitos computat. Nihil. Ut diu miseram exspectatione suspendit, 'habes' inquit 'climacterium tempus sed evades. 4 Quod ut tibi magis liqueat, haruspicem consulam, quem sum frequenter expertus.' 5 Nec mora, sacrificium facit, affirmat exta cum siderum significatione congruere. Illa ut in periculo credula poscit codicillos, legatum Regulo scribit. Mox ingravescit, clamat moriens hominem nequam perfidum ac plus etiam quam periurum, qui sibi per salutem filii peierasset. 6 Facit hoc Regulus non minus scelerate quam frequenter, quod iram deorum, quos ipse cotidie fallit, in caput infelicis pueri detestatur.

7 Velleius Blaesus ille locuples consularis novissima valetudine conflictabatur: cupiebat mutare testamentum. Regulus qui speraret aliquid ex novis tabulis, quia nuper captare eum coeperat, medicos hortari rogare, quoquo modo spiritum homini prorogarent. 8 Postquam signatum est testamentum, mutat personam, vertit allocutionem isdemque medicis: 'Quousque miserum cruciatis? quid

invidetis bona morte, cui dare vitam non potestis?' Moritur Blaesus et, tamquam omnia audisset, Regulo ne tantulum quidem.

9 Sufficiunt duae fabulae, an scholastica lege tertiam poscis? est unde fiat. 10 Aurelia ornata femina signatura testamentum sumpserat pulcherrimas tunicas. Regulus cum venisset ad signandum, 'Rogo' inquit 'has mihi leges.' 11 Aurelia ludere hominem putabat, ille serio instabat; ne multa, coegit mulierem aperire tabulas ac sibi tunicas quas erat induta legare; observavit scribentem, inspexit an scripsisset. Et Aurelia quidem vivit, ille tamen istud tamquam morituram coegit. Et hic hereditates, hic legata quasi mereatur accipit.

12 'Alla ti diateinomai' in ea civitate, in qua iam pridem non minora praemia, immo maiora nequitia et improbitas quam pudor et virtus habent? 13Aspice Regulum, qui ex paupere et tenui ad tantas opes per flagitia processit, ut ipse mihi dixerit, cum consuleret quam cito sestertium sescentiens impleturus esset, invenisse se exta duplicia, quibus portendi miliens et ducentiens habiturum. 14 Et habebit, si modo ut coepit, aliena testamenta, quod est improbissimum genus falsi, ipsis quorum sunt illa dictaverit. Vale.

LIBER TERTIVS

1. C. PLINIUS CALVISIO RUFO SUO S.

1 Nescio an ullum iucundius tempus exegerim, quam quo nuper apud Spurinnam fui, adeo quidem ut neminem magis in senectute, si modo senescere datum est, aemulari velim; nihil est enim illo vitae genere distinctius. 2 Me autem ut certus siderum cursus ita vita hominum disposita delectat. Senum praesertim: nam iuvenes confusa adhuc quaedam et quasi turbata non indecent, senibus placida omnia et ordinata conveniunt, quibus industria sera turpis ambitio est. 3 Hanc regulam Spurinna constantissime servat; quin etiam parva haec - parva si non cotidie fiant - ordine quodam et velut orbe circumagit. 4 Mane lectulo continetur, hora secunda calceos poscit, ambulat milia passuum tria nec minus animum quam corpus exercet. Si adsunt amici, honestissimi sermones explicantur; si non, liber legitur, interdum etiam praesentibus amicis, si tamen illi non gravantur. 5 Deinde considit, et liber rursus aut sermo libro potior; mox vehiculum ascendit, assumit uxorem singularis exempli vel aliquem amicorum, ut me proxime. 6 Quam pulchrum illud, quam dulce secretum! quantum ibi antiquitatis! quae facta, quos viros audias! quibus praeceptis imbuare! quamvis ille hoc temperamentum modestiae suae indixerit, ne praecipere videatur. 7 Peractis septem milibus passuum iterum ambulat mille, iterum residit vel se cubiculo ac stilo reddit. Scribit enim et quidem utraque lingua lyrica doctissima; mira illis dulcedo, mira suavitas, mira hilaritas, cuius gratiam cumulat sanctitas scribentis. 8 Ubi hora balinei nuntiata est - est autem hieme nona, aestate octava -, in sole, si caret vento, ambulat nudus. Deinde movetur pila vehementer et diu; nam hoc quoque exercitationis genere pugnat cum senectute. Lotus accubat et paulisper cibum differt; interim audit legentem remissius aliquid et dulcius. Per hoc omne tempus liberum est amicis vel eadem facere vel alia si malint. 9 Apponitur cena non minus nitida quam frugi, in argento puro et antiquo; sunt in usu et Corinthia, quibus delectatur nec afficitur. Frequenter comoedis cena distinguitur, ut voluptates quoque studiis condiantur. Sumit

aliquid de nocte et aestate; nemini hoc longum est; tanta comitate convivium trahitur. 10 Inde illi post septimum et septuagensimum annum aurium oculorum vigor integer, inde agile et vividum corpus solaque ex senectute prudentia. 11 Hanc ego vitam voto et cogitatione praesumo, ingressurus avidissime, ut primum ratio aetatis receptui canere permiserit. Interim mille laboribus conteror, quorum mihi et solacium et exemplum est idem Spurinna; 12 nam ille quoque, quoad honestum fuit, obiit officia, gessit magistratus, provincias rexit, multoque labore hoc otium meruit. Igitur eundem mihi cursum, eundem terminum statuo, idque iam nunc apud te subsigno ut, si me longius evehi videris, in ius voces ad hanc epistulam meam et quiescere iubeas, cum inertiae crimen effugero. Vale.

2. C. PLINIUS VIBIO MAXIMO SUO S.

1 Quod ipse amicis tuis obtulissem, si mihi eadem materia suppeteret, id nunc iure videor a te meis petiturus. 2 Arrianus Maturus Altinatium est princeps; cum dico princeps, non de facultatibus loquor, quae illi large supersunt, sed de castitate iustitia, gravitate prudentia. 3 Huius ego consilio in negotiis, iudicio in studiis utor; nam plurimum fide, plurimum veritate, plurimum intellegentia praestat. 4 Amat me - nihil possum ardentius dicere - ut tu. Caret ambitu; ideo se in equestri gradu tenuit, cum facile possit ascendere altissimum. Mihi tamen ornandus excolendusque est. 5 Itaque magni aestimo dignitati eius aliquid astruere inopinantis nescientis, immo etiam fortasse nolentis; astruere autem quod sit splendidum nec molestum. 6 Cuius generis quae prima occasio tibi, conferas in eum rogo; habebis me, habebis ipsum gratissimum debitorem. Quamvis enim ista non appetat, tam grate tamen excipit, quam si concupiscat. Vale.

3. C. PLINIUS CORELLIAE HISPULLAE SUAE S.

1 Cum patrem tuum gravissimum et sanctissimum virum suspexerim magis an amaverim dubitem, teque et in memoriam eius et in honorem tuum unice diligam, cupiam necesse est atque etiam quantum in me fuerit enitar, ut filius tuus avo similis exsistat; equidem malo materno, quamquam illi paternus etiam clarus spectatusque contigerit, pater quoque et patruus illustri laude conspicui. 2 Quibus omnibus ita demum similis adolescet, si imbutus honestis artibus fuerit, quas plurimum refert a quo potissimum accipiat. 3 Adhuc illum pueritiae ratio intra contubernium tuum tenuit, praeceptores domi habuit, ubi est erroribus modica vel etiam nulla materia. Iam studia eius extra limen proferenda sunt, iam circumspiciendus rhetor Latinus, cuius scholae severitas pudor in primis

castitas constet. 4 Adest enim adulescenti nostro cum ceteris naturae fortunaeque dotibus eximia corporis pulchritudo, cui in hoc lubrico aetatis non praeceptor modo sed custos etiam rectorque quaerendus est. 5 Videor ergo demonstrare tibi posse Iulium Genitorem. Amatur a me; iudicio tamen meo non obstat caritas hominis, quae ex iudicio nata est. Vir est emendatus et gravis, paulo etiam horridior et durior, ut in hac licentia temporum. 6 Quantum eloquentia valeat, pluribus credere potes, nam dicendi facultas aperta et exposita statim cernitur; vita hominum altos recessus magnasque latebras habet, cuius pro Genitore me sponsorem accipe. Nihil ex hoc viro filius tuus audiet nisi profuturum, nihil discet quod nescisse rectius fuerit, nec minus saepe ab illo quam a te meque admonebitur, quibus imaginibus oneretur, quae nomina et quanta sustineat. 7 Proinde faventibus dis trade eum praeceptori, a quo mores primum mox eloquentiam discat, quae male sine moribus discitur. Vale.

4. C. PLINIUS CAECILIO MACRINO SUO S.

1 Quamvis et amici quos praesentes habebam, et sermones hominum factum meum comprobasse videantur, magni tamen aestimo scire quid sentias tu. 2 Nam cuius integra re consilium exquirere optassem, huius etiam peracta iudicium nosse mire concupisco. Cum publicum opus mea pecunia incohaturus in Tuscos excucurrissem, accepto ut praefectus aerari commeatu, legati provinciae Baeticae, questuri de proconsulatu Caecili Classici, advocatum me a senatu petiverunt. 3 Collegae optimi meique amantissimi, de communis officii necessitatibus praelocuti, excusare me et eximere temptarunt. Factum est senatus consultum perquam honorificum, ut darer provincialibus patronus si ab ipso me impetrassent. 4 Legati rursus inducti iterum me iam praesentem advocatum postulaverunt, implorantes fidem meam quam essent contra Massam Baebium experti, allegantes patrocini foedus. Secuta est senatus clarissima assensio, quae solet decreta praecurrere. Tum ego 'Desino' inquam, 'patres conscripti, putare me iustas excusationis causas attulisse.' Placuit et modestia sermonis et ratio. 5 Compulit autem me ad hoc consilium non solum consensus senatus, quamquam hic maxime, verum et alii quidam minores, sed tamen numeri. Veniebat in mentem priores nostros etiam singulorum hospitum iniurias voluntariis accusationibus exsecutos, quo deformius arbitrabar publici hospitii iura neglegere. 6 Praeterea cum recordarer, quanta pro isdem Baeticis superiore advocatione etiam pericula subissem, conservandum veteris officii meritum novo videbatur. Est enim ita comparatum ut antiquiora beneficia subvertas, nisi illa posterioribus cumules. Nam quamlibet saepe obligati, si quid unum neges, hoc

solum meminerunt quod negatum est. 7 Ducebar etiam quod decesserat Classicus, amotumque erat quod in eiusmodi causis solet esse tristissimum, periculum senatoris. Videbam ergo advocationi meae non minorem gratiam quam si viveret ille propositam, invidiam nullam. 8 In summa computabam, si munere hoc iam tertio fungerer, faciliorem mihi excusationem fore, si quis incidisset, quem non deberem accusare. Nam cum est omnium officiorum finis aliquis, tum optime libertati venia obsequio praeparatur. 9Audisti consilii mei motus: superest alterutra ex parte iudicium tuum, in quo mihi aeque iucunda erit simplicitas dissentientis quam comprobantis auctoritas. Vale.

5. C. PLINIUS BAEBIO MACRO SUO S.

1 Pergratum est mihi quod tam diligenter libros avunculi mei lectitas, ut habere omnes velis quaerasque qui sint omnes. 2 Fungar indicis partibus, atque etiam quo sint ordine scripti notum tibi faciam; est enim haec quoque studiosis non iniucunda cognitio. 3 'De iaculatione equestri unus'; hunc cum praefectus alae militaret, pari ingenio curaque composuit. 'De vita Pomponi Secundi duo'; a quo singulariter amatus hoc memoriae amici quasi debitum munus exsolvit. 4 'Bellorum Germaniae viginti'; quibus omnia quae cum Germanis gessimus bella collegit. Incohavit cum in Germania militaret, somnio monitus: astitit ei quiescenti Drusi Neronis effigies, qui Germaniae latissime victor ibi periit, commendabat memoriam suam orabatque ut se ab iniuria oblivionis assereret. 5 'Studiosi tres', in sex volumina propter amplitudinem divisi, quibus oratorem ab incunabulis instituit et perficit. 'Dubii sermonis octo': scripsit sub Nerone novissimis annis, cum omne studiorum genus paulo liberius et erectius periculosum servitus fecisset. 6 'A fine Aufidi Bassi triginta unus.' 'Naturae historiarum triginta septem', opus diffusum eruditum, nec minus varium quam ipsa natura.

7 Miraris quod tot volumina multaque in his tam scrupulosa homo occupatus absolverit? Magis miraberis si scieris illum aliquamdiu causas actitasse, decessisse anno sexto et quinquagensimo, medium tempus distentum impeditumque qua officiis maximis qua amicitia principum egisse. 8 Sed erat acre ingenium, incredibile studium, summa vigilantia. Lucubrare Vulcanalibus incipiebat non auspicandi causa sed studendi statim a nocte multa, hieme vero ab hora septima vel cum tardissime octava, saepe sexta. Erat sane somni paratissimi, non numquam etiam inter ipsa studia instantis et deserentis. 9 Ante lucem ibat ad Vespasianum imperatorem - nam ille quoque noctibus utebatur -, inde ad delegatum sibi officium. Reversus domum quod reliquum temporis studiis

reddebat. 10 Post cibum saepe - quem interdiu levem et facilem veterum more sumebat - aestate si quid otii iacebat in sole, liber legebatur, adnotabat excerpebatque. Nihil enim legit quod non excerperet; dicere etiam solebat nullum esse librum tam malum ut non aliqua parte prodesset. 11 Post solem plerumque frigida lavabatur, deinde gustabat dormiebatque minimum; mox quasi alio die studebat in cenae tempus. Super hanc liber legebatur adnotabatur, et quidem cursim. 12 Memini quendam ex amicis, cum lector quaedam perperam pronuntiasset, revocasse et repeti coegisse; huic avunculum meum dixisse: 'Intellexeras nempe?' Cum ille adnuisset, 'Cur ergo revocabas? decem amplius versus hac tua interpellatione perdidimus.' 13 Tanta erat parsimonia temporis. Surgebat aestate a cena luce, hieme intra primam noctis et tamquam aliqua lege cogente.

14 Haec inter medios labores urbisque fremitum. In secessu solum balinei tempus studiis eximebatur - cum dico balinei, de interioribus loquor; nam dum destringitur tergiturque, audiebat aliquid aut dictabat -. 15 In itinere quasi solutus ceteris curis, huic uni vacabat: ad latus notarius cum libro et pugillaribus, cuius manus hieme manicis muniebantur, ut ne caeli quidem asperitas ullum studii tempus eriperet; qua ex causa Romae quoque sella vehebatur. 16 Repeto me correptum ab eo, cur ambularem: 'poteras' inquit 'has horas non perdere'; nam perire omne tempus arbitrabatur, quod studiis non impenderetur. 17 Hac intentione tot ista volumina peregit electorumque commentarios centum sexaginta mihi reliquit, opisthographos quidem et minutissimis scriptos; qua ratione multiplicatur hic numerus. Referebat ipse potuisse se, cum procuraret in Hispania, vendere hos commentarios Larcio Licino quadringentis milibus nummum; et tunc aliquanto pauciores erant. 18 Nonne videtur tibi recordanti, quantum legerit quantum scripserit, nec in officiis ullis nec in amicitia principis fuisse; rursus cum audis quid studiis laboris impenderit, nec scripsisse satis nec legisse? Quid est enim quod non aut illae occupationes impedire aut haec instantia non possit efficere? 19 Itaque soleo ridere cum me quidam studiosum vocant, qui si comparer illi sum desidiosissimus. Ego autem tantum, quem partim publica partim amicorum officia distringunt? quis ex istis, qui tota vita litteris assident, collatus illi non quasi somno et inertiae deditus erubescat?

20 Extendi epistulam cum hoc solum quod requirebas scribere destinassem, quos libros reliquisset; confido tamen haec quoque tibi non minus grata quam ipsos libros futura, quae te non tantum ad legendos eos verum etiam ad simile aliquid elaborandum possunt aemulationis stimulis excitare. Vale.

6. C. PLINIUS ANNIO SEVERO SUO S.

1 Ex hereditate quae mihi obvenit, emi proxime Corinthium signum, modicum quidem sed festivum et expressum, quantum ego sapio, qui fortasse in omni re, in hac certe perquam exiguum sapio: hoc tamen signum ego quoque intellego. 2 Est enim nudum, nec aut vitia si qua sunt celat, aut laudes parum ostentat. Effingit senem stantem; ossa musculi nervi, venae rugae etiam ut spirantis apparent; rari et cedentes capilli, lata frons, contracta facies, exile collum; pendent lacerti, papillae iacent, venter recessit; 3 a tergo quoque eadem aetas ut a tergo. Aes ipsum, quantum verus color indicat, vetus et antiquum; talia denique omnia, ut possint artificum oculos tenere, delectare imperitorum. 4 Quod me quamquam tirunculum sollicitavit ad emendum. Emi autem non ut haberem domi - neque enim ullum adhuc Corinthium domi habeo -, verum ut in patria nostra celebri loco ponerem, ac potissimum in Iovis templo; 5 videtur enim dignum templo dignum deo donum. Tu ergo, ut soles omnia quae a me tibi iniunguntur, suscipe hanc curam, et iam nunc iube basim fieri, ex quo voles marmore, quae nomen meum honoresque capiat, si hos quoque putabis addendos. 6 Ego signum ipsum, ut primum invenero aliquem qui non gravetur, mittam tibi vel ipse - quod mavis - afferam mecum. Destino enim, si tamen officii ratio permiserit, excurrere isto. 7Gaudes quod me venturum esse polliceor, sed contrahes frontem, cum adiecero 'ad paucos dies': neque enim diutius abesse me eadem haec quae nondum exire patiuntur. Vale.

7. C. PLINIUS CANINIO RUFO SUO S.

1 Modo nuntiatus est Silius Italicus in Neapolitano suo inedia finisse vitam. 2 Causa mortis valetudo. Erat illi natus insanabilis clavus, cuius taedio ad mortem irrevocabili constantia decucurrit usque ad supremum diem beatus et felix, nisi quod minorem ex liberis duobus amisit, sed maiorem melioremque florentem atque etiam consularem reliquit. 3 Laeserat famam suam sub Nerone - credebatur sponte accusasse -, sed in Vitelli amicitia sapienter se et comiter gesserat, ex proconsulatu Asiae gloriam reportaverat, maculam veteris industriae laudabili otio abluerat. 4 Fuit inter principes civitatis sine potentia, sine invidia: salutabatur colebatur, multumque in lectulo iacens cubiculo semper, non ex fortuna frequenti, doctissimis sermonibus dies transigebat, eum a scribendo vacaret. 5 Scribebat carmina maiore cura quam ingenio, non numquam iudicia hominum recitationibus experiebatur. 6 Novissime ita suadentibus annis ab urbe secessit, seque in Campania tenuit, ac ne adventu quidem novi principis inde commotus est: 7magna Caesaris laus sub quo hoc liberum fuit, magna illius qui

hac libertate ausus est uti. 8 Erat 'philokalos' usque ad emacitatis reprehensionem. Plures isdem in locis villas possidebat, adamatisque novis priores neglegebat. Multum ubique librorum, multum statuarum, multum imaginum, quas non habebat modo, verum etiam venerabatur, Vergili ante omnes, cuius natalem religiosius quam suum celebrabat, Neapoli maxime, ubi monimentum eius adire ut templum solebat. 9 In hac tranquillitate annum quintum et septuagensimum excessit, delicato magis corpore quam infirmo; utque novissimus a Nerone factus est consul, ita postremus ex omnibus, quos Nero consules fecerat, decessit.

10 Illud etiam notabile: ultimus ex Neronianis consularibus obiit, quo consule Nero periit. Quod me recordantem fragilitatis humanae miseratio subit. 11Quid enim tam circumcisum tam breve quam hominis vita longissima? An non videtur tibi Nero modo modo fuisse? cum interim ex iis, qui sub illo gesserant consulatum, nemo iam superest. 12 Quamquam quid hoc miror? Nuper L. Piso, pater Pisonis illius, qui Valerio Festo per summum facinus in Africa occisus est, dicere solebat neminem se videre in senatu, quem consul ipse sententiam rogavisset. 13 Tam angustis terminis tantae multitudinis vivacitas ipsa concluditur, ut mihi non venia solum dignae, verum etiam laude videantur illae regiae lacrimae; nam ferunt Xersen, cum immensum exercitum oculis obisset, illacrimasse, quod tot milibus tam brevis immineret occasus. 14 Sed tanto magis hoc, quidquid est temporis futilis et caduci, si non datur factis - nam horum materia in aliena manu -, certe studiis proferamus, et quatenus nobis denegatur diu vivere, relinquamus aliquid, quo nos vixisse testemur. 15 Scio te stimulis non egere: me tamen tui caritas evocat, ut currentem quoque instigem, sicut tu soles me. 'Agathê d' eris' cum invicem se mutuis exhortationibus amici ad amorem immortalitatis exacuunt. Vale.

8. C. PLINIUS SUETONIO TRANQUILLO SUO S.

1 Facis pro cetera reverentia quam mihi praestas, quod tam sollicite petis ut tribunatum, quem a Neratio Marcello clarissimo viro impetravi tibi, in Caesennium Silvanum propinquum tuum transferam. 2 Mihi autem sicut iucundissimum ipsum te tribunum, ita non minus gratum alium per te videre. Neque enim esse congruens arbitror, quem augere honoribus cupias, huic pietatis titulis invidere, qui sunt omnibus honoribus pulchriores. 3Video etiam, cum sit egregium et mereri beneficia et dare, utramque te laudem simul assecuturum, si quod ipse meruisti alii tribuas. Praeterea intellego mihi quoque gloriae fore, si ex hoc tuo facto non fuerit ignotum amicos meos non gerere tantum tribunatus posse verum etiam dare. 4 Quare ego vero honestissimae voluntati tuae pareo.

Neque enim adhuc nomen in numeros relatum est, ideoque liberum est nobis Silvanum in locum tuum subdere; cui cupio tam gratum esse munus tuum, quam tibi meum est. Vale.

9. C. PLINIUS CORNELIO MINICIANO SUO S.

1 Possum iam perscribere tibi quantum in publica provinciae Baeticae causa laboris exhauserim. 2 Nam fuit multiplex, actaque est saepius cum magna varietate. Unde varietas, unde plures actiones? Caecilius Classicus, homo foedus et aperte malus, proconsulatum in ea non minus violenter quam sordide gesserat, eodem anno quo in Africa Marius Priscus. 3 Erat autem Priscus ex Baetica, ex Africa Classicus. Inde dictum Baeticorum, ut plerumque dolor etiam venustos facit, non illepidum ferebatur: 'Dedi malum et accepi.' 4 Sed Marium una civitas publice multique privati reum peregerunt, in Classicum tota provincia incubuit. Ille accusationem vel fortuita vel voluntaria morte praevertit. Nam fuit mors eius infamis, ambigua tamen: ut enim credibile videbatur voluisse exire de vita, Cum defendi non posset, ita mirum pudorem damnationis morte fugisse, quem non puduisset damnanda committere. 6 Nihilo minus Baetica etiam in defuncti accusatione perstabat. Provisum hoc legibus, intermissum tamen et post longam intercapedinem tunc reductum. Addiderunt Baetici, quod simul socios ministrosque Classici detulerunt, nominatimque in eos inquisitionem postulaverunt. 7 Aderam Bacticis mecumque Lucceius Albinus, vir in dicendo copiosus ornatus; quem ego cum olim mutuo diligerem, ex hac officii societate amare ardentius coepi. 8 Habet quidem gloria, in studiis praesertim, quiddam 'akoinônêton' nobis tamen nullum certamen nulla contentio, cum uterque pari iugo non pro se sed pro causa niteretur, cuius et magnitudo et utilitas visa est postulare, ne tantum oneris singulis actionibus subiremus. 9 Verebamur ne nos dies ne vox ne latera deficerent, si tot crimina tot reos uno velut fasce complecteremur; deinde ne iudicum intentio multis nominibus multisque causis non lassaretur modo verum etiam confunderetur; mox ne gratia singulorum collata atque permixta pro singulis quoque vires omnium acciperet; postremo ne potentissimi vilissimo quoque quasi piaculari dato alienis poenis elaberentur. 10 Etenim tum maxime favor et ambitio dominatur, cum sub aliqua specie severitatis delitescere potest. 11 Erat in consilio Sertorianum illud exemplum, qui robustissimum et infirmissimum militem iussit caudam equi - reliqua nosti. Nam nos quoque tam numerosum agmen reorum ita demum videbamus posse superari, si per singulos carperetur.

12 Placuit in primis ipsum Classicum ostendere nocentem: hic aptissimus ad socios eius et ministros transitus erat, quia socii ministrique probari nisi illo nocente non poterant. Ex quibus duos statim Classico iunximus, Baebium Probum et Fabium Hispanum, utrumque gratia, Hispanum etiam facundia validum. Et circa Classicum quidem brevis et expeditus labor. 13 Sua manu reliquerat scriptum, quid ex quaque re, quid ex quaque causa accepisset; miserat etiam epistulas Romam ad amiculam quandam, iactantes et gloriosas, his quidem verbis: 'Io io, liber ad te venio; iam sestertium quadragiens redegi parte vendita Baeticorum.' 14 Circa Hispanum et Probum multum sudoris. Horum ante quam crimina ingrederer, necessarium credidi elaborare, ut constaret ministerium crimen esse: quod nisi fecissem, frustra ministros probassem. 15 Neque enim ita defendebantur, ut negarent, sed ut necessitati veniam precarentur; esse enim se provinciales et ad omne proconsulum imperium metu cogi. 16 Solet dicere Claudius Restitutus, qui mihi respondit, vir exercitatus et vigilans et quamlibet subitis paratus, numquam sibi tantum caliginis tantum perturbationis offusum, quam cum praerepta et extorta defensioni suae cerneret, in quibus omnem fiduciam reponebat. 17 Consilii nostri exitus fuit: bona Classici, quae habuisset ante provinciam, placuit senatui a reliquis separari, illa filiae haec spoliatis relinqui. Additum est, ut pecuniae quas creditoribus solverat revocarentur. Hispanus et Probus in quinquennium relegati; adeo grave visum est, quod initio dubitabatur an omnino crimen esset.

18 Post paucos dies Claudium Fuscum, Classici generum, et Stilonium Priscum, qui tribunus cohortis sub Classico fuerat, accusavimus dispari eventu: Prisco in biennium Italia interdictum, absolutus est Fuscus.

19 Actione tertia commodissimum putavimus plures congregare, ne si longius esset extracta cognitio, satietate et taedio quodam iustitia cognoscentium severitasque languesceret; et alioqui supererant minores rei data opera hunc in locum reservati, excepta tamen Classici uxore, quae sicut implicita suspicionibus ita non satis convinci probationibus visa est; 20 nam Classici filia, quae et ipsa inter reos erat, ne suspicionibus quidem haerebat. Itaque, cum ad nomen eius in extrema actione venissem - neque enim ut initio sic etiam in fine verendum erat, ne per hoc totius accusationis auctoritas minueretur -, honestissimum credidi non premere immerentem, idque ipsum dixi et libere et varie. 21 Nam modo legatos interrogabam, docuissentne me aliquid quod re probari posse confiderent; modo consilium a senatu petebam, putaretne debere me, si quam haberem in dicendo facultatem, in iugulum innocentis quasi telum aliquod intendere; postremo totum

locum hoc fine conclusi: 'Dicet aliquis: Iudicas ergo? Ego vero non iudico, memini tamen me advocatum ex iudicibus datum.'

22 Hic numerosissimae causae terminus fuit quibusdam absolutis, pluribus damnatis atque etiam relegatis, aliis in tempus aliis in perpetuum. 23Eodem senatus consulto industria fides constantia nostra plenissimo testimonio comprobata est, dignum solumque par pretium tanti laboris. 24Concipere animo potes quam simus fatigati, quibus totiens agendum totiens altercandum, tam multi testes interrogandi sublevandi refutandi. 25 Iam illa quam ardua quam molesta, tot reorum amicis secreto rogantibus negare, adversantibus palam obsistere! Referam unum aliquid ex iis quae dixi. Cum mihi quidam e iudicibus ipsis pro reo gratiosissimo reclamarent, 'Non minus' inquam 'hic innocens erit, si ego omnia dixero.' 26 Coniectabis ex hoc quantas contentiones, quantas etiam offensas subierimus dumtaxat ad breve tempus; nam fides in praesentia eos quibus resistit offendit, deinde ab illis ipsis suspicitur laudaturque. Non potui magis te in rem praesentem perducere. 27 Dices: 'Non fuit tanti; quid enim mihi cum tam longa epistula?' Nolito ergo identidem quaerere, quid Romae geratur. Et tamen memento non esse epistulam longam, quae tot dies tot cognitiones tot denique reos causasque complexa sit. 28 Quae omnia videor mihi non minus breviter quam diligenter persecutus.

Temere dixi 'diligenter': succurrit quod praeterieram et quidem sero, sed quamquam praepostere reddetur. Facit hoc Homerus multique illius exemplo; est alioqui perdecorum, a me tamen non ideo fiet. 29 E testibus quidam, sive iratus quod evocatus esset invitus, sive subornatus ab aliquo reorum, ut accusationem exarmaret, Norbanum Licinianum, legatum et inquisitorem, reum postulavit, tamquam in causa Castae - uxor haec Classici - praevaricaretur. 30 Est lege cautum ut reus ante peragatur, tunc de praevaricatore quaeratur, videlicet quia optime ex accusatione ipsa accusatoris fides aestimatur. 31 Norbano tamen non ordo legis, non legati nomen, non inquisitionis officium praesidio fuit; tanta conflagravit invidia homo alioqui flagitiosus et Domitiani temporibus usus ut multi, electusque tunc a provincia ad inquirendum non tamquam bonus et fidelis, sed tamquam Classici inimicus - erat ab illo relegatus -. 32 Dari sibi diem, edi crimina postulabat; neutrum impetravit, coactus est statim respondere. Respondit, malum pravumque ingenium hominis facit ut dubitem, confidenter an constanter, certe paratissime. 33 Obiecta sunt multa, quae magis quam praevaricatio nocuerunt; quin etiam duo consulares, Pomponius Rufus et Libo Frugi, laeserunt eum testimonio, tamquam apud iudicem sub Domitiano Salvi

Liberalis accusatoribus adfuisset. 34 Damnatus et in insulam relegatus est. Itaque cum Castam accusarem nihil magis pressi, quam quod accusator eius praevaricationis crimine corruisset; pressi tamen frustra; accidit enim res contraria et nova, ut accusatore praevaricationis damnato rea absolveretur. 35Quaeris, quid nos, dum haec aguntur? Indicavimus senatui ex Norbano didicisse nos publicam causam, rursusque debere ex integro discere, si ille praevaricator probaretur, atque ita, dum ille peragitur reus, sedimus. Postea Norbanus omnibus diebus cognitionis interfuit eandemque usque ad extremum vel constantiam vel audaciam pertulit.

36 Interrogo ipse me, an aliquid omiserim rursus, et rursus paene omisi. Summo die Salvius Liberalis reliquos legatos graviter increpuit, tamquam non omnes quos mandasset provincia reos peregissent, atque, ut est vehemens et disertus, in discrimen adduxit. Protexi viros optimos eosdemque gratissimos: mihi certe debere se praedicant, quod illum turbinem evaserint. 37 Hic erit epistulae finis, re vera finis; litteram non addam, etiamsi adhuc aliquid praeterisse me sensero. Vale.

10. C. PLINIUS VESTRICIO SPURINNAE SUO ET COTTIAE S.

1 Composuisse me quaedam de filio vestro non dixi vobis, cum proxime apud vos fui, primum quia non ideo scripseram ut dicerem, sed ut meo amori meo dolori satisfacerem; deinde quia te, Spurinna, cum audisses recitasse me, ut mihi ipse dixisti, quid recitassem simul audisse credebam. 2 Praeterea veritus sum ne vos festis diebus confunderem, si in memoriam gravissimi luctus reduxissem. Nunc quoque paulisper haesitavi, id solum, quod recitavi, mitterem exigentibus vobis, an adicerem quae in aliud volumen cogito reservare. 3 Neque enim affectibus meis uno libello carissimam mihi et sanctissimam memoriam prosequi satis est, cuius famae latius consuletur, si dispensata et digesta fuerit. 4 Verum haesitanti mihi, omnia quae iam composui vobis exhiberem, an adhuc aliqua differrem, simplicius et amicius visum est omnia, praecipue cum affirmetis intra vos futura, donec placeat emittere. 5 Quod superest, rogo ut pari simplicitate, si qua existimabitis addenda commutanda omittenda, indicetis mihi. 6 Difficile est huc usque intendere animum in dolore; difficile, sed tamen, ut scalptorem, ut pictorem, qui filii vestri imaginem faceret, admoneretis, quid exprimere quid emendare deberet, ita me quoque formate regite, qui non fragilem et caducam, sed immortalem, ut vos putatis, effigiem conor efficere: quae hoc diuturnior erit, quo verior melior absolutior fuerit. Valete.

11. C. PLINIUS IULIO GENITORI SUO S.

1 Est omnino Artemidori nostri tam benigna natura, ut officia amicorum in maius extollat. Inde etiam meum meritum ut vera ita supra meritum praedicatione circumfert. 2 Equidem, cum essent philosophi ab urbe summoti, fui apud illum in suburbano, et quo notabilius - hoc est, periculosius - esset fui praetor. Pecuniam etiam, qua tunc illi ampliore opus erat, ut aes alienum exsolveret contractum ex pulcherrimis causis, mussantibus magnis quibusdam et locupletibus amicis mutuatus ipse gratuitam dedi. 3 Atque haec feci, cum septem amicis meis aut occisis aut relegatis, occisis Senecione Rustico Helvidio, relegatis Maurico Gratilla Arria Fannia, tot circa me iactis fulminibus quasi ambustus mihi quoque impendere idem exitium certis quibusdam notis augurarer. 4 Non ideo tamen eximiam gloriam meruisse me, ut ille praedicat, credo, sed tantum effugisse flagitium. 5 Nam et C. Musonium socerum eius, quantum licitum est per aetatem, cum admiratione dilexi et Artemidorum ipsum iam tum, cum in Syria tribunus militarem, arta familiaritate complexus sum, idque primum non nullius indolis dedi specimen, quod virum aut sapientem aut proximum simillimumque sapienti intellegere sum visus. 6 Nam ex omnibus, qui nunc se philosophos vocant, vix unum aut alterum invenies tanta sinceritate, tanta veritate. Mitto, qua patientia corporis hiemes iuxta et aestates ferat, ut nullis laboribus cedat, ut nihil in cibo in potu voluptatibus tribuat, ut oculos animumque contineat. 7 Sunt haec magna, sed in alio; in hoc vero minima, si ceteris virtutibus comparentur, quibus meruit, ut a C. Musonio ex omnibus omnium ordinum assectatoribus gener assumeretur. 8 Quae mihi recordanti est quidem iucundum, quod me cum apud alios tum apud te tantis laudibus cumulat; vereor tamen ne modum excedat, quem benignitas eius - illuc enim unde coepi revertor - solet non tenere. 9 Nam in hoc uno interdum vir alioqui prudentissimus honesto quidem sed tamen errore versatur, quod pluris amicos suos quam sunt arbitratur. Vale.

12. C. PLINIUS CATILIO SEVERO SUO S.

1 Veniam ad cenam, sed iam nunc paciscor, sit expedita sit parca, Socraticis tantum sermonibus abundet, in his quoque teneat modum. 2 Erunt officia antelucana, in quae incidere impune ne Catoni quidem licuit, quem tamen C. Caesar ita reprehendit ut laudet. 3 Describit enim eos, quibus obvius fuerit, cum caput ebrii retexissent, erubuisse; deinde adicit: 'Putares non ab illis Catonem, sed illos a Catone deprehensos.' Potuitne plus auctoritatis tribui Catoni, quam si ebrius quoque tam venerabilis erat? 4 Nostrae tamen cenae, ut apparatus et

impendii, sic temporis modus constet. Neque enim ii sumus quos vituperare ne inimici quidem possint, nisi ut simul laudent. Vale.

13. C. PLINIUS VOCONIO ROMANO SUO S.

1 Librum, quo nuper optimo principi consul gratias egi, misi exigenti tibi, missurus etsi non exegisses. 2 In hoc consideres velim ut pulchritudinem materiae ita difficultatem. In ceteris enim lectorem novitas ipsa intentum habet, in hac nota vulgata dicta sunt omnia; quo fit ut quasi otiosus securusque lector tantum elocutioni vacet, in qua satisfacere difficilius est cum sola aestimatur. 3 Atque utinam ordo saltem et transitus et figurae simul spectarentur! Nam invenire praeclare, enuntiare magnifice interdum etiam barbari solent, disponere apte, figurare varie nisi eruditis negatum est. 4 Nec vero affectanda sunt semper elata et excelsa. Nam ut in pictura lumen non alia res magis quam umbra commendat, ita orationem tam summittere quam attollere decet. 5 Sed quid ego haec doctissimo viro? Quin potius illud: adnota, quae putaveris corrigenda. Ita enim magis credam cetera tibi placere, si quaedam displicuisse cognovero. Vale.

14. C. PLINIUS ACILIO SUO S.

1 Rem atrocem nec tantum epistula dignam Larcius Macedo vir praetorius a servis suis passus est, superbus alioqui dominus et saevus, et qui servisse patrem suum parum, immo nimium meminisset. 2 Lavabatur in villa Formiana. Repente eum servi circumsistunt. Alius fauces invadit, alius os verberat, alius pectus et ventrem, atque etiam - foedum dictu - verenda contundit; et cum exanimem putarent, abiciunt in fervens pavimentum, ut experirentur an viveret. Ille sive quia non sentiebat, sive quia se non sentire simulabat, immobilis et extentus fidem peractae mortis implevit. 3 Tum demum quasi aestu solutus effertur; excipiunt servi fideliores, concubinae cum ululatu et clamore concurrunt. Ita et vocibus excitatus et recreatus loci frigore sublatis oculis agitatoque corpore vivere se - et iam tutum erat - confitetur. 4 Diffugiunt servi; quorum magna pars comprehensa est, ceteri requiruntur. Ipse paucis diebus aegre focilatus non sine ultionis solacio decessit ita vivus vindicatus, ut occisi solent. 5 Vides quot periculis quot contumeliis quot ludibriis simus obnoxii; nec est quod quisquam possit esse securus, quia sit remissus et mitis; non enim iudicio domini sed scelere perimuntur.

6 Verum haec hactenus. Quid praeterea novi? Quid? Nihil, alioqui subiungerem; nam et charta adhuc superest, et dies feriatus patitur plura contexi. Addam quod

opportune de eodem Macedone succurrit. Cum in publico Romae lavaretur, notabilis atque etiam, ut exitus docuit, ominosa res accidit. 7Eques Romanus a servo eius, ut transitum daret, manu leviter admonitus convertit se nec servum, a quo erat tactus, sed ipsum Macedonem tam graviter palma percussit ut paene concideret. 8 Ita balineum illi quasi per gradus quosdam primum contumeliae locus, deinde exitii fuit. Vale.

15. C. PLINIUS SILIO PROCULO SUO S.

1 Petis ut libellos tuos in secessu legam examinem, an editione sint digni; adhibes preces, allegas exemplum: rogas enim, ut aliquid subsicivi temporis studiis meis subtraham, impertiam tuis, adicis M. Tullium mira benignitate poetarum ingenia fovisse. 2 Sed ego nec rogandus sum nec hortandus; nam et poeticen ipsam religiosissime veneror et te valdissime diligo. Faciam ergo quod desideras tam diligenter quam libenter. 3 Videor autem iam nunc posse rescribere esse opus pulchrum nec supprimendum, quantum aestimare licuit ex iis quae me praesente recitasti, si modo mihi non imposuit recitatio tua; legis enim suavissime et peritissime. 4 Confido tamen me non sic auribus duci, ut omnes aculei iudicii mei illarum delenimentis refringantur: hebetentur fortasse et paulum retundantur, evelli quidem extorquerique non possunt. 5 Igitur non temere iam nunc de universitate pronuntio, de partibus experiar legendo. Vale.

16. C. PLINIUS NEPOTI SUO S.

1 Adnotasse videor facta dictaque virorum feminarumque alia clariora esse alia maiora. Confirmata est opinio mea hesterno Fanniae sermone. Neptis haec Arriae illius, quae marito et solacium mortis et exemplum fuit. Multa referebat aviae suae non minora hoc sed obscuriora; quae tibi existimo tam mirabilia legenti fore, quam mihi audienti fuerunt. 3 Aegrotabat Caecina Paetus maritus eius, aegrotabat et filius, uterque mortifere, ut videbatur. Filius decessit eximia pulchritudine pari verecundia, et parentibus non minus ob alia carus quam quod filius erat. Huic illa ita funus paravit, ita duxit exsequias, ut ignoraret maritus; quin immo quotiens cubiculum eius intraret, vivere filium atque etiam commodiorem esse simulabat, ac persaepe interroganti, quid ageret puer, respondebat; 'Bene quievit, libenter cibum sumpsit.' Deinde, cum diu cohibitae lacrimae vincerent prorumperentque, egrediebatur; tunc se dolori dabat; satiata siccis oculis composito vultu redibat, tamquam orbitatem foris reliquisset. Praeclarum quidem illud eiusdem, ferrum stringere, perfodere pectus, extrahere pugionem, porrigere marito, addere vocem immortalem ac paene divinam: 'Paete, non dolet.' Sed tamen ista facienti, ista

dicenti, gloria et aeternitas ante oculos erant; quo maius est sine praemio aeternitatis, sine praemio gloriae, abdere lacrimas operire luctum, amissoque filio matrem adhuc agere.

7 Scribonianus arma in Illyrico contra Claudium moverat; fuerat Paetus in partibus, et occiso Scriboniano Romam trahebatur. Erat ascensurus navem; Arria milites orabat, ut simul imponeretur. 'Nempe enim' inquit 'daturi estis consulari viro servolos aliquos, quorum e manu cibum capiat, a quibus vestiatur, a quibus calcietur; omnia sola praestabo.' Non impetravit: conduxit piscatoriam nauculam, ingensque navigium minimo secuta est. Eadem apud Claudium uxori Scriboniani, cum illa profiteretur indicium, 'Ego' inquit 'te audiam, cuius in gremio Scribonianus occisus est, et vivis?' Ex quo manifestum est ei consilium pulcherrimae mortis non subitum fuisse. Quin etiam, cum Thrasea gener eius deprecaretur, ne mori pergeret, interque alia dixisset: 'Vis ergo filiam tuam, si mihi pereundum fuerit, mori mecum?', respondit: 'Si tam diu tantaque concordia vixerit tecum quam ego cum Paeto, volo.' Auxerat hoc responso curam suorum; attentius custodiebatur; sensit et 'Nihil agitis' inquit; 'potestis enim efficere ut male moriar, ut non moriar non potestis.' Dum haec dicit, exsiluit cathedra adversoque parieti caput ingenti impetu impegit et corruit. Focilata 'Dixeram' inquit 'vobis inventuram me quamlibet duram ad mortem viam, si vos facilem negassetis.' Videnturne haec tibi maiora illo 'Paete, non dolet', ad quod per haec perventum est? cum interim illud quidem ingens fama, haec nulla circumfert. Unde colligitur, quod initio dixi, alia esse clariora alia maiora. Vale.

17. C. PLINIUS IULIO SERVIANO SUO S.

1 Rectene omnia, quod iam pridem epistulae tuae cessant? An omnia recte, sed occupatus es tu? An tu non occupatus, sed occasio scribendi vel rara vel nulla? 2 Exime hunc mihi scrupulum, cui par esse non possum, exime autem vel data opera tabellario misso. Ego viaticum, ego etiam praemium dabo, nuntiet modo quod opto. 3 Ipse valeo, si valere est suspensum et anxium vivere, exspectantem in horas timentemque pro capite amicissimo, quidquid accidere homini potest. Vale.

18. C. PLINIUS VIBIO SEVERO SUO S.

1 Officium consulatus iniunxit mihi, ut rei publicae nomine principi gratias agerem. Quod ego in senatu cum ad rationem et loci et temporis ex more fecissem, bono civi convenientissimum credidi eadem illa spatiosius et uberius

volumine amplecti, 2 primum ut imperatori nostro virtutes suae veris laudibus commendarentur, deinde ut futuri principes non quasi a magistro sed tamen sub exemplo praemonerentur, qua potissimum via possent ad eandem gloriam niti. 3 Nam praecipere qualis esse debeat princeps, pulchrum quidem sed onerosum ac prope superbum est; laudare vero optimum principem ac per hoc posteris velut e specula lumen quod sequantur ostendere, idem utilitatis habet arrogantiae nihil. 4 Cepi autem non mediocrem voluptatem, quod hunc librum cum amicis recitare voluissem, non per codicillos, non per libellos, sed 'si commodum' et 'si valde vacaret' admoniti - numquam porro aut valde vacat Romae aut commodum est audire recitantem -, foedissimis insuper tempestatibus per biduum convenerunt, cumque modestia mea finem recitationi facere voluisset, ut adicerem tertium diem exegerunt. 5 Mihi hunc honorem habitum putem an studiis? studiis malo, quae prope exstincta refoventur. 6 At cui materiae hanc sedulitatem praestiterunt? nempe quam in senatu quoque, ubi perpeti necesse erat, gravari tamen vel puncto temporis solebamus, eandem nunc et qui recitare et qui audire triduo velint inveniuntur, non quia eloquentius quam prius, sed quia liberius ideoque etiam libentius scribitur. 7 Accedet ergo hoc quoque laudibus principis nostri, quod res antea tam invisa quam falsa, nunc ut vera ita amabilis facta est. 8 Sed ego cum studium audientium tum iudicium mire probavi: animadverti enim severissima quaeque vel maxime satisfacere. 9Memini quidem me non multis recitasse quod omnibus scripsi, nihilo minus tamen, tamquam sit eadem omnium futura sententia, hac severitate aurium laetor, ac sicut olim theatra male musicos canere docuerunt, ita nunc in spem adducor posse fieri, ut eadem theatra bene canere musicos doceant. 10 Omnes enim, qui placendi causa scribunt, qualia placere viderint scribent. Ac mihi quidem confido in hoc genere materiae laetioris stili constare rationem, cum ea potius quae pressius et astrictius, quam illa quae hilarius et quasi exsultantius scripsi, possint videri accersita et inducta. Non ideo tamen segnius precor, ut quandoque veniat dies - utinamque iam venerit! -, quo austeris illis severisque dulcia haec blandaque vel iusta possessione decedant.

11 Habes acta mea tridui; quibus cognitis volui tantum te voluptatis absentem et studiorum nomine et meo capere, quantum praesens percipere potuisses. Vale.

19. C. PLINIUS CALVISIO RUFO SUO S.

1 Assumo te in consilium rei familiaris, ut soleo. Praedia agris meis vicina atque etiam inserta venalia sunt. In his me multa sollicitant, aliqua nec minora deterrent. 2 Sollicitat primum ipsa pulchritudo iungendi; deinde, quod non

minus utile quam voluptuosum, posse utraque eadem opera eodem viatico invisere, sub eodem procuratore ac paene isdem actoribus habere, unam villam colere et ornare, alteram tantum tueri. 3 Inest huic computationi sumptus supellectilis, sumptus atriensium topiariorum fabrorum atque etiam venatorii instrumenti; quae plurimum refert unum in locum conferas an in diversa dispergas. 4 Contra vereor ne sit incautum, rem tam magnam isdem tempestatibus isdem casibus subdere; tutius videtur incerta fortunae possessionum varietatibus experiri. Habet etiam multum iucunditatis soli caelique mutatio, ipsaque illa peregrinatio inter sua. 5 Iam, quod deliberationis nostrae caput est, agri sunt fertiles pingues aquosi; constant campis vineis silvis, quae materiam et ex ea reditum sicut modicum ita statum praestant. 6 Sed haec felicitas terrae imbecillis cultoribus fatigatur. Nam possessor prior saepius vendidit pignora, et dum reliqua colonorum minuit ad tempus, vires in posterum exhausit, quarum defectione rursus reliqua creverunt. 7 Sunt ergo instruendi, eo pluris quod frugi, mancipiis; nam nec ipse usquam vinctos habeo nec ibi quisquam. Superest ut scias quanti videantur posse emi. Sestertio triciens, non quia non aliquando quinquagiens fuerint, verum et hac penuria colonorum et communi temporis iniquitate ut reditus agrorum sic etiam pretium retro abiit. 8 Quaeris an hoc ipsum triciens facile colligere possimus. Sum quidem prope totus in praediis, aliquid tamen fenero, nec molestum erit mutuari; accipiam a socru, cuius arca non secus ac mea utor. 9 Proinde hoc te non moveat, si cetera non refragantur, quae velim quam diligentissime examines. Nam cum in omnibus rebus tum in disponendis facultatibus plurimum tibi et usus et providentiae superest. Vale.

20. C. PLINIUS MAESIO MAXIMO SUO S.

1 Meministine te saepe legisse, quantas contentiones excitarit lex tabellaria, quantumque ipsi latori vel gloriae vel reprehensionis attulerit? 2 At nunc in senatu sine ulla dissensione hoc idem ut optimum placuit: omnes comitiorum die tabellas postulaverunt. 3 Excesseramus sane manifestis illis apertisque suffragiis licentiam contionum. Non tempus loquendi, non tacendi modestia, non denique sedendi dignitas custodiebatur. 4 Magni undique dissonique clamores, procurrebant omnes cum suis candidatis, multa agmina in medio multique circuli et indecora confusio; adeo desciveramus a consuetudine parentum, apud quos omnia disposita moderata tranquilla maiestatem loci pudoremque retinebant. 5 Supersunt senes ex quibus audire soleo hunc ordinem comitiorum: citato nomine candidati silentium summum; dicebat ipse pro se; explicabat vitam suam, testes et laudatores dabat vel eum sub quo militaverat, vel eum cui quaestor

fuerat, vel utrumque si poterat; addebat quosdam ex suffragatoribus; illi graviter et paucis loquebantur. Plus hoc quam preces proderat. 6 Non numquam candidatus aut natales competitoris aut annos aut etiam mores arguebat. Audiebat senatus gravitate censoria. Ita saepius digni quam gratiosi praevalebant. 7 Quae nunc immodico favore corrupta ad tacita suffragia quasi ad remedium decucurrerunt; quod interim plane remedium fuit - erat enim novum et subitum -, 8 sed vereor ne procedente tempore ex ipso remedio vitia nascantur. Est enim periculum ne tacitis suffragiis impudentia irrepat. Nam quoto cuique eadem honestatis cura secreto quae palam? 9 Multi famam, conscientiam pauci verentur. Sed nimis cito de futuris: interim beneficio tabellarum habebimus magistratus, qui maxime fieri debuerunt. Nam ut in reciperatoriis iudiciis, sic nos in his comitiis quasi repente apprehensi sinceri iudices fuimus.

10 Haec tibi scripsi, primum ut aliquid novi scriberem, deinde ut non numquam de re publica loquerer, cuius materiae nobis quanto rarior quam veteribus occasio, tanto minus omittenda est. 11 Et hercule quousque illa vulgaria? 'Quid agis? ecquid commode vales?' Habeant nostrae quoque litterae aliquid non humile nec sordidum, nec privatis rebus inclusum. 12 Sunt quidem cuncta sub unius arbitrio, qui pro utilitate communi solus omnium curas laboresque suscepit; quidam tamen salubri temperamento ad nos quoque velut rivi ex illo benignissimo fonte decurrunt, quos et haurire ipsi et absentibus amicis quasi ministrare epistulis possumus. Vale.

21. C. PLINIUS CORNELIO PRISCO SUO S.

1 Audio Valerium Martialem decessisse et moleste fero. Erat homo ingeniosus acutus acer, et qui plurimum in scribendo et salis haberet et fellis nec candoris minus. 2 Prosecutus eram viatico secedentem; dederam hoc amicitiae, dederam etiam versiculis, quos de me composuit. 3 Fuit moris antiqui eos, qui vel singulorum laudes vel urbium scripserant, aut honoribus aut pecunia honorare; nostris vero temporibus ut alia speciosa et egregia ita hoc in primis exolevit. Nam postquam desiimus facere laudanda, laudari quoque ineptum putamus. 4 Quaeris, qui sint versiculi, quibus gratiam rettuli? Remitterem te ad ipsum volumen, nisi quosdam tenerem; tu, si placuerint hi, ceteros in libro requires. 5 Alloquitur Musam, mandat, ut domum meam Esquiliis quaerat, adeat reverenter:

Sed ne tempore non tuo disertam
pulses ebria ianuam videto;
totos dat tetricae dies Minervae,

dum centum studet auribus virorum
hoc, quod saecula posterique possint
Arpinis quoque comparare chartis.
Seras tutior ibis ad lucernas;
haec hora est tua, cum furit Lyaeus,
cum regnat rosa, cum madent capilli.
Tunc me vel rigidi legant Catones.

6 Meritone eum, qui haec de me scripsit, et tunc dimisi amicissime et nunc ut amicissimum defunctum esse doleo? Dedit enim mihi, quantum maximum potuit, daturus amplius, si potuisset. Tametsi, quid homini potest dari maius quam gloria et laus et aeternitas? At non erunt aeterna, quae scripsit; non erunt fortasse, ille tamen scripsit, tamquam essent futura. Vale.

LIBER QVARTVS

1. C. PLINIUS CALPURNIO FABATO PROSOCERO SUO S.

1 Cupis post longum tempus neptem tuam meque una videre. Gratum est utrique nostrum quod cupis, mutuo mehercule. 2 Nam invicem nos incredibili quodam desiderio vestri tenemur, quod non ultra differemus. Atque adeo iam sarcinulas alligamus, festinaturi quantum itineris ratio permiserit. 3 Erit una sed brevis mora: deflectemus in Tuscos, non ut agros remque familiarem oculis subiciamus - id enim postponi potest -, sed ut fungamur necessario officio. 4 Oppidum est praediis nostris vicinum - nomen Tiferni Tiberini -, quod me paene adhuc puerum patronum cooptavit, tanto maiore studio quanto minore iudicio. Adventus meos celebrat, profectionibus angitur, honoribus gaudet. 5 In hoc ego, ut referrem gratiam - nam vinci in amore turpissimum est -, templum pecunia mea exstruxi, cuius dedicationem, cum sit paratum, differre longius irreligiosum est. 6 Erimus ergo ibi dedicationis die, quem epulo celebrare constitui. Subsistemus fortasse et sequenti, sed tanto magis viam ipsam corripiemus. 7 Contingat modo te filiamque tuam fortes invenire! nam continget hilares, si nos incolumes receperitis. Vale.

2. C. PLINIUS ATTIO CLEMENTI SUO S.

1 Regulus filium amisit, hoc uno malo indignus, quod nescio an malum putet. Erat puer acris ingenii sed ambigui, qui tamen posset recta sectari, si patrem non referret. 2 Hunc Regulus emancipavit, ut heres matris exsisteret; mancipatum - ita vulgo ex moribus hominis loquebantur - foeda et insolita parentibus indulgentiae simulatione captabat. Incredibile, sed Regulum cogita. 3 Amissum tamen luget insane. Habebat puer mannulos multos et iunctos et solutos, habebat canes maiores minoresque, habebat luscinias psittacos merulas: omnes Regulus circa rogum trucidavit. 4 Nec dolor erat ille, sed ostentatio doloris. Convenitur ad eum mira celebritate. Cuncti detestantur oderunt, et quasi probent quasi diligant, cursant frequentant, utque breviter quod sentio enuntiem, in Regulo demerendo

Regulum imitantur. 5 Tenet se trans Tiberim in hortis, in quibus latissimum solum porticibus immensis, ripam statuis suis occupavit, ut est in summa avaritia sumptuosus, in summa infamia gloriosus. 6 Vexat ergo civitatem insaluberrimo tempore et, quod vexat, solacium putat. Dicit se velle ducere uxorem, hoc quoque sicut alia perverse. 7 Audies brevi nuptias lugentis nuptias senis; quorum alterum immaturum alterum serum est. Unde hoc augurer quaeris? 8 Non quia affirmat ipse, quo mendacius nihil est, sed quia certum est Regulum esse facturum, quidquid fieri non oportet. Vale.

3. C. PLINIUS ARRIO ANTONINO SUO S.

1 Quod semel atque iterum consul fuisti similis antiquis, quod proconsul Asiae qualis ante te qualis post te vix unus aut alter - non sinit enim me verecundia tua dicere nemo -, quod sanctitate quod auctoritate, aetate quoque princeps civitatis, est quidem venerabile et pulchrum; ego tamen te vel magis in remissionibus miror. 2 Nam severitatem istam pari iucunditate condire, summaeque gravitati tantum comitatis adiungere, non minus difficile quam magnum est. Id tu cum incredibili quadam suavitate sermonum, tum vel praecipue stilo assequeris. 3 Nam et loquenti tibi illa Homerici senis mella profluere et, quae scribis, complere apes floribus et innectere videntur. Ita certe sum affectus ipse, cum Graeca epigrammata tua, cum mimiambos proxime legerem. 4 Quantum ibi humanitatis venustatis, quam dulcia illa quam amantia quam arguta quam recta! Callimachum me vel Heroden, vel si quid his melius, tenere credebam; quorum tamen neuter utrumque aut absolvit aut attigit. 5 Hominemne Romanum tam Graece loqui? Non medius fidius ipsas Athenas tam Atticas dixerim. Quid multa? Invideo Graecis quod illorum lingua scribere maluisti. Neque enim coniectura eget, quid sermone patrio exprimere possis, Cum hoc insiticio et inducto tam praeclara opera perfeceris. Vale.

4. C. PLINIUS SOSIO SENECIONI SUO S.

1 Varisidium Nepotem valdissime diligo, virum industrium rectum disertum, quod apud me vel potentissimum est. Idem C. Calvisium, contubernalem meum amicum tuum, arta propinquitate complectitur; est enim filius sororis. 2 Hunc rogo semestri tribunatu splendidiorem et sibi et avunculo suo facias. Obligabis me, obligabis Calvisium nostrum, obligabis ipsum, non minus idoneum debitorem quam nos putas. 3 Multa beneficia in multos contulisti: ausim contendere nullum te melius, aeque bene unum aut alterum collocasse. Vale.

5. C. PLINIUS IULIO SPARSO SUO S.

1 Aeschinen aiunt petentibus Rhodiis legisse orationem suam, deinde Demosthenis, summis utramque clamoribus. 2 Quod tantorum virorum scriptis contigisse non miror, cum orationem meam proxime doctissimi homines hoc studio, hoc assensu, hoc etiam labore per biduum audierint, quamvis intentionem eorum nulla hinc et inde collatio, nullum quasi certamen accenderet. 3 Nam Rhodii cum ipsis orationum virtutibus tum etiam comparationis aculeis excitabantur, nostra oratio sine aemulationis gratia probabatur. An merito, scies cum legeris librum, cuius amplitudo non sinit me longiore epistula praeloqui. 4 Oportet enim nos in hac certe in qua possumus breves esse, quo sit excusatius quod librum ipsum, non tamen ultra causae amplitudinem, extendimus. Vale.

6. C. PLINIUS IULIO NASONI SUO S.

1 Tusci grandine excussi, in regione Transpadana summa abundantia, sed par vilitas nuntiatur: solum mihi Laurentinum meum in reditu. 2 Nihil quidem ibi possideo praeter tectum et hortum statimque harenas, solum tamen mihi in reditu. Ibi enim plurimum scribo, nec agrum quem non habeo sed ipsum me studiis excolo; ac iam possum tibi ut aliis in locis horreum plenum, sic ibi scrinium ostendere. 3 Igitur tu quoque, si certa et fructuosa praedia concupiscis, aliquid in hoc litore para. Vale.

7. C. PLINIUS CATIO LEPIDO SUO S.

1 Saepe tibi dico inesse vim Regulo. Mirum est quam efficiat in quod incubuit. Placuit ei lugere filium: luget ut nemo. Placuit statuas eius et imagines quam plurimas facere: hoc omnibus officinis agit, illum coloribus illum cera illum aere illum argento illum auro ebore marmore effingit. 2 Ipse vero nuper adhibito ingenti auditorio librum de vita eius recitavit; de vita pueri, recitavit tamen. Eundem in exemplaria mille transcriptum per totam Italiam provinciasque dimisit. Scripsit publice, ut a decurionibus eligeretur vocalissimus aliquis ex ipsis, qui legeret eum populo: factum est. 3 Hanc ille vim, seu quo alio nomine vocanda est intentio quidquid velis optinendi, si ad potiora vertisset, quantum boni efficere potuisset! Quamquam minor vis bonis quam malis inest, ac sicut 'amathia men thrasos, logismos de oknon pherei', ita recta ingenia debilitat verecundia, perversa confirmat audacia. 4Exemplo est Regulus. Imbecillum latus, os confusum, haesitans lingua, tardissima inventio, memoria nulla, nihil denique

praeter ingenium insanum, et tamen eo impudentia ipsoque illo furore pervenit, ut orator habeatur. 5 Itaque Herennius Senecio mirifice Catonis illud de oratore in hunc e contrario vertit: 'Orator est vir malus dicendi imperitus.' Non mehercule Cato ipse tam bene verum oratorem quam hic Regulum expressit. 6 Habesne quo tali epistulae parem gratiam referas? Habes, si scripseris num aliquis in municipio vestro ex sodalibus meis, num etiam ipse tu hunc luctuosum Reguli librum ut circulator in foro legeris, 'eparas' scilicet, ut ait Demosthenes, 'tên phônên kai gegêthôs kai laryngizôn'. 7 Est enim tam ineptus ut risum magis possit exprimere quam gemitum: credas non de puero scriptum sed a puero. Vale.

8. C. PLINIUS MATURO ARRIANO SUO S.

1 Gratularis mihi quod acceperim auguratum: iure, gratularis, primum quod gravissimi principis iudicium in minoribus etiam rebus consequi pulchrum est, deinde quod sacerdotium ipsum cum priscum et religiosum tum hoc quoque sacrum plane et insigne est, quod non adimitur viventi. 2 Nam alia quamquam dignitate propemodum paria ut tribuuntur sic auferuntur; in hoc fortunae hactenus licet ut dari possit. 3 Mihi vero illud etiam gratulatione dignum videtur, quod successi Iulio Frontino principi viro, qui me nominationis die per hos continuos annos inter sacerdotes nominabat, tamquam in locum suum cooptaret; quod nunc eventus ita comprobavit, ut non fortuitum videretur. 4 Te quidem, ut scribis, ob hoc maxime delectat auguratus meus, quod M. Tullius augur fuit. Laetaris enim quod honoribus eius insistam, quem aemulari in studiis cupio. 5 Sed utinam ut sacerdotium idem, ut consulatum multo etiam iuvenior quam ille sum consecutus, ita senex saltem ingenium eius aliqua ex parte assequi possim! 6 Sed nimirum quae sunt in manu hominum et mihi et multis contigerunt; illud vero ut adipisci arduum sic etiam sperare nimium est, quod dari non nisi a dis potest. Vale.

9. C. PLINIUS CORNELIO URSO SUO S.

1 Causam per hos dies dixit Iulius Bassus, homo laboriosus et adversis suis clarus. Accusatus est sub Vespasiano a privatis duobus; ad senatum remissus diu pependit, tandem absolutus vindicatusque. 2 Titum timuit ut Domitiani amicus, a Domitiano relegatus est; revocatus a Nerva sortitusque Bithyniam rediit reus, accusatus non minus acriter quam fideliter defensus. Varias sententias habuit, plures tamen quasi mitiores. 3 Egit contra eum Pomponius Rufus, vir paratus et vehemens; Rufo successit Theophanes, unus ex legatis, fax accusationis et

origo. 4 Respondi ego. Nam mihi Bassus iniunxerat, totius defensionis fundamenta iacerem, dicerem de ornamentis suis quae illi et ex generis claritate et ex periculis ipsis magna erant, 5dicerem de conspiratione delatorum quam in quaestu habebant, dicerem causas quibus factiosissimum quemque ut illum ipsum Theophanen offendisset. Eundem me volverat occurrere crimini quo maxime premebatur. In aliis enim quamvis auditu gravioribus non absolutionem modo verum etiam laudem merebatur; 6 hoc illum onerabat quod homo simplex et incautus quaedam a provincialibus ut amicus acceperat - nam fuerat in eadem provincia quaestor -. Haec accusatores furta ac rapinas, ipse munera vocabat. Sed lex munera quoque accipi vetat. 7 Hic ego quid agerem, quod iter defensionis ingrederer? Negarem? Verebar ne plane furtum videretur, quod confiteri timerem. Praeterea rem manifestam infitiari augentis erat crimen non diluentis, praesertim cum reus ipse nihil integrum advocatis reliquisset. Multis enim atque etiam principi dixerat, sola se munuscula dumtaxat natali suo aut Saturnalibus accepisse et plerisque misisse. 8 Veniam ergo peterem? Iugulassem reum, quem ita deliquisse concederem, ut servari nisi venia non posset. Tamquam recte factum tuerer? Non illi profuissem, sed ipse impudens exstitissem. 9 In hac difficultate placuit medium quiddam tenere: videor tenuisse.

Actionem meam, ut proelia solet, nox diremit. Egeram horis tribus et dimidia, supererat sesquihora. Nam cum e lege accusator sex horas, novem reus accepisset, ita diviserat tempora reus inter me et eum qui dicturus post erat, ut ego quinque horis ille reliquis uteretur. 10 Mihi successus actionis silentium finemque suadebat; temerarium est enim secundis non esse contentum. Ad hoc verebar ne me corporis vires iterato labore desererent, quem difficilius est repetere quam iungere. 11 Erat etiam periculum ne reliqua actio mea et frigus ut deposita et taedium ut resumpta pateretur. UT enim faces ignem assidua concussione custodiunt, dimissum aegerrime reparant, sic et dicentis calor et audientis intentio continuatione servatur, intercapedine et quasi remissione languescit. 12 Sed Bassus multis precibus, paene etiam lacrimis obsecrabat, implerem meum tempus. Parui utilitatemque eius praetuli meae. Bene cessit: inveni ita erectos animos senatus, ita recentes, ut priore actione incitati magis quam satiati viderentur. 13 Successit mihi Lucceius Albinus, tam apte ut orationes nostrae varietatem duarum, contextum unius habuisse credantur. 14 Respondit Herennius Pollio instanter et graviter, deinde Theophanes rursus. Fecit enim hoc quoque ut cetera impudentissime, quod post duos et consulares et disertos tempus sibi et quidem laxius vindicavit. Dixit in noctem atque etiam nocte illatis lucernis. 15 Postero die egerunt pro Basso Homullus et Fronto mirifice; quartum diem probationes occuparunt.

16 Censuit Baebius Macer consul designatus lege repetundarum Bassum teneri, Caepio Hispo salva dignitate iudices dandos; uterque recte. 17 'Qui fieri potest' inquis, 'cum tam diversa censuerint?' Quia scilicet et Macro legem intuenti consentaneum fuit damnare eum qui contra legem munera acceperat, et Caepio cum putaret licere senatui - sicut licet - et mitigare leges et intendere, non sine ratione veniam dedit facto vetito quidem, non tamen inusitato. 18 Praevaluit sententia Caepionis, quin immo consurgenti ei ad censendum acclamatum est, quod solet residentibus. Ex quo potes aestimare, quanto consensu sit exceptum, cum diceret, quod tam favorabile fuit cum dicturus videretur. 19 Sunt tamen ut in senatu ita in civitate in duas partes hominum iudicia divisa. Nam quibus sententia Caepionis placuit, sententiam Macri ut rigidam duramque reprehendunt; quibus Macri, illam alteram dissolutam atque etiam incongruentem vocant; negant enim congruens esse retinere in senatu, cui iudices dederis. 20 Fuit et tertia sententia: Valerius Paulinus assensus Caepioni hoc amplius censuit, referendum de Theophane cum legationem renuntiasset. Arguebatur enim multa in accusatione fecisse, quae illa ipsa lege qua Bassum accusaverat tenerentur. 21 Sed hanc sententiam consules, quamquam maximae parti senatus mire probabatur, non sunt persecuti. 22 Paulinus tamen et iustitiae famam et constantiae tulit. Misso senatu Bassus magna hominum frequentia, magno clamore, magno gaudio exceptus est. Fecerat eum favorabilem renovata discriminum vetus fama, notumque periculis nomen, et in procero corpore maesta et squalida senectus. 23 Habebis hanc interim epistulam ut 'prodromon', exspectabis orationem plenam onustamque. Exspectabis diu; neque enim leviter et cursim, ut de re tanta retractanda est. Vale.

10. C. PLINIUS STATIO SABINO SUO S.

1 Scribis mihi Sabinam, quae nos reliquit heredes, Modestum servum suum nusquam liberum esse iussisse, eidem tamen sic ascripsisse legatum: 'Modesto quem liberum esse iussi'. 2 Quaeris quid sentiam. Contuli cum peritis iuris. Convenit inter omnes nec libertatem deberi quia non sit data, nec legatum quia servo suo dederit. Sed mihi manifestus error videtur, ideoque puto nobis quasi scripserit Sabina faciendum, quod ipsa scripsisse se credidit. 3 Confido accessurum te sententiae meae, cum religiosissime soleas custodire defunctorum voluntatem, quam bonis heredibus intellexisse pro iure est. Neque enim minus apud nos honestas quam apud alios necessitas valet. 4 Moretur ergo in libertate

sinentibus nobis, fruatur legato quasi omnia diligentissime caverit. Cavit enim, quae heredes bene elegit. Vale.

11. C. PLINIUS CORNELIO MINICIANO SUO S.

1 Audistine Valerium Licinianum in Sicilia profiteri? nondum te puto audisse: est enim recens nuntius. Praetorius hic modo inter eloquentissimos causarum actores habebatur; nunc eo decidit, ut exsul de senatore, rhetor de oratore fieret. 2 Itaque ipse in praefatione dixit dolenter et graviter: 'Quos tibi, Fortuna, ludos facis? facis enim ex senatoribus professores, ex professoribus senatores.' Cui sententiae tantum bilis, tantum amaritudinis inest, ut mihi videatur ideo professus ut hoc diceret. 3 Idem cum Graeco pallio amictus intrasset - carent enim togae iure, quibus aqua et igni interdictum est -, postquam se composuit circumspexitque habitum suum, 'Latine' inquit 'declamaturus sum.' 4 Dices tristia et miseranda, dignum tamen illum qui haec ipsa studia incesti scelere macularit. 5 Confessus est quidem incestum, sed incertum utrum quia verum erat, an quia graviora metuebat si negasset. Fremebat enim Domitianus aestuabatque in ingenti invidia destitutus. 6 Nam cum Corneliam Vestalium maximam defodere vivam concupisset, ut qui illustrari saeculum suum eiusmodi exemplis arbitraretur, pontificis maximi iure, seu potius immanitate tyranni licentia domini, reliquos pontifices non in Regiam sed in Albanam villam convocavit. Nec minore scelere quam quod ulcisci videbatur, absentem inauditamque damnavit incesti, cum ipse fratris filiam incesto non polluisset solum verum etiam occidisset; nam vidua abortu periit. 7 Missi statim pontifices qui defodiendam necandamque curarent. Illa nunc ad Vestam, nunc ad ceteros deos manus tendens, multa sed hoc frequentissime clamitabat: 'Me Caesar incestam putat, qua sacra faciente vicit triumphavit!' 8 Blandiens haec an irridens, ex fiducia sui an ex contemptu principis dixerit, dubium est. Dixit donec ad supplicium, nescio an innocens, certe tamquam innocens ducta est. 9 Quin etiam cum in illud subterraneum demitteretur, haesissetque descendenti stola, vertit se ac recollegit, cumque ei manum carnifex daret, aversata est et resiluit foedumque contactum quasi plane a casto puroque corpore novissima sanctitate reiecit omnibusque numeris pudoris 'pollên pronoian eschen euschêmôn pesein?. 10 Praeterea Celer eques Romanus, cui Cornelia obiciebatur, cum in comitio virgis caederetur, in hac voce perstiterat: 'Quid feci? nihil feci.' 11 Ardebat ergo Domitianus et crudelitatis et iniquitatis infamia. Arripit Licinianum, quod in agris suis occultasset Corneliae libertam. Ille ab iis quibus erat curae praemonetur, si comitium et virgas pati nollet, ad confessionem confugeret quasi ad veniam. Fecit. 12 Locutus est pro absente

Herennius Senecio tale quiddam, quale est illud: 'keitai Patroklos'. Ait enim: 'Ex advocato nuntius factus sum; Licinianus recessit.' 13 Gratum hoc Domitiano adeo quidem ut gaudio proderetur, diceretque: 'Absolvit nos Licinianus.' Adiecit etiam non esse verecundiae eius instandum; ipsi vero permisit, si qua posset, ex rebus suis raperet, antequam bona publicarentur, exsiliumque molle velut praemium dedit. 14 Ex quo tamen postea clementia divi Nervae translatus est in Siciliam, ubi nunc profitetur seque de fortuna praefationibus vindicat.

15 Vides quam obsequenter paream tibi, qui non solum res urbanas verum etiam peregrinas tam sedulo scribo, ut altius repetam. Et sane putabam te, quia tunc afuisti, nihil aliud de Liciniano audisse quam relegatum ob incestum. Summam enim rerum nuntiat fama non ordinem. 16 Mereor ut vicissim, quid in oppido tuo, quid in finitimis agatur - solent enim quaedam notabilia incidere - perscribas, denique quidquid voles dum modo non minus longa epistula nuntia. Ego non paginas tantum sed versus etiam syllabasque numerabo. Vale.

12. C. PLINIUS MATURO ARRIANO SUO S.

1 Amas Egnatium Marcellinum atque etiam mihi saepe commendas; amabis magis commendabisque, si cognoveris eius recens factum. 2 Cum in provinciam quaestor exisset, scribamque qui sorte obtigerat ante legitimum salarii tempus amisisset, quod acceperat scribae daturus, intellexit et statuit subsidere apud se non oportere. 3 Itaque reversus Caesarem, deinde Caesare auctore senatum consuluit, quid fieri de salario vellet. Parva quaestio sed tamen quaestio. Heredes scribae sibi, praefecti aerari populo vindicabant. 4 Acta causa est; dixit heredum advocatus, deinde populi, uterque percommode. Caecilius Strabo aerario censuit inferendum, Baebius Macer heredibus dandum: obtinuit Strabo. 5 Tu lauda Marcellinum, ut ego statim feci. Quamvis enim abunde sufficiat illi quod est et a principe et a senatu probatus, gaudebit tamen testimonio tuo. 6 Omnes enim, qui gloria famaque ducuntur, mirum in modum assensio et laus a minoribus etiam profecta delectat. Te vero Marcellinus ita veretur ut iudicio tuo plurimum tribuat. 7Accedit his quod, si cognoverit factum suum isto usque penetrasse, necesse est laudis suae spatio et cursu et peregrinatione laetetur. Etenim nescio quo pacto vel magis homines iuvat gloria lata quam magna. Vale.

13. C. PLINIUS CORNELIO TACITO SUO S.

1 Salvum in urbem venisse gaudeo; venisti autem, si quando alias, nunc maxime mihi desideratus. Ipse pauculis adhuc diebus in Tusculano commorabor, ut

opusculum quod est in manibus absolvam. 2 Vereor enim ne, si hanc intentionem iam in fine laxavero, aegre resumam. Interim ne quid festinationi meae pereat, quod sum praesens petiturus, hac quasi praecursoria epistula rogo. Sed prius accipe causas rogandi, deinde ipsum quod peto.

3 Proxime cum in patria mea fui, venit ad me salutandum municipis mei filius praetextatus. Huic ego 'Studes?' inquam. Respondit: 'Etiam.' 'Ubi?' 'Mediolani.' 'Cur non hic?' Et pater eius - erat enim una atque etiam ipse adduxerat puerum -: 'Quia nullos hic praeceptores habemus.' 4 'Quare nullos? Nam vehementer intererat vestra, qui patres estis' - et opportune complures patres audiebant - 'liberos vestros hic potissimum discere. Ubi enim aut iucundius morarentur quam in patria aut pudicius continerentur quam sub oculis parentum aut minore sumptu quam domi? 5 Quantulum est ergo collata pecunia conducere praeceptores, quodque nunc in habitationes, in viatica, in ea quae peregre emuntur - omnia autem peregre emuntur - impenditis, adicere mercedibus? Atque adeo ego, qui nondum liberos habeo, paratus sum pro re publica nostra, quasi pro filia vel parente, tertiam partem eius quod conferre vobis placebit dare. 6 Totum etiam pollicerer, nisi timerem ne hoc munus meum quandoque ambitu corrumperetur, ut accidere multis in locis video, in quibus praeceptores publice conducuntur. 7 Huic vitio occurri uno remedio potest, si parentibus solis ius conducendi relinquatur, isdemque religio recte iudicandi necessitate collationis addatur. 8 Nam qui fortasse de alieno neglegentes, certe de suo diligentes erunt dabuntque operam, ne a me pecuniam non nisi dignus accipiat, si accepturus et ab ipsis erit. 9 Proinde consentite conspirate maioremque animum ex meo sumite, qui cupio esse quam plurimum, quod debeam conferre. Nihil honestius praestare liberis vestris, nihil gratius patriae potestis. Educentur hic qui hic nascuntur, statimque ab infantia natale solum amare frequentare consuescant. Atque utinam tam claros praeceptores inducatis, ut in finitimis oppidis studia hinc petantur, utque nunc liberi vestri aliena in loca ita mox alieni in hunc locum confluant!'

10 Haec putavi altius et quasi a fonte repetenda, quo magis scires, quam gratum mihi foret si susciperes quod iniungo. Iniungo autem et pro rei magnitudine rogo, ut ex copia studiosorum, quae ad te ex admiratione ingenii tui convenit, circumspicias praeceptores, quos sollicitare possimus, sub ea tamen condicione ne cui fidem meam obstringam. Omnia enim libera parentibus servo: illi iudicent illi eligant, ego mihi curam tantum et impendium vindico. 11 Proinde si quis fuerit repertus, qui ingenio suo fidat, eat illuc ea lege ut hinc nihil aliud certum quam fiduciam suam ferat. Vale.

14. C. PLINIUS [DECIMO] PATERNO SUO S.

1 Tu fortasse orationem, ut soles, et flagitas et exspectas; at ego quasi ex aliqua peregrina delicataque merce lusus meos tibi prodo. 2 Accipies cum hac epistula hendecasyllabos nostros, quibus nos in vehiculo in balineo inter cenam oblectamus otium temporis. 3 His iocamur ludimus amamus dolemus querimur irascimur, describimus aliquid modo pressius modo elatius, atque ipsa varietate temptamus efficere, ut alia aliis quaedam fortasse omnibus placeant. 4 Ex quibus tamen si non nulla tibi petulantiora paulo videbuntur, erit eruditionis tuae cogitare summos illos et gravissimos viros qui talia scripserunt non modo lascivia rerum, sed ne verbis quidem nudis abstinuisse; quae nos refugimus, non quia severiores - unde enim? -, sed quia timidiores sumus. 5 Scimus alioqui huius opusculi illam esse verissimam legem, quam Catullus expressit:

Nam castum esse decet pium poetam
ipsum, versiculos nihil necesse est,
qui tunc denique habent salem et leporem
si sunt molliculi et parum pudici.

6 Ego quanti faciam iudicium tuum, vel ex hoc potes aestimare, quod malui omnia a te pensitari quam electa laudari. Et sane quae sunt commodissima desinunt videri, cum paria esse coeperunt. 7 Praeterea sapiens subtilisque lector debet non diversis conferre diversa, sed singula expendere, nec deterius alio putare quod est in suo genere perfectum. 8 Sed quid ego plura? Nam longa praefatione vel excusare vel commendare ineptias ineptissimum est. Unum illud praedicendum videtur, cogitare me has meas nugas ita inscribere 'hendecasyllabi', qui titulus sola metri lege constringitur. 9 Proinde, sive epigrammata sive idyllia sive eclogas sive, ut multi, poematia seu quod aliud vocare malueris, licebit voces; ego tantum hendecasyllabos praesto. 10 A simplicitate tua peto, quod de libello meo dicturus es alii, mihi dicas; neque est difficile quod postulo. Nam si hoc opusculum nostrum aut potissimum esset aut solum, fortasse posset durum videri dicere: 'Quaere quod agas'; molle et humanum est: 'Habes quod agas.' Vale.

15. C. PLINIUS MINICIO FUNDANO SUO S.

1 Si quid omnino, hoc certe iudicio facio, quod Asinium Rufum singulariter amo. Est homo eximius et bonorum amantissimus. Cur enim non me quoque inter bonos numerem? Idem Cornelium Tacitum - scis quem virum - arta familiaritate complexus est. 2 Proinde si utrumque nostrum probas, de Rufo quoque necesse

est idem sentias, cum sit ad conectendas amicitias vel tenacissimum vinculum morum similitudo. 3 Sunt ei liberi plures. Nam in hoc quoque functus est optimi civis officio, quod fecunditate uxoris large frui voluit, eo saeculo quo plerisque etiam singulos filios orbitatis praemia graves faciunt. Quibus ille despectis, avi quoque nomen assumpsit. Est enim avus, et quidem ex Saturio Firmo, quem diliges ut ego si ut ego propius inspexeris. 4 Haec eo pertinent, ut scias quam copiosam, quam numerosam domum uno beneficio sis obligaturus; ad quod petendum voto primum, deinde bono quodam omine adducimur. 5 Optamus enim tibi ominamurque in proximum annum consulatum: ita nos virtutes tuae, ita iudicia principis augurari volunt. 6 Concurrit autem ut sit eodem anno quaestor maximus ex liberis Rufi, Asinius Bassus, iuvenis - nescio an dicam, quod me pater et sentire et dicere cupit, adulescentis verecundia vetat - ipso patre melior. 7 Difficile est ut mihi de absente credas - quamquam credere soles omnia -, tantum in illo industriae probitatis eruditionis ingenii studii memoriae denique esse, quantum expertus invenies. 8 Vellem tam ferax saeculum bonis artibus haberemus, ut aliquos Basso praeferre deberes: tum ego te primus hortarer moneremque, circumferres oculos ac diu pensitares, quem potissimum eligeres. 9 Nunc vero - sed nihil volo de amico meo arrogantius dicere; hoc solum dico, dignum esse iuvenem quem more maiorum in filii locum assumas. Debent autem sapientes viri, ut tu, tales quasi liberos a re publica accipere, quales a natura solemus optare. 10 Decorus erit tibi consuli quaestor patre praetorio, propinquis consularibus, quibus iudicio ipsorum, quamquam asulescentulus adhuc, iam tamen invicem ornamento est. 11Proinde indulge precibus meis, obsequere consilio, et ante omnia si festinare videor ignosce, primum quia votis suis amor plerumque praecurrit; deinde quod in ea civitate, in qua omnia quasi ab occupantibus aguntur, quae legitimum tempus exspectant, non matura sed sera sunt; in summa quod rerum, quas assequi cupias, praesumptio ipsa iucunda est. 12 Revereatur iam te Bassus ut consulem, tu dilige illum ut quaestorem, nos denique utriusque vestrum amantissimi laetitia duplici perfruamur. 13 Etenim cum sic te, sic Bassum diligamus, ut et illum cuiuscumque et tuum quemcumque quaestorem in petendis honoribus omni ope labore gratia simus iuvaturi, perquam iucundum nobis erit, si in eundem iuvenem studium nostrum et amicitiae meae et consulatus tui ratio contulerit, si denique precibus meis tu potissimum adiutor accesseris, cuius et suffragio senatus libentissime indulgeat et testimonio plurimum credat. Vale.

16. C. PLINIUS VALERIO PAULINO SUO S.

1 Gaude meo, gaude tuo, gaude etiam publico nomine: adhuc honor studiis durat. Proxime cum dicturus apud centumviros essem, adeundi mihi locus nisi a tribunali, nisi per ipsos iudices non fuit; tanta stipatione cetera tenebantur. 2 Ad hoc quidam ornatus adulescens scissis tunicis, ut in frequentia solet fieri, sola velatus toga perstitit et quidem horis septem. 3 Nam tam diu dixi magno cum labore, maiore cum fructu. Studeamus ergo nec desidiae nostrae praetendamus alienam. Sunt qui audiant, sunt qui legant, nos modo dignum aliquid auribus dignum chartis elaboremus. Vale.

17. C. PLINIUS CLUSINIO GALLO SUO S.

1 Et admones et rogas, ut suscipiam causam Corelliae absentis contra C. Caecilium consulem designatum. Quod admones, gratias ago; quod rogas, queror. Admoneri enim debeo ut sciam, rogari non debeo ut faciam, quod mihi non facere turpissimum est. 2 An ego tueri Corelli filiam dubitem? Est quidem mihi cum isto, contra quem me advocas, non plane familiaris sed tamen amicitia. 3 Accedit huc dignitas hominis atque hic ipse cui destinatus est honor, cuius nobis hoc maior agenda reverentia est, quod iam illo functi sumus. Naturale est enim ut ea, quae quis adeptus est ipse, quam amplissima existimari velit. 4 Sed mihi cogitanti adfuturum me Corelli filiae omnia ista frigida et inania videntur. Obversatur oculis ille vir quo neminem aetas nostra graviorem sanctiorem subtiliorem tulit, quem ego cum ex admiratione diligere coepissem, quod evenire contra solet, magis admiratus sum postquam penitus inspexi. 5 Inspexi enim penitus: nihil a me ille secretum, non ioculare non serium, non triste non laetum. 6Adulescentulus eram, et iam mihi ab illo honor atque etiam - audeo dicere - reverentia ut aequali habebatur. Ille meus in petendis honoribus suffragator et testis, ille in incohandis deductor et comes, ille in gerendis consiliator et rector, ille denique in omnibus officiis nostris, quamquam et imbecillus et senior, quasi iuvenis et validus conspiciebatur. 7 Quantum ille famae meae domi in publico, quantum etiam apud principem astruxit! 8Nam cum forte de bonis iuvenibus apud Nervam imperatorem sermo incidisset, et plerique me laudibus ferrent, paulisper se intra silentium tenuit, quod illi plurimum auctoritatis addebat; deinde gravitate quam noras: 'Necesse est' inquit 'parcius laudem Secundum, quia nihil nisi ex consilio meo facit.' 9 Qua voce tribuit mihi quantum petere voto immodicum erat, nihil me facere non sapientissime, cum omnia ex consilio sapientissimi viri facerem. Quin etiam moriens filiae suae - ipsa solet praedicare -: 'Multos quidem amicos tibi ut longiore vita paravi, praecipuos

tamen Secundum et Cornutum. 10 Quod cum recordor, intellego mihi laborandum, ne qua parte videar hanc de me fiduciam providentissimi viri destituisse. 11 Quare ego vero Corelliae adero promptissime nec subire offensas recusabo; quamquam non solum veniam me verum etiam laudem apud istum ipsum, a quo - ut ais - nova lis fortasse ut feminae intenditur, arbitror consecuturum, si haec eadem in actione, latius scilicet et uberius quam epistularum angustiae sinunt, vel in excusationem vel etiam commendationem meam dixero. Vale.

18. C. PLINIUS ARRIO ANTONINO SUO S.

1 Quemadmodum magis approbare tibi possum, quanto opere mirer epigrammata tua Graeca, quam quod quaedam Latine aemulari et exprimere temptavi? in deterius tamen. Accidit hoc primum imbecillitate ingenii mei, deinde inopia ac potius, ut Lucretius ait, egestate patrii sermonis. 2 Quodsi haec, quae sunt et Latina et mea, habere tibi aliquid venustatis videbuntur, quantum putas inesse iis gratiae, quae et a te et Graece proferuntur! Vale.

19. C. PLINIUS CALPURNIAE HISPULLAE SUAE S.

1 Cum sis pietatis exemplum, fratremque optimum et amantissimum tui pari caritate dilexeris, filiamque eius ut tuam diligas, nec tantum amitae ei affectum verum etiam patris amissi repraesentes, non dubito maximo tibi gaudio fore cum cognoveris dignam patre dignam te dignam avo evadere. 2 Summum est acumen summa frugalitas; amat me, quod castitatis indicium est. Accedit his studium litterarum, quod ex mei caritate concepit. Meos libellos habet lectitat ediscit etiam. 3 Qua illa sollicitudine cum videor acturus, quanto cum egi gaudio afficitur! Disponit qui nuntient sibi quem assensum quos clamores excitarim, quem eventum iudicii tulerim. Eadem, si quando recito, in proximo discreta velo sedet, laudesque nostras avidissimis auribus excipit. 4 Versus quidem meos cantat etiam formatque cithara non artifice aliquo docente, sed amore qui magister est optimus. 5 His ex causis in spem certissimam adducor, perpetuam nobis maioremque in dies futuram esse concordiam. Non enim aetatem meam aut corpus, quae paulatim occidunt ac senescunt, sed gloriam diligit. 6 Nec aliud decet tuis manibus educatam, tuis praeceptis institutam, quae nihil in contubernio tuo viderit, nisi sanctum honestumque, quae denique amare me ex tua praedicatione consueverit. 7 Nam cum matrem meam parentis loco vererere, me a pueritia statim formare laudare, talemque qualis nunc uxori meae videor,

ominari solebas. 8 Certatim ergo tibi gratias agimus, ego quod illam mihi, illa quod me sibi dederis, quasi invicem elegeris. Vale.

20. C. PLINIUS NOVIO MAXIMO SUO S.

1 Quid senserim de singulis tuis libris, notum tibi ut quemque perlegeram feci; accipe nunc quid de universis generaliter iudicem. 2 Est opus pulchrum validum acre sublime, varium elegans purum figuratum, spatiosum etiam et cum magna tua laude diffusum, in quo tu ingenii simul dolorisque velis latissime vectus es; et horum utrumque invicem adiumento fuit. 3 Nam dolori sublimitatem et magnificentiam ingenium, ingenio vim et amaritudinem dolor addidit. Vale.

21. C. PLINIUS VELIO CERIALI SUO S.

1 Tristem et acerbum casum Helvidiarum sororum! Utraque a partu, utraque filiam enixa decessit. 2 Afficior dolore, nec tamen supra modum doleo: ita mihi luctuosum videtur, quod puellas honestissimas in flore primo fecunditas abstulit. Angor infantium sorte, quae sunt parentibus statim et dum nascuntur orbatae, angor optimorum maritorum, angor etiam meo nomine. 3 Nam patrem illarum defunctum quoque perseverantissime diligo, ut actione mea librisque testatum est; cui nunc unus ex tribus liberis superest, domumque pluribus adminiculis paulo ante fundatam desolatus fulcit ac sustinet. 4 Magno tamen fomento dolor meus acquiescit, si hunc saltem fortem et incolumem, paremque illi patri illi avo fortuna servaverit. Cuius ego pro salute pro moribus, hoc sum magis anxius quod unicus factus est. 5 Nosti in amore mollitiam animi mei, nosti metus; quo minus te mirari oportebit, quod plurimum timeam, de quo plurimum spero. Vale.

22. C. PLINIUS SEMPRONIO RUFO SUO S.

1 Interfui principis optimi cognitioni in consilium assumptus. Gymnicus agon apud Viennenses ex cuiusdam testamento celebratur. Hunc Trebonius Rufinus, vir egregius nobisque amicus, in duumviratu tollendum abolendumque curavit. 2 Negabatur ex auctoritate publica fecisse. Egit ipse causam non minus feliciter quam diserte. Commendabat actionem, quod tamquam homo Romanus et bonus civis in negotio suo mature et graviter loquebatur.3 Cum sententiae perrogarentur, dixit Iunius Mauricus, quo viro nihil firmius nihil verius, non esse restituendum Viennensibus agona; adiecit 'Vellem etiam Romae tolli posset.' 4 Constanter, inquis, et fortiter; quidni? sed hoc a Maurico novum non est. Idem apud imperatorem Nervam non minus fortiter. Cenabat Nerva cum

paucis; Veiento proximus atque etiam in sinu recumbebat: dixi omnia cum hominem nominavi. 5 Incidit sermo de Catullo Messalino, qui luminibus orbatus ingenio saevo mala caecitatis addiderat: non verebatur, non erubescebat, non miserebatur; quo saepius a Domitiano non secus ac tela, quae et ipsa caeca et improvida feruntur, in optimum quemque contorquebatur. 6 De huius nequitia sanguinariisque sententiis in commune omnes super cenam loquebantur, cum ipse imperator: 'Quid putamus passurum fuisse si viveret?' Et Mauricus: 'Nobiscum cenaret.' 7Longius abii, libens tamen. Placuit agona tolli, qui mores Viennensium infecerat, ut noster hic omnium. Nam Viennensium vitia intra ipsos residunt, nostra late vagantur, utque in corporibus sic in imperio gravissimus est morbus, qui a capite diffunditur. Vale.

23. C. PLINIUS POMPONIO BASSO SUO S.

1 Magnam cepi voluptatem, cum ex communibus amicis cognovi te, ut sapientia tua dignum est, et disponere otium et ferre, habitare amoenissime, et nunc terra nunc mari corpus agitare, multum disputare, multum audire multum lectitare, cumque plurimum scias, cotidie tamen aliquid addiscere. 2Ita senescere oportet virum, qui magistratus amplissimos gesserit, exercitus rexerit, totumque se rei publicae quam diu decebat obtulerit. 3 Nam et prima vitae tempora et media patriae, extrema nobis impertire debemus, ut ipsae leges monent, quae maiorem annis otio reddunt. 4 Quando mihi licebit, quando per aetatem honestum erit imitari istud pulcherrimae quietis exemplum? quando secessus mei non desidiae nomen sed tranquillitatis accipient? Vale.

24. C. PLINIUS FABIO VALENTI SUO S.

1 Proxime cum apud centumviros in quadruplici iudicio dixissem, subiit recordatio egisse me iuvenem aeque in quadruplici. 2 Processit animus ut solet longius: coepi reputare quos in hoc iudicio, quos in illo socios laboris habuissem. Solus eram qui in utroque dixissem: tantas conversiones aut fragilitas mortalitatis aut fortunae mobilitas facit. 3 Quidam ex iis qui tunc egerant decesserunt, exsulant alii; huic aetas et valetudo silentium suasit, hic sponte beatissimo otio fruitur; alius exercitum regit, illum civilibus officiis principis amicitia exemit. 4 Circa nos ipsos quam multa mutata sunt! Studiis processimus, studiis periclitati sumus, rursusque processimus: 5 profuerunt nobis bonorum amicitiae, bonorum obfuerunt iterumque prosunt. Si computes annos, exiguum tempus, si vices rerum, aevum putes; 6 quod potest esse documento nihil desperare, nulli rei fidere, cum videamus tot varietates tam volubili orbe circumagi. 7 Mihi autem

familiare est omnes cogitationes meas tecum communicare, isdemque te vel
praeceptis vel exemplis monere, quibus ipse me moneo; quae ratio huius epistulae
fuit. Vale.

25. C. PLINIUS MAESIO MAXIMO SUO S.

1 Scripseram tibi verendum esse, ne ex tacitis suffragiis vitium aliquod exsisteret.
Factum est. Proximis comitiis in quibusdam tabellis multa iocularia atque etiam
foeda dictu, in una vero pro candidatorum nominibus suffragatorum nomina
inventa sunt. 2 Excanduit senatus magnoque clamore ei qui scripsisset iratum
principem est comprecatus. Ille tamen fefellit et latuit, fortasse etiam inter
indignantes fuit. 3 Quid hunc putamus domi facere, qui in tanta re tam serio
tempore tam scurriliter ludat, qui denique omnino in senatu dicax et urbanus et
bellus est? 4 Tantum licentiae pravis ingeniis adicit illa fiducia: 'quis enim sciet?'
Poposcit tabellas, stilum accepit, demisit caput, neminem veretur, se
contemnit. 5 Inde ista ludibria scaena et pulpito digna. Quo te vertas? quae
remedia conquiras? Ubique vitia remediis fortiora. 'Alla tauta tô hyper hêmas
melêsei', cui multum cotidie vigiliarum, multum laboris adicit haec nostra iners et
tamen effrenata petulantia. Vale.

26. C. PLINIUS MAECILIO NEPOTI SUO S.

1 Petis ut libellos meos, quos studiosissime comparasti, recognoscendos
emendandosque curem. Faciam. Quid enim suscipere libentius debeo, te
praesertim exigente? 2 Nam cum vir gravissimus doctissimus disertissimus, super
haec occupatissimus, maximae provinciae praefuturus, tanti putes scripta nostra
circumferre tecum, quanto opere mihi providendum est, ne te haec pars
sarcinarum tamquam supervacua offendat! 3 Adnitar ergo, primum ut comites
istos quam commodissimos habeas, deinde ut reversus invenias, quos istis addere
velis. Neque enim mediocriter me ad nova opera tu lector hortaris. Vale.

27. C. PLINIUS POMPEIO FALCONI SUO S.

1 Tertius dies est quod audivi recitantem Sentium Augurinum cum summa mea
voluptate, immo etiam admiratione. Poematia appellat. Multa tenuiter multa
sublimiter, multa venuste multa tenere, multa dulciter multa cum bile. 2 Aliquot
annis puto nihil generis eiusdem absolutius scriptum, nisi forte me fallit aut amor
eius aut quod ipsum me laudibus vexit. 3 Nam lemma sibi sumpsit, quod ego

interdum versibus ludo. Atque adeo iudicii mei te iudicem faciam, si mihi ex hoc ipso lemmate secundus versus occurrerit; nam ceteros teneo et iam explicui.

4 Canto carmina versibus minutis,
his olim quibus et meus Catullus
et Calvus veteresque. Sed quid ad me?
Unus Plinius est mihi priores:
mavult versiculos foro relicto
et quaerit quod amet, putatque amari.
Ille o Plinius, ille quot Catones!
I nunc, quisquis amas, amare noli.

5 Vides quam acuta omnia quam apta quam expressa. Ad hunc gustum totum librum repromitto, quem tibi ut primum publicaverit exhibebo. Interim ama iuvenem et temporibus nostris gratulare pro ingenio tali, quod ille moribus adornat. Vivit cum Spurinna, vivit cum Antonino, quorum alteri affinis, utrique contubernalis est. 6 Possis ex hoc facere coniecturam, quam sit emendatus adulescens, qui a gravissimis senibus sic amatur. Est enim illud verissimum:

'gignôskôn hoti
toioutos estin, hoisper hêdetai synôn' Vale.

28. C. PLINIUS VIBIO SEVERO SUO S.

1 Herennius Severus vir doctissimus magni aestimat in bibliotheca sua ponere imagines municipum tuorum Corneli Nepotis et Titi Cati petitque, si sunt istic, ut esse credibile est, exscribendas pingendasque delegem. 2 Quam curam tibi potissimum iniungo, primum quia desideriis meis amicissime obsequeris, deinde quia tibi studiorum summa reverentia, summus amor studiosorum, postremo quod patriam tuam omnesque, qui nomen eius auxerunt, ut patriam ipsam veneraris et diligis. 3 Peto autem, ut pictorem quam diligentissimum assumas. Nam cum est arduum similitudinem effingere ex vero, tum longe difficillima est imitationis imitatio; a qua rogo ut artificem quem elegeris ne in melius quidem sinas aberrare. Vale.

29. C. PLINIUS ROMATIO FIRMO SUO S.

1 Heia tu! cum proxime res agentur, quoquo modo ad iudicandum veni: nihil est quod in dextram aurem fiducia mei dormias. Non impune cessatur. 2Ecce Licinius Nepos praetor! Acer et fortis et praetor, multam dixit etiam senatori. Egit

ille in senatu causam suam, egit autem sic ut deprecaretur. Remissa est multa, sed timuit, sed rogavit, sed opus venia fuit. 3 Dices: 'Non omnes praetores tam severi. Falleris; nam vel instituere vel reducere eiusmodi exemplum non nisi severi, institutum reductumve exercere etiam lenissimi possunt. Vale.

30. C. PLINIUS LICINIO SURAE SUO S.

1 Attuli tibi ex patria mea pro munusculo quaestionem altissima ista eruditione dignissimam. 2 Fons oritur in monte, per saxa decurrit, excipitur cenatiuncula manu facta; ibi paulum retentus in Larium lacum decidit. Huius mira natura: ter in die statis auctibus ac diminutionibus crescit decrescitque. 3 Cernitur id palam et cum summa voluptate deprenditur. Iuxta recumbis et vesceris, atque etiam ex ipso fonte - nam est frigidissimus - potas; interim ille certis dimensisque momentis vel subtrahitur vel assurgit. 4 Anulum seu quid; aliud ponis in sicco, alluitur sensim ac novissime operitur, detegitur rursus paulatimque deseritur. Si diutius observes, utrumque iterum ac tertio videas. 5 Spiritusne aliquis occultior os fontis et fauces modo laxat modo includit, prout illatus occurrit aut decessit expulsus? 6 Quod in ampullis ceterisque generis eiusdem videmus accidere, quibus non hians nec statim patens exitus. Nam illa quoque, quamquam prona atque vergentia, per quasdam obluctantis animae moras crebris quasi singultibus sistunt quod effundunt. 7 An, quae oceano natura, fonti quoque, quaque ille ratione aut impellitur aut resorbetur, hac modicus hic umor vicibus alternis supprimitur egeritur? 8 An ut flumina, quae in mare deferuntur, adversantibus ventis obvioque aestu retorquentur, ita est aliquid quod huius fontis excursum repercutiat? 9 An latentibus venis certa mensura, quae dum colligit quod exhauserat, minor rivus et pigrior; cum collegit, agilior maiorque profertur? 10 An nescio quod libramentum abditum et caecum, quod cum exinanitum est, suscitat et elicit fontem; cum repletum, moratur et strangulat? 11 Scrutare tu causas - potes enim -, quae tantum miraculum efficiunt: mihi abunde est, si satis expressi quod efficitur. Vale.

LIBER QVINTVS

1. C. PLINIUS ANNIO SEVERO SUO S.

1 Legatum mihi obvenit modicum sed amplissimo gratius. Cur amplissimo gratius? Pomponia Galla exheredato filio Asudio Curiano heredem reliquerat me, dederat coheredes Sertorium Severum praetorium virum aliosque splendidos equites Romanos. 2 Curianus orabat, ut sibi donarem portionem meam seque praeiudicio iuvarem; eandem tacita conventione salvam mihi pollicebatur. 3 Respondebam non convenire moribus meis aliud palam aliud agere secreto; praeterea non esse satis honestum donare et locupleti et orbo; in summa non profuturum ei si donassem, profuturum si cessissem, esse autem me paratum cedere si inique exheredatum mihi liqueret. 4 Ad hoc ille: 'Rogo cognoscas.' Cunctatus paulum 'Faciam' inquam; 'neque enim video cur ipse me minorem putem, quam tibi videor. Sed iam nunc memento non defuturam mihi constantiam, si ita fides duxerit, secundum matrem tuam pronuntiandi.' 5 'Ut voles' ait; 'voles enim quod aequissimum.' Adhibui in consilium duos quos tunc civitas nostra spectatissimos habuit, Corellium et Frontinum. 6 His circumdatus in cubiculo meo sedi. Dixit Curianus quae pro se putabat. Respondi paucis ego — neque enim aderat alius, qui defunctae pudorem tueretur -, deinde secessi, et ex consilii sententia 'Videtur' inquam, 'Curiane, mater tua iustas habuisse causas irascendi tibi.'

Post hoc ille cum ceteris subscripsit centumvirale iudicium, non subscripsit mecum. 7 Appetebat iudicii dies; coheredes mei componere et transigere cupiebant non diffidentia causae, sed metu temporum. Verebantur quod videbant multis accidisse, ne ex centumvirali iudicio capitis rei exirent. 8 Et erant quidam in illis, quibus obici et Gratillae amicitia et Rustici posset. 9 Rogant me ut cum Curiano loquar. Convenimus in aedem Concordiae. Ibi ego 'Si mater' inquam 'te ex parte quarta scripsisset heredem, num queri posses? Quid si heredem quidem instituisset ex asse, sed legatis ita exhausisset ut non amplius apud te quam quarta remaneret? Igitur sufficere tibi debet, si exheredatus a matre quartam partem ab heredibus eius accipias, quam tamen ego augebo. 10 Scis te non subscripsisse mecum, et iam biennium transisse omniaque me usu cepisse. Sed ut te coheredes mei tractabiliorem experiantur, utque tibi nihil abstulerit reverentia mei, offero pro mea parte tantundem.' Tuli fructum non conscientiae modo verum etiam famae. 11 Ille ergo Curianus legatum mihi reliquit et factum meum, nisi forte blandior mihi antiquum, notabili honore signavit.

12 Haec tibi scripsi, quia de omnibus quae me vel delectant vel angunt, non aliter tecum quam mecum loqui soleo; deinde quod durum existimabam, te amantissimum mei fraudare voluptate quam ipse capiebam. 13 Neque enim sum tam sapiens ut nihil mea intersit, an iis quae honeste fecisse me credo, testificatio quaedam et quasi praemium accedat. Vale.

2. C. PLINIUS CALPURNIO FLACCO SUO S.

1 Accepi pulcherrimos turdos, cum quibus parem calculum ponere nec urbis copiis ex Laurentino nec maris tam turbidis tempestatibus possum. 2 Recipies ergo epistulas steriles et simpliciter ingratas, ac ne illam quidem sollertiam Diomedis in permutando munere imitantes. Sed, quae facilitas tua, hoc magis dabis veniam, quod se non mereri fatentur. Vale.

3. C. PLINIUS TITIO ARISTONI SUO S.

1 Cum plurima officia tua mihi grata et iucunda sunt, tum vel maxime quod me celandum non putasti, fuisse apud te de versiculis meis multum copiosumque sermonem, eumque diversitate iudiciorum longius processisse, exstitisse etiam quosdam, qui scripta quidem ipsa non improbarent, me tamen amice simpliciterque reprehenderent, quod haec scriberem recitaremque. 2 Quibus ego, ut augeam meam culpam, ita respondeo: facio non numquam versiculos severos parum, facio; nam et comoedias audio et specto mimos et lyricos lego et Sotadicos intellego; aliquando praeterea rideo iocor ludo, utque omnia innoxiae remissionis genera breviter amplectar, homo sum. 3 Nec vero moleste fero hanc esse de moribus meis existimationem, ut qui nesciunt talia doctissimos gravissimos sanctissimos homines scriptitasse, me scribere mirentur. 4 Ab illis autem quibus notum est, quos quantosque auctores sequar, facile impetrari posse confido, ut errare me sed cum illis sinant, quorum non seria modo verum etiam lusus exprimere laudabile est. 5 An ego verear — neminem viventium, ne quam in speciem adulationis incidam, nominabo -, sed ego verear ne me non satis deceat, quod decuit M. Tullium, C. Calvum, Asinium Pollionem, M. Messalam, Q.

Hortensium, M. Brutum, L. Sullam, Q. Catulum, Q. Scaevolam, Servium Sulpicium, Varronem, Torquatum, immo Torquatos, C. Memmium, Lentulum Gaetulicum, Annaeum Senecam et proxime Verginium Rufum et, si non sufficiunt exempla privata, Divum Iulium, Divum Augustum, Divum Nervam, Tiberium Caesarem? 6 Neronem enim transeo, quamvis sciam non corrumpi in deterius quae aliquando etiam a malis, sed honesta manere quae saepius a bonis fiunt. Inter quos vel praecipue numerandus est P. Vergilius, Cornelius Nepos et prius Accius Enniusque. Non quidem hi senatores, sed sanctitas morum non distat ordinibus. 7 Recito tamen, quod illi an fecerint nescio. Etiam: sed illi iudicio suo poterant esse contenti, mihi modestior constantia est quam ut satis absolutum putem, quod a me probetur. 8Itaque has recitandi causas sequor, primum quod ipse qui recitat aliquanto acrius scriptis suis auditorum reverentia intendit; deinde quod de quibus dubitat, quasi ex consilii sententia statuit. 9 Multa etiam multis admonetur, et si non admoneatur, quid quisque sentiat perspicit ex vultu oculis nutu manu murmure silentio; quae satis apertis notis iudicium ab humanitate discernunt. 10 Atque adeo si cui forte eorum qui interfuerunt curae fuerit eadem illa legere, intelleget me quaedam aut commutasse aut praeterisse, fortasse etiam ex suo iudicio, quamvis ipse nihil dixerit mihi. 11 Atque haec ita disputo quasi populum in auditorium, non in cubiculum amicos advocarim, quos plures habere multis gloriosum, reprehensioni nemini fuit. Vale.

4. C. PLINIUS IULIO VALERIANO SUO S.

1 Res parva, sed initium non parvae. Vir praetorius Sollers a senatu periit, ut sibi instituere nundinas in agris suis permitteretur. Contra dixerunt legati Vicetinorum; adfuit Tuscilius Nominatus. 2 Dilata causa est. Alio senatu Vicetini sine advocato intraverunt, dixerunt se deceptos, lapsine verbo, an quia ita sentiebant. Interrogati a Nepote praetore, quem docuissent, responderunt quem prius. Interrogati an tunc gratis adfuisset, responderunt sex milibus nummum; an rursus aliquid dedissent, dixerunt mille denarios. Nepos postulavit ut Nominatus induceretur. 3 Hactenus illo die. Sed quantum auguror longius res procedet. Nam pleraque tacta tantum et omnino commota latissime serpunt. Erexi aures tuas. 4 Quam diu nunc oportet, quam blande roges, ut reliqua cognoscas! si tamen non ante ob haec ipsa veneris Romam, spectatorque malueris esse quam lector. Vale.

5. C. PLINIUS NOVIO MAXIMO SUO S.

1 Nuntiatum mihi C. Fannium decessisse; qui nuntius me gravi dolore confudit, primum quod amavi hominem elegantem disertum, deinde quod iudicio eius uti solebam. Erat enim acutus natura, usu exercitatus, veritate promptissimus. 2 Angit me super ista casus ipsius: decessit veteri testamento, omisit quos maxime diligebat, prosecutus est quibus offensior erat. Sed hoc utcumque tolerabile; gravius illud, quod pulcherrimum opus imperfectum reliquit. 3 Quamvis enim agendis causis distringeretur, scribebat tamen exitus occisorum aut relegatorum a Nerone et iam tres libros absolverat subtiles et diligentes et Latinos atque inter sermonem historiamque medios, ac tanto magis reliquos perficere cupiebat, quanto frequentius hi lectitabantur. 4 Mihi autem videtur acerba semper et immatura mors eorum, qui immortale aliquid parant. Nam qui voluptatibus dediti quasi in diem vivunt, vivendi causas cotidie finiunt; qui vero posteros cogitant, et memoriam sui operibus extendunt, his nulla mors non repentina est, ut quae semper incohatum aliquid abrumpat. 5 Gaius quidem Fannius, quod accidit, multo ante praesensit. Visus est sibi per nocturnam quietem iacere in lectulo suo compositus in habitum studentis, habere ante se scrinium — ita solebat -; mox imaginatus est venisse Neronem, in toro resedisse, prompsisse primum librum quem de sceleribus eius ediderat, cumque ad extremum revolvisse; idem in secundo ac tertio fecisse, tunc abisse. 6 Expavit et sic interpretatus est, tamquam idem sibi futurus esset scribendi finis, qui fuisset illi legendi: et fuit idem. 7 Quod me recordantem miseratio subit, quantum vigiliarum quantum laboris exhauserit frustra. Occursant animo mea mortalitas mea scripta. Nec dubito te quoque eadem cogitatione terreri, pro istis quae inter manus habes. 8 Proinde, dum suppetit vita, enitamur ut mors quam paucissima quae abolere possit inveniat. Vale.

6. C. PLINIUS DOMITIO APOLLINARI SUO S.

1 Amavi curam et sollicitudinem tuam, quod cum audisses me aestate Tuscos meos petiturum, ne facerem suasisti, dum putas insalubres. 2 Est sane gravis et pestilens ora Tuscorum, quae per litus extenditur; sed hi procul a mari recesserunt, quin etiam Appennino saluberrimo montium subiacent. 3Atque adeo ut omnem pro me metum ponas, accipe temperiem caeli regionis situm villae amoenitatem, quae et tibi auditu et mihi relatu iucunda erunt.

4 Caelum est hieme frigidum et gelidum; myrtos oleas quaeque alia assiduo tepore laetantur, aspernatur ac respuit; laurum tamen patitur atque etiam

nitidissimam profert, interdum sed non saepius quam sub urbe nostra necat. 5 Aestatis mira clementia: semper aer spiritu aliquo movetur, frequentius tamen auras quam ventos habet. 6 Hinc senes multi: videas avos proavosque iam iuvenum, audias fabulas veteres sermonesque maiorum, cumque veneris illo putes alio te saeculo natum. 7 Regionis forma pulcherrima. Imaginare amphitheatrum aliquod immensum, et quale sola rerum natura possit effingere. Lata et diffusa planities montibus cingitur, montes summa sui parte procera nemora et antiqua habent. 8 Frequens ibi et varia venatio. Inde caeduae silvae cum ipso monte descendunt. Has inter pingues terrenique colles — neque enim facile usquam saxum etiam si quaeratur occurrit — planissimis campis fertilitate non cedunt, opimamque messem serius tantum, sed non minus percoquunt. 9 Sub his per latus omne vineae porriguntur, unamque faciem longe lateque contexunt; quarum a fine imoque quasi margine arbusta nascuntur. 10 Prata inde campique, campi quos non nisi, ingentes boves et fortissima aratra perfringunt: tantis glaebis tenacissimum solum cum primum prosecatur assurgit, ut nono demum sulco perdometur.11 Prata florida et gemmea trifolium aliasque herbas teneras semper et molles et quasi novas alunt. Cuncta enim perennibus rivis nutriuntur; sed ubi aquae plurimum, palus nulla, quia devexa terra, quidquid liquoris accepit nec absorbuit, effundit in Tiberim. 12 Medios ille agros secat navium patiens omnesque fruges devehit in urbem, hieme dumtaxat et vere; aestate summittitur immensique fluminis nomen arenti alveo deserit, autumno resumit. 13Magnam capies voluptatem, si hunc regionis situm ex monte prospexeris. Neque enim terras tibi sed formam aliquam ad eximiam pulchritudinem pictam videberis cernere: ea varietate, ea descriptione, quocumque inciderint oculi, reficientur.

14 Villa in colle imo sita prospicit quasi ex summo: ita leviter et sensim clivo fallente consurgit, ut cum ascendere te non putes, sentias ascendisse. A tergo Appenninum, sed longius habet; accipit ab hoc auras quamlibet sereno et placido die, non tamen acres et immodicas, sed spatio ipso lassas et infractas. 15 Magna sui parte meridiem spectat aestivumque solem ab hora sexta, hibernum aliquanto maturius quasi invitat, in porticum latam et pro modo longam. Multa in hae membra, atrium etiam ex more veterum. 16 Ante porticum xystus in plurimas species distinctus concisusque buxo; demissus inde pronusque pulvinus, cui bestiarum effigies invicem adversas buxus inscripsit; acanthus in plano, mollis et paene dixerim liquidus. 17Ambit hunc ambulatio pressis varieque tonsis viridibus inclusa; ab his gestatio in modum circi, quae buxum multiformem humilesque et retentas manu arbusculas circumit. Omnia maceria muniuntur: hanc gradata buxus operit et subtrahit. 18 Pratum inde non minus natura quam superiora illa

arte visendum; campi deinde porro multaque alia prata et arbusta. 19 A capite porticus triclinium excurrit; valvis xystum desinentem et protinus pratum multumque ruris videt, fenestris hac latus xysti et quod prosilit villae, hac adiacentis hippodromi nemus comasque prospectat. 20 Contra mediam fere porticum diaeta paulum recedit, cingit areolam, quae quattuor platanis inumbratur. Inter has marmoreo labro aqua exundat circumiectasque platanos et subiecta platanis leni aspergine fovet. 21 Est in hac diaeta dormitorium cubiculum quod diem clamorem sonum excludit, iunctaque ei cotidiana amicorumque cenatio: areolam illam, porticus alam eademque omnia quae porticus adspicit. 22 Est et aliud cubiculum a proxima platano viride et umbrosum, marmore excultum podio tenus, nec cedit gratiae marmoris ramos insidentesque ramis aves imitata pictura. 23 Fonticulus in hoc, in fonte crater; circa sipunculi plures miscent iucundissimum murmur. In cornu porticus amplissimum cubiculum triclinio occurrit; aliis fenestris xystum, aliis despicit pratum, sed ante piscinam, quae fenestris servit ac subiacet, strepitu visuque iucunda; 24 nam ex edito desiliens aqua suscepta marmore albescit. Idem cubiculum hieme tepidissimum, quia plurimo sole perfunditur. 25 Cohaeret hypocauston et, si dies nubilus, immisso vapore solis vicem supplet. Inde apodyterium balinei laxum et hilare excipit cella frigidaria, in qua baptisterium amplum atque opacum. Si natare latius aut tepidius velis, in area piscina est, in proximo puteus, ex quo possis rursus astringi, si paeniteat teporis. 26 Frigidariae cellae conectitur media, cui sol benignissime praesto est; caldariae magis, prominet enim. In hac tres descensiones, duae in sole, tertia a sole longius, a luce non longius. 27 Apodyterio superpositum est sphaeristerium, quod plura genera exercitationis pluresque circulos capit. Non procul a balineo scalae, quae in cryptoporticum ferunt prius ad diaetas tres. Harum alia arcolae illi, in qua platani quattuor, alia prato, alia vineis imminet diversasque caeli partes ut prospectus habet. 28 In summa cryptoporticu cubiculum ex ipsa cryptoporticu excisum, quod hippodromum vineas montes intuetur. Iungitur cubiculum obvium soli, maxime hiberno. Hinc oritur diaeta, quae villae hippodromum adnectit. Haec facies, hic usus a fronte.

29 A latere aestiva cryptoporticus in edito posita, quae non adspicere vineas sed tangere videtur. In media triclinium saluberrimum afflatum ex Appenninis vallibus recipit; post latissimis fenestris vineas, valvis aeque vineas sed per cryptoporticum quasi admittit. 30 A latere triclinii quod fenestris caret, scalae convivio utilia secretiore ambitu suggerunt. In fine cubiculum, cui non minus iucundum prospectum cryptoporticus ipsa quam vineae praebent. Subest

cryptoporticus subterraneae similis; aestate incluso frigore riget contentaque acre suo nec desiderat auras nec admittit. 31 Post utramque cryptoporticum, unde triclinium desinit, incipit porticus ante medium diem hiberna, inclinato die aestiva. Hac adeuntur diaetae duae, quarum in altera cubicula quattuor, altera tria ut circumit sol aut sole utuntur aut umbra.

32 Hanc dispositionem amoenitatemque tectorum longe longeque praecedit hippodromus. Medius patescit statimque intrantium oculis totus offertur, platanis circumitur; illae hedera vestiuntur utque summae suis ita imae alienis frondibus virent. Hedera truncum et ramos pererrat vicinasque platanos transitu suo copulat. Has buxus interiacet; exteriores buxos circumvenit laurus, umbraeque platanorum suam confert. 33 Rectus hic hippodromi limes in extrema parte hemicyclio frangitur mutatque faciem: cupressis ambitur et tegitur, densiore umbra opacior nigriorque; interioribus circulis — sunt enim plures — purissimum diem recipit. 34 Inde etiam rosas effert, umbrarumque frigus non ingrato sole distinguit. Finito vario illo multiplicique curvamine recto limiti redditur nec huic uni, nam viae plures intercedentibus buxis dividuntur. 35 Alibi pratulum, alibi ipsa buxus intervenit in formas mille descripta, litteras interdum, quae modo nomen domini dicunt modo artificis: alternis metulae surgunt, alternis inserta sunt poma, et in opere urbanissimo subita velut illati ruris imitatio. Medium spatium brevioribus utrimque platanis adornatur. 36 Post has acanthus hinc inde lubricus et flexuosus, deinde plures figurae pluraque nomina. In capite stibadium candido marmore vite protegitur; vitem quattuor columellae Carystiae subeunt. Ex stibadio aqua velut expressa cubantium pondere sipunculis effluit, cavato lapide suscipitur, gracili marmore continetur atque ita occulte temperatur, ut impleat nec redundet. 37 Gustatorium graviorque cena margini imponitur, levior naucularum et avium figuris innatans circumit. Contra fons egerit aquam et recipit; nam expulsa in altum in se cadit iunctisque hiatibus et absorbetur et tollitur. E regione stibadii adversum cubiculum tantum stibadio reddit ornatus, quantum accipit ab illo. 38 Marmore splendet, valvis in viridia prominet et exit, alia viridia superioribus inferioribusque fenestris suspicit despicitque. Mox zothecula refugit quasi in cubiculum idem atque aliud. Lectus hic et undique fenestrae, et tamen lumen obscurum umbra premente. 39 Nam laetissima vitis per omne tectum in culmen nititur et ascendit. Non secus ibi quam in nemore iaceas, imbrem tantum tamquam in nemore non sentias. 40 Hic quoque fons nascitur simulque subducitur. Sunt locis pluribus disposita sedilia e marmore, quae ambulatione fessos ut cubiculum ipsum iuvant. Fonticuli sedilibus

adiacent; per totum hippodromum inducti strepunt rivi, et qua manus duxit
sequuntur: his nunc illa viridia, nunc haec, interdum simul omnia lavantur.

41 Vitassem iam dudum ne viderer argutior, nisi proposuissem omnes angulos
tecum epistula circumire. Neque enim verebar ne laboriosum esset legenti tibi,
quod visenti non fuisset, praesertim cum interquiescere, si liberet, depositaque
epistula quasi residere saepius posses. Praeterea indulsi amori meo; amo enim,
quae maxima ex parte ipse incohavi aut incohata percolui. 42 In summa — cur
enim non aperiam tibi vel iudicium meum vel errorem? — primum ego officium
scriptoris existimo, titulum suum legat atque identidem interroget se quid
coeperit scribere, sciatque si materiae immoratur non esse longum, longissimum si
aliquid accersit atque attrahit. 43 Vides quot versibus Homerus, quot Vergilius
arma hic Aeneae Achillis ille describat; brevis tamen uterque est quia facit quod
instituit. Vides ut Aratus minutissima etiam sidera consectetur et colligat; modum
tamen servat. Non enim excursus hic eius, sed opus ipsum est. 44 Similiter nos ut
'parva magnis', cum totam villam oculis tuis subicere conamur, si nihil inductum
et quasi devium loquimur, non epistula quae describit sed villa quae describitur
magna est.

Verum illuc unde coepi, ne secundum legem meam iure reprendar, si longior
fuero in hoc in quod excessi. 45 Habes causas cur ego Tuscos meos Tusculanis
Tiburtinis Praenestinisque praeponam. Nam super illa quae rettuli, altius ibi
otium et pinguius eoque securius: nulla necessitas togae, nemo accersitor ex
proximo, placida omnia et quiescentia, quod ipsum salubritati regionis ut purius
caelum, ut aer liquidior accedit. 46 Ibi animo, ibi corpore maxime valeo. Nam
studiis animum, venatu corpus exerceo. Mei quoque nusquam salubrius degunt;
usque adhuc certe neminem ex iis quos eduxeram mecum, — venia sit dicto —
ibi amisi. Di modo in posterum hoc mihi gaudium, hanc gloriam loco servent!
Vale.

7. C. PLINIUS CALVISIO RUFO SUO S.

1 Nec heredem institui nec praecipere posse rem publicam constat; Saturninus
autem, qui nos reliquit heredes, quadrantem rei publicae nostrae, deinde pro
quadrante praeceptionem quadringentorum milium dedit. Hoc si ius aspicias
irritum, si defuncti voluntatem ratum et firmum est. 2 Mihi autem defuncti
voluntas — vereor quam in partem iuris consulti quod sum dicturus accipiant —
antiquior iure est, utique in eo quod ad communem patriam voluit
pervenire. 3 An cui de meo sestertium sedecies contuli, huic quadringentorum

milium paulo amplius tertiam partem ex adventicio denegem? Scio te quoque a iudicio meo non abhorrere, cum eandem rem publicam ut civis optimus diligas. 4 Velim ergo, cum proxime decuriones contrahentur, quid sit iuris indices, parce tamen et modeste; deinde subiungas nos quadringenta milia offerre, sicut praeceperit Saturninus. Illius hoc munus, illius liberalitas; nostrum tantum obsequium vocetur. 5 Haec ego scribere publice supersedi, primum quod memineram pro necessitudine amicitiae nostrae, pro facultate prudentiae tuae et debere te et posse perinde meis ac tuis partibus fungi; deinde quia verebar ne modum, quem tibi in sermone custodire facile est, tenuisse in epistula non viderer. 6 Nam sermonem vultus gestus vox ipsa moderatur, epistula omnibus commendationibus destituta malignitati interpretantium exponitur. Vale.

8. C. PLINIUS TITINIO CAPITONI SUO S.

1 Suades ut historiam scribam, et suades non solus: multi hoc me saepe monuerunt et ego volo, non quia commode facturum esse confidam — id enim temere credas nisi expertus -, sed quia mihi pulchrum in primis videtur non pati occidere, quibus aeternitas debeatur, aliorumque famam cum sua extendere. 2 Me autem nihil aeque ac diuturnitatis amor et cupido sollicitat, res homine dignissima, eo praesertim qui nullius sibi conscius culpae posteritatis memoriam non reformidet. 3 Itaque diebus ac noctibus cogito, si 'qua me quoque possim tollere humo'; id enim voto meo sufficit, illud supra votum 'victorque virum volitare per ora'; 'quamquam o-': sed hoc satis est, quod prope sola historia polliceri videtur. 4 Orationi enim et carmini parva gratia, nisi eloquentia est summa: historia quoquo modo scripta delectat. Sunt enim homines natura curiosi, et quamlibet nuda rerum cognitione capiuntur, ut qui sermunculis etiam fabellisque ducantur. Me vero ad hoc studium impellit domesticum quoque exemplum. 5 Avunculus meus idemque per adoptionem pater historias et quidem religiosissime scripsit. Invenio autem apud sapientes honestissimum esse maiorum vestigia sequi, si modo recto itinere praecesserint. Cur ergo cunctor? 6 Egi magnas et graves causas. Has, etiamsi mihi tenuis ex iis spes, destino retractare, ne tantus ille labor meus, nisi hoc quod reliquum est studii addidero, mecum pariter intercidat. 7 Nam si rationem posteritatis habeas, quidquid non est peractum, pro non incohato est. Dices: 'Potes simul et rescribere actiones et componere historiam.' Utinam! sed utrumque tam magnum est, ut abunde sit alterum efficere. 8 Unodevicensimo aetatis anno dicere in foro coepi, et nunc demum quid praestare debeat orator, adhuc tamen per caliginem video. 9 Quid si huic oneri novum accesserit? Habet quidem oratio et historia multa communia, sed

plura diversa in his ipsis, quae communia videntur. Narrat illa narrat haec, sed
aliter: huic pleraque humilia et sordida et ex medio petita, illi omnia recondita
splendida excelsa conveniunt; 10 hanc saepius ossa musculi nervi, illam tori
quidam et quasi iubae decent; haec vel maxime vi amaritudine instantia, illa
tractu et suavitate atque etiam dulcedine placet; postremo alia verba alius sonus
alia constructio. 11 Nam plurimum refert, ut Thucydides ait, 'ktêma' sit an
'agônisma'; quorum alterum oratio, alterum historia est. His ex causis non
adducor ut duo dissimilia et hoc ipso diversa, quo maxima, confundam
misceamque, ne tanta quasi colluvione turbatus ibi faciam quod hic debeo;
ideoque interim veniam, ut ne a meis verbis recedam, advocandi peto. 12 Tu
tamen iam nunc cogita quae potissimum tempora aggrediar. Vetera et scripta aliis?
Parata inquisitio, sed onerosa collatio. Intacta et nova? Graves offensae levis
gratia. 13 Nam praeter id, quod in tantis vitiis hominum plura culpanda sunt
quam laudanda, tum si laudaveris parcus, si culpaveris nimius fuisse dicaris,
quamvis illud plenissime, hoc restrictissime feceris. 14 Sed haec me non retardant;
est enim mihi pro fide satis animi: illud peto praesternas ad quod hortaris,
eligasque materiam, ne mihi iam scribere parato alia rursus cunctationis et morae
iusta ratio nascatur. Vale.

9. C. PLINIUS SEMPRONIO RUFO SUO S.

1 Descenderam in basilicam Iuliam, auditurus quibus proxima
comperendinatione respondere debebam. 2 Sedebant iudices, decemviri venerant,
obversabantur advocati, silentium longum; tandem a praetore nuntius.
Dimittuntur centumviri, eximitur dies me gaudente, qui umquam ita paratus sum
ut non mora laeter. 3 Causa dilationis Nepos praetor, qui legibus quaerit.
Proposuerat breve edictum, admonebat accusatores, admonebat reos exsecuturum
se quae senatus consulto continerentur. 4 Suberat edicto senatus consultum: hoc
omnes qui quid negotii haberent iurare prius quam agerent iubebantur, nihil sc ob
advocationem cuiquam dedisse promisisse cavisse. His enim verbis ac mille
praeterea et venire advocationes et emi vetabantur; peractis tamen negotiis
permittebatur pecuniam dumtaxat decem milium dare. 5 Hoc facto Nepotis
commotus praetor qui centumviralibus praesidet, deliberaturus an sequeretur
exemplum, inopinatum nobis otium dedit. 6 Interim tota civitate Nepotis
edictum carpitur laudatur. Multi: 'Invenimus, qui curva corrigeret! Quid? ante
hunc praetores non fuerunt? quis autem hic est, qui emendet publicos mores?' Alii
contra: 'Rectissime fecit; initurus magistratum iura cognovit, senatus consulta
legit, reprimit foedissimas pactiones, rem pulcherrimam turpissime venire non

patitur.' 7 Tales ubique sermones, qui tamen alterutram in partem ex eventu praevalebunt. Est omnino iniquum, sed usu receptum, quod honesta consilia vel turpia, prout male aut prospere cedunt, ita vel probantur vel reprehenduntur. Inde plerumque eadem facta modo diligentiae modo vanitatis, modo libertatis modo furoris nomen accipiunt. Vale.

10. C. PLINIUS SUETONIO TRANQUILLO SUO S.

1 Libera tandem hendecasyllaborum meorum fidem, qui scripta tua communibus amicis spoponderunt. Appellantur cotidie, efflagitantur, ac iam periculum est ne cogantur ad exhibendum formulam accipere. 2 Sum et ipse in edendo haesitator, tu tamen meam quoque cunctationem tarditatemque vicisti. Proinde aut rumpe iam moras aut cave ne eosdem istos libellos, quos tibi hendecasyllabi nostri blanditiis elicere non possunt, convicio scazontes extorqueant. 3 Perfectum opus absolutumque est, nec iam splendescit lima sed atteritur. Patere me videre titulum tuum, patere audire describi legi venire volumina Tranquilli mei. Aequum est nos in amore tam mutuo eandem percipere ex te voluptatem, qua tu perfrueris ex nobis. Vale.

11. C. PLINIUS CALPURNIO FABATO PROSOCERO SUO S.

1 Recepi litteras tuas ex quibus cognovi speciosissimam te porticum sub tuo filiique tui nomine dedicasse, sequenti die in portarum ornatum pecuniam promisisse, ut initium novae liberalitatis esset consummatio prioris. 2 Gaudeo primum tua gloria, cuius ad me pars aliqua pro necessitudine nostra redundat; deinde quod memoriam soceri mei pulcherrimis operibus video proferri; postremo quod patria nostra florescit, quam mihi a quocumque excoli iucundum, a te vero laetissimum est. 3 Quod superest, deos precor ut animum istum tibi, animo isti tempus quam longissimum tribuant. Nam liquet mihi futurum ut peracto quod proxime promisisti, incohes aliud. Nescit enim semel incitata liberalitas stare, cuius pulchritudinem usus ipse commendat. Vale.

12. C. PLINIUS TERENTIO SCAURO SUO S.

1 Recitaturus oratiunculam quam publicare cogito, advocavi aliquos ut vererer, paucos ut verum audirem. Nam mihi duplex ratio recitandi, una ut sollicitudine intendar, altera ut admonear, si quid forte me ut meum fallit. 2 Tuli quod petebam: inveni qui mihi copiam consilii sui facerent, ipse praeterea quaedam emendanda adnotavi. Emendavi librum, quem misi tibi. 3 Materiam ex titulo

cognosces, cetera liber explicabit, quem iam nunc oportet ita consuescere, ut sine praefatione intellegatur. 4 Tu velim quid de universo, quid de partibus sentias, scribas mihi. Ero enim vel cautior in continendo vel constantior in edendo, si huc vel illuc auctoritas tua accesserit. Vale.

13. C. PLINIUS IULIO VALERIANO SUO S.

1 Et tu rogas et ego promisi si rogasses, scripturum me tibi quem habuisset eventum postulatio Nepotis circa Tuscilium Nominatum. Inductus est Nominatus; egit ipse pro se nullo accusante. Nam legati Vicetinorum non modo non presserunt eum verum etiam sublevaverunt. 2 Summa defensionis, non fidem sibi in advocatione sed constantiam defuisse; descendisse ut acturum, atque etiam in curia visum, deinde sermonibus amicorum perterritum recessisse; monitum enim ne desiderio senatoris, non iam quasi de nundinis sed quasi de gratia fama dignitate certantis, tam pertinaciter praesertim in senatu repugnaret, alioqui maiorem invidiam quam proxime passurus. 3 Erat sane prius, a paucis tamen, acclamatum exeunti. Subiunxit preces multumque lacrimarum; quin etiam tota actione homo in dicendo exercitatus operam dedit, ut deprecari magis — id enim et favorabilius et tutius — quam defendi videretur. 4 Absolutus est sententia designati consulis Afrani Dextri, cuius haec summa: melius quidem Nominatum fuisse facturum, si causam Vicetinorum eodem animo quo susceperat pertulisset; quia tamen in hoc genus culpae non fraude incidisset, nihilque dignum animadversione admisisse convinceretur, liberandum, ita ut Vicetinis quod acceperat redderet. 5 Assenserunt omnes praeter Fabium Aprum. Is interdicendum ei advocationibus in quinquennium censuit, et quamvis neminem auctoritate traxisset, constanter in sententia mansit; quin etiam Dextrum, qui primus diversum censuerat, prolata lege de senatu habendo iurare coegit e re publica esse quod censuisset. 6 Cui quamquam legitimae postulationi a quibusdam reclamatum est; exprobrare enim censenti ambitionem videbatur. Sed prius quam sententiae dicerentur, Nigrinus tribunus plebis recitavit libellum disertum et gravem, quo questus est venire advocationes, venire etiam praevaricationes, in lites coiri, et gloriae loco poni ex spoliis civium magnos et statos reditus. 7 Recitavit capita legum, admonuit senatus consultorum, in fine dixit petendum ab optimo principe, ut quia leges, quia senatus consulta contemnerentur, ipse tantis vitiis mederetur. 8 Pauci dies, et liber principis severus et tamen moderatus: leges ipsum; est in publicis actis. Quam me iuvat, quod in causis agendis non modo pactione dono munere verum etiam xeniis semper abstinui! 9 Oportet quidem, quae sunt inhonesta, non quasi illicita sed quasi

pudenda vitare; iucundum tamen si prohiberi publice videas, quod numquam tibi ipse permiseris. 10 Erit fortasse, immo non dubie, huius propositi mei et minor laus et obscurior fama, cum omnes ex necessitate facient quod ego sponte faciebam. Interim fruor voluptate, cum alii divinum me, alii meis rapinis meae avaritiae occursum per ludum ac iocum dictitant. Vale.

14. C. PLINIUS PONTIO ALLIFANO SUO S.

1 Secesseram in municipium, cum mihi nuntiatum est Cornutum Tertullum accepisse Aemiliae viae curam. 2 Exprimere non possum, quanto sim gaudio affectus, et ipsius et meo nomine: ipsius quod, sit licet — sicut est — ab omni ambitione longe remotus, debet tamen ei iucundus honor esse ultro datus, meo quod aliquanto magis me delectat mandatum mihi officium, postquam par Cornuto datum video. 3 Neque enim augeri dignitate quam aequari bonis gratius. Cornuto autem quid melius, quid sanctius, quid in omni genere laudis ad exemplar antiquitatis expressius? quod mihi cognitum est non fama, qua alioqui optima et meritissima fruitur, sed longis magnisque experimentis. 4 Una diligimus, una dileximus omnes fere quos aetas nostra in utroque sexu aemulandos tulit; quae societas amicitiarum artissima nos familiaritate coniunxit. 5 Accessit vinculum necessitudinis publicae; idem enim mihi, ut scis, collega quasi voto petitus in praefectura aerarii fuit, fuit et in consulatu. Tum ego qui vir et quantus esset altissime inspexi, cum sequerer ut magistrum, ut parentem vererer, quod non tam aetatis maturitate quam vitae merebatur. 6 His ex causis ut illi sic mihi gratulor, nec privatim magis quam publice, quod tandem homines non ad pericula ut prius verum ad honores virtute perveniunt.

7 In infinitum epistulam extendam, si gaudio meo indulgeam. Praevertor ad ea, quae me agentem hic nuntius deprehendit. 8 Eram cum prosocero meo, eram cum amita uxoris, eram cum amicis diu desideratis, circumibam agellos, audiebam multum rusticarum querellarum, rationes legebam invitus et cursim — aliis enim chartis, aliis sum litteris initiatus -, coeperam etiam itineri me praeparare. 8 Nam includor angustiis commeatus, eoque ipso, quod delegatum Cornuto audio officium, mei admoneor. Cupio te quoque sub idem tempus Campania tua remittat, ne quis cum in urbem rediero, contubernio nostro dies pereat. Vale.

15. C. PLINIUS ARRIO ANTONINO SUO S.

1 Cum versus tuos aemulor, tum maxime quam sint boni experior. Ut enim pictores pulchram absolutamque faciem raro nisi in peius effingunt, ita ego ab hoc archetypo labor et decido. 2 Quo magis hortor, ut quam plurima proferas, quae imitari omnes concupiscant, nemo aut paucissimi possint. Vale.

16. C. PLINIUS AEFULANO MARCELLINO SUO S.

1 Tristissimus haec tibi scribo, Fundani nostri filia minore defuncta. Qua puella nihil umquam festivius amabilius, nec modo longiore vita sed prope immortalitate dignius vidi. 2 Nondum annos xiiii impleverat, et iam illi anilis prudentia, matronalis gravitas erat et tamen suavitas puellaris cum virginali verecundia. 3 Ut illa patris cervicibus inhaerebat! ut nos amicos paternos et amanter et modeste complectebatur! ut nutrices, ut paedagogos, ut praeceptores pro suo quemque officio diligebat! quam studiose, quam intellegenter lectitabat! ut parce custoditeque ludebat! Qua illa temperantia, qua patientia, qua etiam constantia novissimam valetudinem tulit! 4 Medicis obsequebatur, sororem patrem adhortabatur ipsamque se destitutam corporis viribus vigore animi sustinebat. 5 Duravit hic illi usque ad extremum, nec aut spatio valetudinis aut metu mortis infractus est, quo plures gravioresque nobis causas relinqueret et desiderii et doloris. 6 O triste plane acerbumque funus! o morte ipsa mortis tempus indignius! iam testinata erat egregio iuveni, iam electus nuptiarum dies, iam nos vocati. Quod gaudium quo maerore mutatum est! 7 Non possum exprimere verbis quantum animo vulnus acceperim, cum audivi Fundanum ipsum, ut multa luctuosa dolor invenit, praecipientem, quod in vestes margarita gemmas fuerat erogaturus, hoc in tus et unguenta et odores impenderetur. 8 Est quidem ille eruditus et sapiens, ut qui se ab ineunte aetate altioribus studiis artibusque dediderit; sed nunc omnia, quae audiit saepe quae dixit, aspernatur expulsisque virtutibus aliis pietatis est totus. 9 Ignosces, laudabis etiam, si cogitaveris quid amiserit. Amisit enim filiam, quae non minus mores eius quam os vultumque referebat, totumque patrem mira similitudine exscripserat. 10 Proinde si quas ad eum de dolore tam iusto litteras mittes, memento adhibere solacium non quasi castigatorium et nimis forte, sed molle et humanum. Quod ut facilius admittat, multum faciet medii temporis spatium. 11 Ut enim crudum adhuc vulnus medentium manus reformidat, deinde patitur atque ultro requirit, sic recens animi dolor consolationes reicit ac refugit, mox desiderat et clementer admotis acquiescit. Vale.

17. C. PLINIUS VESTRICIO SPURINNAE SUO S.

1 Scio quanto opere bonis artibus faveas, quantum gaudium capias, si nobiles iuvenes dignum aliquid maioribus suis faciant. Quo festinantius nuntio tibi fuisse me hodie in auditorio Calpurni Pisonis. 2 Recitabat 'katasterismôn' eruditam sane luculentamque materiam. Scripta elegis erat fluentibus et teneris et enodibus, sublimibus etiam, ut poposcit locus. Apte enim et varie nunc attollebatur, nunc residebat; excelsa depressis, exilia plenis, severis iucunda mutabat, omnia ingenio pari. 3 Commendabat haec voce suavissima, vocem verecundia: multum sanguinis, multum sollicitudinis in ore, magna ornamenta recitantis. Etenim nescio quo pacto magis in studiis homines timor quam fiducia decet. 4 Ne plura — quamquam libet plura, quo sunt pulchriora de iuvene, rariora de nobili -, recitatione finita multum ac diu exosculatus adulescentem, qui est acerrimus stimulus monendi, laudibus incitavi, pergeret qua coepisset, lumenque quod sibi maiores sui praetulissent, posteris ipse praeferret. 5 Gratulatus sum optimae matri, gratulatus et fratri, qui ex auditorio illo non minorem pietatis gloriam quam ille alter eloquentiae retulit: tam notabiliter pro fratre recitante primum metus eius, mox gaudium eminuit.

6 Di faciant ut talia tibi saepius nuntiem! Faveo enim saeculo ne sit sterile et effetum, mireque cupio ne nobiles nostri nihil in domibus suis pulchrum nisi imagines habeant; quae nunc mihi hos adulescentes tacitae laudare adhortari, et quod amborum gloriae satis magnum est, agnoscere videntur. Vale.

18. C. PLINIUS CALPURNIO MACRO SUO S.

1 Bene est mihi quia tibi bene est. Habes uxorem tecum, habes filium; frueris mari fontibus viridibus agro villa amoenissima. Neque enim dubito esse amoenissimam, in qua se composuerat homo felicior, ante quam felicissimus fieret. 2 Ego in Tuscis et venor et studeo, quae interdum alternis, interdum simul facio; nec tamen adhuc possum pronuntiare, utrum sit difficilius capere aliquid an scribere. Vale.

19. C. PLINIUS VALERIO PAULINO SUO S.

1 Video quam molliter tuos habeas; quo simplicius tibi confitebor, qua indulgentia meos tractem. 2 Est mihi semper in animo et Homericum illud 'patêr d' hôs êpios êen' et hoc nostrum 'pater familiae'. Quod si essem natura asperior et durior, frangeret me tamen infirmitas liberti mei Zosimi, cui tanto maior

humanitas exhibenda est, quanto nunc illa magis eget. 3 Homo probus officiosus litteratus; et ars quidem eius et quasi inscriptio comoedus, in qua plurimum facit. Nam pronuntiat acriter sapienter apte decenter etiam; utitur et cithara perite, ultra quam comoedo necesse est. Idem tam commode orationes et historias et carmina legit, ut hoc solum didicisse videatur. 4 Haec tibi sedulo exposui, quo magis scires, quam multa unus mihi et quam iucunda ministeria praestaret. Accedit longa iam caritas hominis, quam ipsa pericula auxerunt. 5 Est enim ita natura comparatum, ut nihil aeque amorem incitet et accendat quam carendi metus; quem ego pro hoc non semel patior. 6 Nam ante aliquot annos, dum intente instanterque pronuntiat, sanguinem reiecit atque ob hoc in Aegyptum missus a me post longam peregrinationem confirmatus rediit nuper; deinde dum per continuos dies nimis imperat voci, veteris infirmitatis tussicula admonitus rursus sanguinem reddidit. 7 Qua ex causa destinavi eum mittere in praedia tua, quae Foro Iulii possides. Audivi enim te saepe referentem esse ibi et aera salubrem et lac eiusmodi curationibus accommodatissimum. 8 Rogo ergo scribas tuis, ut illi villa, ut domus pateat, offerant etiam sumptibus eius, si quid opus erit. 9 Erit autem opus modico; est enim tam parcus et continens, ut non solum delicias verum etiam necessitates valetudinis frugalitate restringat. Ego proficiscenti tantum viatici dabo, quantum sufficiat eunti in tua. Vale.

20. C. PLINIUS CORNELIO URSO SUO S.

1 Iterum Bithyni: breve tempus a Iulio Basso, et Rufum Varenum proconsulem detulerunt, Varenum quem nuper adversus Bassum advocatum et postularant et acceperant. Inducti in senatum inquisitionem postulaverunt. 2 Varenus petit ut sibi quoque defensionis causa evocare testes liceret; recusantibus Bithynis cognitio suscepta est. Egi pro Vareno non sine eventu; nam bene an male liber indicabit. 3 In actionibus enim utramque in partem fortuna dominatur: multum commendationis et detrahit et affert memoria vox gestus tempus ipsum, postremo vel amor vel odium rei; liber offensis, liber gratia, liber et secundis casibus et adversis caret. 4 Respondit mihi Fonteius Magnus, unus ex Bithynis, plurimis verbis paucissimis rebus. Est plerisque Graecorum, ut illi, pro copia volubilitas: tam longas tamque frigidas perihodos uno spiritu quasi torrente contorquent. 5 Itaque Iulius Candidus non invenuste solet dicere, aliud esse eloquentiam aliud loquentiam. Nam eloquentia vix uni aut alteri, immo — si M. Antonio credimus — nemini, haec vero, quam Candidus loquentiam appellat, multis atque etiam impudentissimo cuique maxime contigit. 6 Postero die dixit pro Vareno Homullus callide acriter culte, contra Nigrinus presse graviter ornate.

Censuit Acilius Rufus consul designatus inquisitionem Bithynis dandam, postulationem Vareni silentio praeteriit. 7 Haec forma negandi fuit. Cornelius Priscus consularis et accusatoribus quae petebant et reo tribuit, vicitque numero. Impetravimus rem nec lege comprehensam nec satis usitatam, iustam tamen. 8 Quare iustam, non sum epistula exsecuturus, ut desideres actionem. Nam si verum est Homericum illud:

'tên gar aoidên mallon epikleious' anthrôpoi,
hê tis akouontessi neôtatê amphipelêtai',

providendum est mihi, ne gratiam novitatis et florem, quae oratiunculam illam vel maxime commendat, epistulae loquacitate praecerpam. Vale.

21. C. PLINIUS POMPEIO SATURNINO SUO S.

1 Varie me affecerunt litterae tuae; nam partim laeta partim tristia continebant: laeta quod te in urbe teneri nuntiabant — 'nollem' inquis; sed ego volo -, praeterea quod recitaturum statim ut venissem pollicebantur; ago gratias quod exspector. 2 Triste illud, quod Iulius Valens graviter iacet; quamquam ne hoc quidem triste, si illius utilitatibus aestimetur, cuius interest quam maturissime inexplicabili morbo liberari. 3 Illud plane non triste solum verum etiam luctuosum, quod Iulius Avitus decessit dum ex quaestura redit, decessit in nave, procul a fratre amantissimo, procul a matre a sororibus 4 — nihil ista ad mortuum pertinent, sed pertinuerunt cum moreretur, pertinent ad hos qui supersunt -; iam quod in flore primo tantae indolis iuvenis exstinctus est summa consecuturus, si virtutes eius maturuissent. 5 Quo ille studiorum amore flagrabat! quantum legit, quantum etiam scripsit! quae nunc omnia cum ipso sine fructu posteritatis abierunt. 6 Sed quid ego indulgeo dolori? Cui si frenos remittas, nulla materia non maxima est. Finem epistulae faciam, ut facere possim etiam lacrimis quas epistula expressit. Vale.

LIBER SEXTVS

1. C. PLINIUS TIRONI SUO S.

1 Quamdiu ego trans Padum tu in Piceno, minus te requirebam; postquam ego in urbe tu adhuc in Piceno, multo magis, seu quod ipsa loca in quibus esse una solemus acrius me tui commonent, seu quod desiderium absentium nihil perinde ac vicinitas acuit, quoque propius accesseris ad spem fruendi, hoc impatientius careas. 2 Quidquid in causa, eripe me huic tormento. Veni, aut ego illuc unde inconsulte properavi revertar, vel ob hoc solum, ut experiar an mihi, cum sine me Romae coeperis esse, similes his epistulas mittas. Vale.

2. C. PLINIUS ARRIANO SUO S.

1 Soleo non numquam in iudiciis quaerere M. Regulum; nolo enim dicere desiderare. 2 Cur ergo quaero? Habebat studiis honorem, timebat pallebat scribebat, quamvis non posset ediscere. Illud ipsum, quod oculum modo dextrum modo sinistrum circumlinebat — dextrum si a petitore, alterum si a possessore esset acturus -, quod candidum splenium in hoc aut in illud supercilium transferebat, quod semper haruspices consulebat de actionis eventu, a nimia superstitione sed tamen et a magno studiorum honore veniebat. 3 Iam illa perquam iucunda una dicentibus, quod libera tempora petebat, quod audituros corrogabat. Quid enim iucundius quam sub alterius invidia quamdiu velis, et in alieno auditorio quasi deprehensum commode dicere?

4 Sed utcumque se habent ista, bene fecit Regulus quod est mortuus: melius, si ante. Nunc enim sane poterat sine malo publico vivere, sub eo principe sub quo nocere non poterat. 5 Ideo fas est non numquam eum quaerere. Nam, postquam obiit ille, increbruit passim et invaluit consuetudo binas vel singulas clepsydras, interdum etiam dimidias et dandi et petendi. Nam et qui dicunt, egisse malunt quam agere, et qui audiunt, finire quam iudicare. Tanta neglegentia tanta desidia, tanta denique irreverentia studiorum periculorumque est. 6 An nos sapientiores

maioribus nostris, nos legibus ipsis iustiores, quae tot horas tot dies tot comperendinationes largiuntur? Hebetes illi et supra modum tardi; nos apertius dicimus, celerius intellegimus, religiosius iudicamus, quia paucioribus clepsydris praecipitamus causas quam diebus explicari solebant. 7 O Regule, qui ambitione ab omnibus obtinebas quod fidei paucissimi praestant! Equidem quotiens iudico, quod vel saepius facio quam dico, quantum quis plurimum postulat aquae do. 8Etenim temerarium existimo divinare quam spatiosa sit causa inaudita, tempusque negotio finire cuius modum ignores, praesertim cum primam religioni suae iudex patientiam debeat, quae pars magna iustitiae est. At quaedam supervacua dicuntur. Etiam: sed satius est et haec dici quam non dici necessaria. 9 Praeterea, an sint supervacua, nisi cum audieris scire non possis. Sed de his melius coram ut de pluribus vitiis civitatis. Nam tu quoque amore communium soles emendari cupere quae iam corrigere difficile est.

10 Nunc respiciamus domos nostras. Ecquid omnia in tua recte? in mea novi nihil. Mihi autem et gratiora sunt bona quod perseverant, et leviora incommoda quod assuevi. Vale.

3. C. PLINIUS VERO SUO S.

1 Gratias ago, quod agellum quem nutrici meae donaveram colendum suscepisti. Erat, cum donarem, centum milium nummum; postea decrescente reditu etiam pretium minuit, quod nunc te curante reparabit. 2 Tu modo memineris commendari tibi a me non arbores et terram, quamquam haec quoque, sed munusculum meum, quod esse quam fructuosissimum non illius magis interest quae accepit, quam mea qui dedi. Vale.

4. C. PLINIUS CALPURNIAE SUAE S.

1 Numquam sum magis de occupationibus meis questus, quae me non sunt passae aut proficiscentem te valetudinis causa in Campaniam prosequi aut profectam e vestigio subsequi. 2 Nunc enim praecipue simul esse cupiebam, ut oculis meis crederem quid viribus quid corpusculo apparares, ecquid denique secessus voluptates regionisque abundantiam inoffensa transmitteres. 3 Equidem etiam fortem te non sine cura desiderarem; est enim suspensum et anxium de eo quem ardentissime diligas interdum nihil scire. 4 Nunc vero me cum absentiae tum infirmitatis tuae ratio incerta et varia sollicitudine exterret. Vereor omnia, imaginor omnia, quaeque natura metuentium est, ea maxime mihi quae maxime abominor fingo. 5 Quo impensius rogo, ut timori meo cottidie singulis vel etiam

binis epistulis consulas. Ero enim securior dum lego, statimque timebo cum legero. Vale.

5. C. PLINIUS URSO SUO S.

1 Scripseram tenuisse Varenum, ut sibi evocare testes liceret; quod pluribus aequum, quibusdam iniquum et quidem pertinaciter visum, maxime Licinio Nepoti, qui sequenti senatu, cum de rebus aliis referretur, de proximo senatus consulto disseruit finitamque causam retractavit. 2 Addidit etiam petendum a consulibus ut referrent sub exemplo legis ambitus de lege repetundarum, an placeret in futurum ad eam legem adici, ut sicut accusatoribus inquirendi testibusque denuntiandi potestas ex ea lege esset, ita reis quoque fieret. 3 Fuerunt quibus haec eius oratio ut sera et intempestiva et praepostera displiceret, quae omisso contra dicendi tempore castigaret peractum, cui potuisset occurrere. 4 Iuventius quidem Celsus praetor tamquam emendatorem senatus et multis et vehementer increpuit. Respondit Nepos rursusque Celsus; neuter contumeliis temperavit. 5 Nolo referre quae dici ab ipsis moleste tuli. Quo magis quosdam e numero nostro improbavi, qui modo ad Celsum modo ad Nepotem, prout hic vel ille diceret, cupiditate audiendi cursitabant, et nunc quasi stimularent et accenderent, nunc quasi reconciliarent ac recomponerent, frequentius singulis, ambobus interdum propitium Caesarem ut in ludicro aliquo precabantur. 6 Mihi quidem illud etiam peracerbum fuit, quod sunt alter alteri quid pararent indicati. Nam et Celsus Nepoti ex libello respondit et Celso Nepos ex pugillaribus. 7 Tanta loquacitas amicorum, ut homines iurgaturi id ipsum invicem scierint, tamquam convenisset. Vale.

6. C. PLINIUS FUNDANO SUO S.

1 Si quando, nunc praecipue cuperem esse te Romae, et sis rogo. Opus est mihi voti laboris sollicitudinis socio. Petit honores Iulius Naso; petit cum multis, cum bonis, quos ut gloriosum sic est difficile superare. 2 Pendeo ergo et exerceor spe, afficior metu et me consularem esse non sentio; nam rursus mihi videor omnium quae decucurri candidatus. 3 Meretur hanc curam longa mei caritate. Est mihi cum illo non sane paterna amicitia — neque enim esse potuit per meam aetatem -; solebat tamen vixdum adulescentulo mihi pater eius cum magna laude monstrari. Erat non studiorum tantum verum etiam studiosorum amantissimus ac prope cotidie ad audiendos, quos tunc ego frequentabam, Quintilianum Niceten Sacerdotem ventitabat, vir alioqui clarus et gravis et qui prodesse filio memoria sui debeat. 4 Sed multi nunc in senatu quibus ignotus ille, multi quibus

notus, sed non nisi viventes reverentur. Quo magis huic, omissa gloria patris in qua magnum ornamentum gratia infirma, ipsi enitendum ipsi elaborandum est. 5 Quod quidem semper, quasi provideret hoc tempus, sedulo fecit: paravit amicos, quos paraverat coluit, me certe, ut primum sibi iudicare permisit, ad amorem imitationemque delegit. 6 Dicenti mihi sollicitus assistit, assidet recitanti; primis etiam et cum maxime nascentibus opusculis meis interest, nunc solus ante cum fratre, cuius nuper amissi ego suscipere partes, ego vicem debeo implere. 7 Doleo enim et illum immatura morte indignissime raptum, et hunc optimi fratris adiumento destitutum solisque amicis relictum. 8 Quibus ex causis exigo ut venias, et suffragio meo tuum iungas. Permultum interest mea te ostentare, tecum circumire. Ea est auctoritas tua, ut putem me efficacius tecum etiam meos amicos rogaturum. 9 Abrumpe si qua te retinent: hoc tempus meum, hoc fides, hoc etiam dignitas postulat. Suscepi candidatum, et suscepisse me notum est; ego ambio, ego periclitor; in summa, si datur Nasoni quod petit, illius honor, si negatur, mea repulsa est. Vale.

7. C. PLINIUS CALPURNIAE SUAE S.

1 Scribis te absentia mea non mediocriter affici unumque habere solacium, quod pro me libellos meos teneas, saepe etiam in vestigio meo colloces. 2Gratum est quod nos requiris, gratum quod his fomentis acquiescis; invicem ego epistulas tuas lectito atque identidem in manus quasi novas sumo. 3Sed eo magis ad desiderium tui accendor: nam cuius litterae tantum habent suavitatis, huius sermonibus quantum dulcedinis inest! Tu tamen quam frequentissime scribe, licet hoc ita me delectet ut torqueat. Vale.

8. C. PLINIUS PRISCO SUO S.

1 Atilium Crescentem et nosti et amas. Quis enim illum spectatior paulo aut non novit aut non amat? Hunc ego non ut multi, sed artissime diligo. 2Oppida nostra unius diei itinere dirimuntur; ipsi amare invicem, qui est flagrantissimus amor, adulescentuli coepimus. Mansit hic postea, nec refrixit iudicio sed invaluit. Sciunt qui alterutrum nostrum familiarius intuentur. Nam et ille amicitiam meam latissima praedicatione circumfert, et ego prae me fero, quantae sit mihi curae modestia quies securitas eius. 3 Quin etiam, cum insolentiam cuiusdam tribunatum plebis inituri vereretur, idque indicasset mihi, respondi: 'ou tis emeu zôntos'. Quorsus haec? ut scias, non posse Atilium me incolumi iniuriam accipere. 4 Iterum dices 'quorsus haec?' Debuit ei pecuniam Valerius Varus. Huius est heres Maximus noster, quem et ipse amo, sed Konjunktivs tu. 5 Rogo ergo,

exigo etiam pro iure amicitiae, cures ut Atilio meo salva sit non sors modo verum etiam usura plurium annorum. Homo est alieni abstinentissimus sui diligens; nullis quaestibus sustinetur, nullus illi nisi ex frugalitate reditus. 6 Nam studia, quibus plurimum praestat, ad voluptatem tantum et gloriam exercet. Gravis est ei vel minima iactura; quamquam reparare quod amiseris gravius. 7 Exime hunc illi, exime hunc mihi scrupulum: sine me suavitate eius, sine leporibus perfrui. Neque enim possum tristem videre, cuius hilaritas me tristem esse non patitur. 8 In summa nosti facetias hominis; quas velim attendas, ne in bilem et amaritudinem vertat iniuria. Quam vim habeat offensus, crede ei quam in amore habet. Non feret magnum et liberum ingenium cum contumelia damnum. 9 Verum, ut ferat ille, ego meum damnum meam contumeliam iudicabo, sed non tamquam pro mea — hoc est, gravius — irascar. Quamquam quid denuntiationibus et quasi minis ago? Quin potius, ut coeperam, rogo oro des operam, ne ille se — quod valdissime vereor — a me, ego me neglectum a te putem. Dabis autem, si hoc perinde curae est tibi quam illud mihi. Vale.

9. C. PLINIUS TACITO SUO S.

1 Commendas mihi Iulium Nasonem candidatum. Nasonem mihi? quid si me ipsum? Fero tamen et ignosco. Eundem enim commendassem tibi, si te Romae morante ipse afuissem. 2 Habet hoc sollicitudo, quod omnia necessaria putat. Tu tamen censeo alios roges; ego precum tuarum minister adiutor particeps ero. Vale.

10. C. PLINIUS ALBINO SUO S.

1 Cum venissem in socrus meae villam Alsiensem, quae aliquamdiu Rufi Vergini fuit, ipse mihi locus optimi illius et maximi viri desiderium non sine dolore renovavit. Hunc enim colere secessum atque etiam senectutis suae nidulum vocare consueverat. 2 Quocumque me contulissem, illum animus illum oculi requirebant. Libuit etiam monimentum eius videre, et vidisse paenituit. 3 Est enim adhuc imperfectum, nec difficultas operis in causa, modici ac potius exigui, sed inertia eius cui cura mandata est. Subit indignatio cum miseratione, post decimum mortis annum reliquias neglectumque cinerem sine titulo sine nomine iacere, cuius memoria orbem terrarum gloria pervagetur. 4 At ille mandaverat caveratque, ut divinum illud et immortale factum versibus inscriberetur:

Hic situs est Rufus, pulso qui Vindice quondam
imperium asseruit non sibi sed patriae.

5 Tam rara in amicitiis fides, tam parata oblivio mortuorum, ut ipsi nobis debeamus etiam conditoria exstruere omniaque heredum officia praesumere.6 Nam cui non est verendum, quod videmus accidisse Verginio? cuius iniuriam ut indigniorem, sic etiam notiorem ipsius claritas facit. Vale.

11. C. PLINIUS MAXIMO SUO S.

1 O diem laetum! Adhibitus in consilium a praefecto urbis audivi ex diverso agentes summae spei summae indolis iuvenes, Fuscum Salinatorem et Ummidium Quadratum, egregium par nec modo temporibus nostris sed litteris ipsis ornamento futurum. 2 Mira utrique probitas, constantia salva, decorus habitus, os Latinum, vox virilis, tenax memoria, magnum ingenium, iudicium aequale; quae singula mihi voluptati fuerunt, atque inter haec illud, quod et ipsi me ut rectorem, ut magistrum intuebantur, et iis qui audiebant me aemulari, meis instare vestigiis videbantur. 3 O diem — repetam enim — laetum notandumque mihi candidissimo calculo! Quid enim aut publice laetius quam clarissimos iuvenes nomen et famam ex studiis petere, aut mihi optatius quam me ad recta tendentibus quasi exemplar esse propositum? 4 Quod gaudium ut perpetuo capiam deos oro; ab isdem teste te peto, ut omnes qui me imitari tanti putabunt meliores esse quam me velint. Vale.

12. C. PLINIUS FABATO PROSOCERO SUO S.

1 Tu vero non debes suspensa manu commendare mihi quos tuendos putas. Nam et te decet multis prodesse et me suscipere quidquid ad curam tuam pertinet. 2 Itaque Bittio Prisco quantum plurimum potuero praestabo, praesertim in harena mea, hoc est apud centumviros. 3 Epistularum, quas mihi ut ais 'aperto pectore' scripsisti, oblivisci me iubes; at ego nullarum libentius memini. Ex illis enim vel praecipue sentio, quanto opere me diligas, cum sic exegeris mecum, ut solebas cum tuo filio. 4 Nec dissimulo hoc mihi iucundiores eas fuisse, quod habebam bonam causam, cum summo studio curassem quod tu curari volebas. 5 Proinde etiam atque etiam rogo, ut mihi semper eadem simplicitate, quotiens cessare videbor — 'videbor' dico, numquam enim cessabo -, convicium facias, quod et ego intellegam a summo amore proficisci, et tu non meruisse me gaudeas. Vale.

13. C. PLINIUS URSO SUO S.

1 Umquamne vidisti quemquam tam laboriosum et exercitum quam Varenum meum? cui quod summa contentione impetraverat defendendum et quasi rursus petendum fuit. 2 Bithyni senatus consultum apud consules carpere ac labefactare sunt ausi, atque etiam absenti principi criminari; ab illo ad senatum remissi non destiterunt. Egit Claudius Capito irreverenter magis quam constanter, ut qui senatus consultum apud senatum accusaret. 3Respondit Catius Fronto graviter et firme. Senatus ipse mirificus; nam illi quoque qui prius negarant Vareno quae petebat, eadem danda postquam erant data censuerunt; 4 singulos enim integra re dissentire fas esse, peracta quod pluribus placuisset cunctis tuendum. 5 Acilius tantum Rufus et cum eo septem an octo, septem immo, in priore sententia perseverarunt. Erant in hac paucitate non nulli, quorum temporaria gravitas vel potius gravitatis imitatio ridebatur. 6 Tu tamen aestima, quantum nos in ipsa pugna certaminis maneat, cuius quasi praelusio atque praecursio has contentiones excitavit. Vale.

14. C. PLINIUS MAURICO SUO S.

1 Sollicitas me in Formianum. Veniam ea condicione, ne quid contra commodum tuum facias; qua pactione invicem mihi caveo. Neque enim mare et litus, sed te otium libertatem sequor: alioqui satius est in urbe remanere. 2 Oportet enim omnia aut ad alienum arbitrium aut ad suum facere. Mei certe stomachi haec natura est, ut nihil nisi totum et merum velit. Vale.

15. C. PLINIUS ROMANO SUO S.

1 Mirificae rei non interfuisti; ne ego quidem, sed me recens fabula excepit. Passennus Paulus, splendidus eques Romanus et in primis eruditus, scribit elegos. Gentilicium hoc illi: est enim municeps Properti atque etiam inter maiores suos Propertium numerat. 2 Is cum recitaret, ita coepit dicere: 'Prisce, iubes...'. Ad hoc Iavolenus Priscus — aderat enim ut Paulo amicissimus -: 'Ego vero non iubeo.' Cogita qui risus hominum, qui ioci. 3 Est omnino Priscus dubiae sanitatis, interest tamen officiis, adhibetur consiliis atque etiam ius civile publice respondet: quo magis quod tunc fecit et ridiculum et notabile fuit. 4 Interim Paulo aliena deliratio aliquantum frigoris attulit. Tam sollicite recitaturis providendum est, non solum ut sint ipsi sani verum etiam ut sanos adhibeant. Vale.

16. C. PLINIUS TACITO SUO S.

1 Petis ut tibi avunculi mei exitum scribam, quo verius tradere posteris possis. Gratias ago; nam video morti eius si celebretur a te immortalem gloriam esse propositam. 2 Quamvis enim pulcherrimarum clade terrarum, ut populi ut urbes memorabili casu, quasi semper victurus occiderit, quamvis ipse plurima opera et mansura condiderit, multum tamen perpetuitati eius scriptorum tuorum aeternitas addet. 3 Equidem beatos puto, quibus deorum munere datum est aut facere scribenda aut scribere legenda, beatissimos vero quibus utrumque. Horum in numero avunculus meus et suis libris et tuis erit. Quo libentius suscipio, deposco etiam quod iniungis.

4 Erat Miseni classemque imperio praesens regebat. Nonum Kal. Septembres hora fere septima mater mea indicat ei apparere nubem inusitata et magnitudine et specie. 5 Usus ille sole, mox frigida, gustaverat iacens studebatque; poscit soleas, ascendit locum ex quo maxime miraculum illud conspici poterat. Nubes — incertum procul intuentibus ex quo monte; Vesuvium fuisse postea cognitum est — oriebatur, cuius similitudinem et formam non alia magis arbor quam pinus expresserit. 6 Nam longissimo velut trunco elata in altum quibusdam ramis diffundebatur, credo quia recenti spiritu evecta, dein senescente eo destituta aut etiam pondere suo victa in latitudinem vanescebat, candida interdum, interdum sordida et maculosa prout terram cineremve sustulerat. 7 Magnum propiusque noscendum ut eruditissimo viro visum. Iubet liburnicam aptari; mihi si venire una vellem facit copiam; respondi studere me malle, et forte ipse quod scriberem dederat. 8 Egrediebatur domo; accipit codicillos Rectinae Tasci imminenti periculo exterritae — nam villa eius subiacebat, nec ulla nisi navibus fuga -: ut se tanto discrimini eriperet orabat. 9 Vertit ille consilium et quod studioso animo incohaverat obit maximo. Deducit quadriremes, ascendit ipse non Rectinae modo sed multis — erat enim frequens amoenitas orae — laturus auxilium.10 Properat illuc unde alii fugiunt, rectumque cursum recta gubernacula in periculum tenet adeo solutus metu, ut omnes illius mali motus omnes figuras ut deprenderat oculis dictaret enotaretque.

11 Iam navibus cinis incidebat, quo propius accederent, calidior et densior; iam pumices etiam nigrique et ambusti et fracti igne lapides; iam vadum subitum ruinaque montis litora obstantia. Cunctatus paulum an retro flecteret, mox gubernatori ut ita faceret monenti 'Fortes' inquit 'fortuna iuvat: Pomponianum pete.' 12 Stabiis erat diremptus sinu medio — nam sensim circumactis curvatisque litoribus mare infunditur -; ibi quamquam nondum periculo

appropinquante, conspicuo tamen et cum cresceret proximo, sarcinas contulerat in naves, certus fugae si contrarius ventus resedisset. Quo tunc avunculus meus secundissimo invectus, complectitur trepidantem consolatur hortatur, utque timorem eius sua securitate leniret, deferri in balineum iubet; lotus accubat cenat, aut hilaris aut — quod aeque magnum — similis hilari. 13 Interim e Vesuvio monte pluribus locis latissimae flammae altaque incendia relucebant, quorum fulgor et claritas tenebris noctis excitabatur. Ille agrestium trepidatione ignes relictos desertasque villas per solitudinem ardere in remedium formidinis dictitabat. Tum se quieti dedit et quievit verissimo quidem somno; nam meatus animae, qui illi propter amplitudinem corporis gravior et sonantior erat, ab iis qui limini obversabantur audiebatur. 14 Sed area ex qua diaeta adibatur ita iam cinere mixtisque pumicibus oppleta surrexerat, ut si longior in cubiculo mora, exitus negaretur. Excitatus procedit, seque Pomponiano ceterisque qui pervigilaverant reddit. 15 In commune consultant, intra tecta subsistant an in aperto vagentur. Nam crebris vastisque tremoribus tecta nutabant, et quasi emota sedibus suis nunc huc nunc illuc abire aut referri videbantur. 16 Sub dio rursus quamquam levium exesorumque pumicum casus metuebatur, quod tamen periculorum collatio elegit; et apud illum quidem ratio rationem, apud alios timorem timor vicit. Cervicalia capitibus imposita linteis constringunt; id munimentum adversus incidentia fuit. 17 Iam dies alibi, illic nox omnibus noctibus nigrior densiorque; quam tamen faces multae variaque lumina solvebant. Placuit egredi in litus, et ex proximo adspicere, ecquid iam mare admitteret; quod adhuc vastum et adversum permanebat. 18 Ibi super abiectum linteum recubans semel atque iterum frigidam aquam poposcit hausitque. Deinde flammae flammarumque praenuntius odor sulpuris alios in fugam vertunt, excitant illum. 19 Innitens servolis duobus assurrexit et statim concidit, ut ego colligo, crassiore caligine spiritu obstructo, clausoque stomacho qui illi natura invalidus et angustus et frequenter aestuans erat. 20 Ubi dies redditus — is ab eo quem novissime viderat tertius -, corpus inventum integrum illaesum opertumque ut fuerat indutus: habitus corporis quiescenti quam defuncto similior.

21 Interim Miseni ego et mater — sed nihil ad historiam, nec tu aliud quam de exitu eius scire voluisti. Finem ergo faciam. 22 Unum adiciam, omnia me quibus interfueram quaeque statim, cum maxime vera memorantur, audieram, persecutum. Tu potissima excerpes; aliud est enim epistulam aliud historiam, aliud amico aliud omnibus scribere. Vale.

17. C. PLINIUS RESTITUTO SUO S.

1 Indignatiunculam, quam in cuiusdam amici auditorio cepi, non possum mihi temperare quo minus apud te, quia non contigit coram, per epistulam effundam. Recitabatur liber absolutissimus. 2 Hunc duo aut tres, ut sibi et paucis videntur, diserti surdis mutisque similes audiebant. Non labra diduxerunt, non moverunt manum, non denique assurrexerunt saltem lassitudine sedendi. 3 Quae tanta gravitas? quae tanta sapientia? quae immo pigritia arrogantia sinisteritas ac potius amentia, in hoc totum diem impendere ut offendas, ut inimicum relinquas ad quem tamquam amicissimum veneris? Disertior ipse es? 4 Tanto magis ne invideris; nam qui invidet minor est. Denique sive plus sive minus sive idem praestas, lauda vel inferiorem vel superiorem vel parem: superiorem quia nisi laudandus ille non potes ipse laudari, inferiorem aut parem quia pertinet ad tuam gloriam quam maximum videri, quem praecedis vel exaequas. 5 Equidem omnes qui aliquid in studiis faciunt venerari etiam mirarique soleo; est enim res difficilis ardua fastidiosa, et quae eos a quibus contemnitur invicem contemnat. Nisi forte aliud iudicas tu. Quamquam quis uno te reverentior huius operis, quis benignior aestimator? 6 Qua ratione ductus tibi potissimum indignationem meam prodidi, quem habere socium maxime poteram. Vale.

18. C. PLINIUS SABINO SUO S.

1 Rogas ut agam Firmanorum publicam causam; quod ego quamquam plurimis occupationibus distentus adnitar. Cupio enim et ornatissimam coloniam advocationis officio, et te gratissimo tibi munere obstringere. 2 Nam cum familiaritatem nostram, ut soles praedicare, ad praesidium ornamentumque tibi sumpseris, nihil est quod negare debeam, praesertim pro patria petenti. Quid enim precibus aut honestius piis aut efficacius amantis? 3 Proinde Firmanis tuis ac iam potius nostris obliga fidem meam; quos labore et studio meo dignos cum splendor ipsorum tum hoc maxime pollicetur, quod credibile est optimos esse inter quos tu talis exstiteris. Vale.

19. C. PLINIUS NEPOTI SUO S.

1 Scis tu accessisse pretium agris, praecipue suburbanis? Causa subitae caritatis res multis agitata sermonibus. Proximis comitiis honestissimas voces senatus expressit: 'Candidati ne conviventur, ne mittant munera, ne pecunias deponant.' 2 Ex quibus duo priora tam aperte quam immodice fiebant; hoc tertium, quamquam occultaretur, pro comperto habebatur. 3 Homullus deinde noster vigilanter usus

hoc consensu senatus sententiae loco postulavit, ut consules desiderium universorum notum principi facerent, peterentque sicut aliis vitiis huic quoque providentia sua occurreret. 4 Occurrit; nam sumptus candidatorum, foedos illos et infames, ambitus lege restrinxit; eosdem patrimonii tertiam partem conferre iussit in ea quae solo continerentur, deforme arbitratus — et erat — honorem petituros urbem Italiamque non pro patria sed pro hospitio aut stabulo quasi peregrinantes habere. 5Concursant ergo candidati; certatim quidquid venale audiunt emptitant, quoque sint plura venalia efficiunt. 6 Proinde si paenitet te Italicorum praediorum, hoc vendendi tempus tam hercule quam in provinciis comparandi, dum idem candidati illic vendunt ut hic emant. Vale.

20. C. PLINIUS TACITO SUO S.

1 Ais te adductum litteris quas exigenti tibi de morte avunculi mei scripsi, cupere cognoscere, quos ego Miseni relictus — id enim ingressus abruperam — non solum metus verum etiam casus pertulerim.

'Quamquam animus meminisse horret, ...
incipiam.'

2 Profecto avunculo ipse reliquum tempus studiis — ideo enim remanseram — impendi; mox balineum cena somnus inquietus et brevis. 3 Praecesserat per multos dies tremor terrae, minus formidolosus quia Campaniae solitus; illa vero nocte ita invaluit, ut non moveri omnia sed verti crederentur. 4Irrupit cubiculum meum mater; surgebam invicem, si quiesceret excitaturus. Resedimus in area domus, quae mare a tectis modico spatio dividebat. 5Dubito, constantiam vocare an imprudentiam debeam — agebam enim duodevicensimum annum -: posco librum Titi Livi, et quasi per otium lego atque etiam ut coeperam excerpo. Ecce amicus avunculi qui nuper ad eum ex Hispania venerat, ut me et matrem sedentes, me vero etiam legentem videt, illius patientiam securitatem meam corripit. Nihilo segnius ego intentus in librum.

6 Iam hora diei prima, et adhuc dubius et quasi languidus dies. Iam quassatis circumiacentibus tectis, quamquam in aperto loco, angusto tamen, magnus et certus ruinae metus. 7 Tum demum excedere oppido visum; sequitur vulgus attonitum, quodque in pavore simile prudentiae, alienum consilium suo praefert, ingentique agmine abeuntes premit et impellit. 8 Egressi tecta consistimus. Multa ibi miranda, multas formidines patimur. Nam vehicula quae produci iusseramus, quamquam in planissimo campo, in contrarias partes agebantur, ac ne lapidibus

quidem fulta in eodem vestigio quiescebant. 9 Praeterea mare in se resorberi et tremore terrae quasi repelli videbamus. Certe processerat litus, multaque animalia maris siccis harenis detinebat. Ab altero latere nubes atra et horrenda, ignei spiritus tortis vibratisque discursibus rupta, in longas flammarum figuras dehiscebat; fulguribus illae et similes et maiores erant. 10 Tum vero idem ille ex Hispania amicus acrius et instantius 'Si frater' inquit 'tuus, tuus avunculus vivit, vult esse vos salvos; si periit, superstites voluit. Proinde quid cessatis evadere?' Respondimus non commissuros nos ut de salute illius incerti nostrae consuleremus. 11 Non moratus ultra proripit se effusoque cursu periculo aufertur. Nec multo post illa nubes descendere in terras, operire maria; cinxerat Capreas et absconderat, Miseni quod procurrit abstulerat. 12 Tum mater orare hortari iubere, quoquo modo fugerem; posse enim iuvenem, se et annis et corpore gravem bene morituram, si mihi causa mortis non fuisset. Ego contra salvum me nisi una non futurum; dein manum eius amplexus addere gradum cogo. Paret aegre incusatque se, quod me moretur.

13 Iam cinis, adhuc tamen rarus. Respicio: densa caligo tergis imminebat, quae nos torrentis modo infusa terrae sequebatur. 'Deflectamus' inquam 'dum videmus, ne in via strati comitantium turba in tenebris obteramur.' 14 Vix consideramus, et nox — non qualis illunis aut nubila, sed qualis in locis clausis lumine exstincto. Audires ululatus feminarum, infantum quiritatus, clamores virorum; alii parentes alii liberos alii coniuges vocibus requirebant, vocibus noscitabant; hi suum casum, illi suorum miserabantur; erant qui metu mortis mortem precarentur; 15 multi ad deos manus tollere, plures nusquam iam deos ullos aeternamque illam et novissimam noctem mundo interpretabantur. Nec defuerunt qui fictis mentitisque terroribus vera pericula augerent. Aderant qui Miseni illud ruisse illud ardere falso sed credentibus nuntiabant. 16 Paulum reluxit, quod non dies nobis, sed adventantis ignis indicium videbatur. Et ignis quidem longius substitit; tenebrae rursus cinis rursus, multus et gravis. Hunc identidem assurgentes excutiebamus; operti alioqui atque etiam oblisi pondere essemus. 17 Possem gloriari non gemitum mihi, non vocem parum fortem in tantis periculis excidisse, nisi me cum omnibus, omnia mecum perire misero, magno tamen mortalitatis solacio credidissem.

18 Tandem illa caligo tenuata quasi in fumum nebulamve discessit; mox dies verus; sol etiam effulsit, luridus tamen qualis esse cum deficit solet. Occursabant trepidantibus adhuc oculis mutata omnia altoque cinere tamquam nive obducta. 19 Regressi Misenum curatis utcumque corporibus suspensam

dubiamque noctem spe ac metu exegimus. Metus praevalebat; nam et tremor terrae perseverabat, et plerique lymphati terrificis vaticinationibus et sua et aliena mala ludificabantur.

20 Nobis tamen ne tunc quidem, quamquam et expertis periculum et exspectantibus, abeundi consilium, donec de avunculo nuntius.

Haec nequaquam historia digna non scripturus leges et tibi scilicet qui requisisti imputabis, si digna ne epistula quidem videbuntur. Vale.

21. C. PLINIUS CANINIO SUO S.

1 Sum ex iis qui mirer antiquos, non tamen — ut quidam — temporum nostrorum ingenia despicio. Neque enim quasi lassa et effeta natura nihil iam laudabile parit. 2 Atque adeo nuper audivi Vergilium Romanum paucis legentem comoediam ad exemplar veteris comoediae scriptam, tam bene ut esse quandoque possit exemplar. 3 Nescio an noris hominem, quamquam nosse debes; est enim probitate morum, ingenii elegantia, operum varietate monstrabilis. 4 Scripsit mimiambos tenuiter argute venuste, atque in hoc genere eloquentissime; nullum est enim genus quod absolutum non possit eloquentissimum dici. Scripsit comoedias Menandrum aliosque aetatis eiusdem aemulatus; licet has inter Plautinas Terentianasque numeres. 5 Nunc primum se in vetere comoedia, sed non tamquam inciperet ostendit. Non illi vis, non granditas, non subtilitas, non amaritudo, non dulcedo, non lepos defuit: ornavit virtutes, insectatus est vitia; fictis nominibus decenter, veris usus est apte. 6 Circa me tantum benignitate nimia modum excessit, nisi quod tamen poetis mentiri licet. 7 In summa extorquebo ei librum legendumque, immo ediscendum mittam tibi; neque enim dubito futurum, ut non deponas si semel sumpseris. Vale.

22. C. PLINIUS TIRONI SUO S.

1 Magna res acta est omnium qui sunt provinciis praefuturi, magna omnium qui se simpliciter credunt amicis. 2 Lustricius Bruttianus cum Montanium Atticinum comitem suum in multis flagitiis deprehendisset, Caesari scripsit. Atticinus flagitiis addidit, ut quem deceperat accusaret. Recepta cognitio est; fui in consilio. Egit uterque pro se, egit autem carptim et 'kata kephalaion', quo genere veritas statim ostenditur. 3 Protulit Bruttianus testamentum suum, quod Atticini manu scriptum esse dicebat; hoc enim et arcana familiaritas et querendi de eo, quem sic amasset, necessitas indicabatur. 4Enumeravit crimina foeda manifesta; quae ille

cum diluere non posset, ita regessit, ut dum defenditur turpis, dum accusat
sceleratus probaretur. Corrupto enim scribae servo interceperat commentarios
intercideratque, ac per summum nefas utebatur adversus amicum crimine
suo. 5 Fecit pulcherrime Caesar: non enim de Bruttiano, sed statim de Atticino
perrogavit. Damnatus et in insulam relegatus; Bruttiano iustissimum integritatis
testimonium redditum, quem quidem etiam constantiae gloria secuta est. 6 Nam
defensus expeditissime accusavit vehementer, nec minus acer quam bonus et
sincerus apparuit. 7 Quod tibi scripsi, ut te sortitum provinciam praemonerem,
plurimum tibi credas, nec cuiquam satis fidas, deinde scias si quis forte te — quod
abominor — fallat, paratam ultionem. Qua tamen ne sit opus, etiam atque etiam
attende; 8 neque enim tam iucundum est vindicari quam decipi miserum. Vale.

23. C. PLINIUS TRIARIO SUO S.

1 Impense petis ut agam causam pertinentem ad curam tuam, pulchram alioqui et
famosam. Faciam, sed non gratis. 'Qui fieri potest' inquis 'ut non gratis tu?'
Potest: exigam enim mercedem honestiorem gratuito patrocinio. 2 Peto atque
etiam paciscor ut simul agat Cremutius Ruso. Solitum hoc mihi et iam in
pluribus claris adulescentibus factitatum; nam mire concupisco bonos iuvenes
ostendere foro, assignare famae. 3 Quod si cui, praestare Rusoni meo debeo, vel
propter natales ipsius vel propter eximiam mei caritatem; quem magni aestimo in
isdem iudiciis, ex isdem etiam partibus conspici audiri. 4 Obliga me, obliga ante
quam dicat; nam cum dixerit gratias ages. Spondeo sollicitudini tuae, spei meae,
magnitudini causae suffecturum. Est indolis optimae brevi producturus alios, si
interim provectus fuerit a nobis. 5 Neque enim cuiquam tam clarum statim
ingenium ut possit emergere, nisi illi materia occasio, fautor etiam
commendatorque contingat. Vale.

24. C. PLINIUS MACRO SUO S.

1 Quam multum interest quid a quoque fiat! Eadem enim facta claritate vel
obscuritate facientium aut tolluntur altissime aut humillime
deprimuntur. 2Navigabam per Larium nostrum, cum senior amicus ostendit mihi
villam, atque etiam cubiculum quod in lacum prominet: 'Ex hoc' inquit
'aliquando municeps nostra cum marito se praecipitavit.' 3 Causam requisivi.
Maritus ex diutino morbo circa velanda corporis ulceribus putrescebat; uxor ut
inspiceret exegit; neque enim quemquam fidelius indicaturum, possetne
sanari. 4 Vidit desperavit hortata est ut moreretur, comesque ipsa mortis, dux
immo et exemplum et necessitas fuit; nam se cum marito ligavit abiecitque in

lacum. 5 Quod factum ne mihi quidem, qui municeps, nisi proxime auditum est, non quia minus illo clarissimo Arriae facto, sed quia minor ipsa. Vale.

25. C. PLINIUS HISPANO SUO S.

1 Scribis Robustum, splendidum equitem Romanum, cum Atilio Scauro amico meo Ocriculum usque commune iter peregisse, deinde nusquam comparuisse; petis ut Scaurus veniat nosque, si potest, in aliqua inquisitionis vestigia inducat. 2 Veniet; vereor ne frustra. Suspicor enim tale nescio quid Robusto accidisse quale aliquando Metilio Crispo municipi meo. 3 Huic ego ordinem impetraveram atque etiam proficiscenti quadraginta milia nummum ad instruendum se ornandumque donaveram, nec postea aut epistulas eius aut aliquem de exitu nuntium accepi. 4 Interceptusne sit a suis an cum suis dubium: certe non ipse, non quisquam ex servis eius apparuit, ut ne Robusti quidem. 5 Experiamur tamen, accersamus Scaurum; demus hoc tuis, demus optimi adulescentis honestissimis precibus, qui pietate mira mira etiam sagacitate patrem quaerit. Di faveant ut sic inveniat ipsum, quemadmodum iam cum quo fuisset invenit! Vale.

26. C. PLINIUS SERVIANO SUO S.

1 Gaudeo et gratulor, quod Fusco Salinatori filiam tuam destinasti. Domus patricia, pater honestissimus, mater pari laude; ipse studiosus litteratus etiam disertus, puer simplicitate comitate iuvenis senex gravitate. Neque enim amore decipior. 2 Amo quidem effuse — ita officiis ita reverentia meruit -, iudico tamen, et quidem tanto acrius quanto magis amo; tibique ut qui exploraverim spondeo, habiturum te generum quo melior fingi ne voto quidem potuit. 3 Superest ut avum te quam maturissime similium sui faciat. Quam felix tempus illud, quo mihi liberos illius nepotes tuos, ut meos vel liberos vel nepotes, ex vestro sinu sumere et quasi pari iure tenere continget! Vale.

27. C. PLINIUS SEVERO SUO S.

1 Rogas ut cogitem, quid designatus consul in honorem principis censeas. Facilis inventio, non facilis electio; est enim ex virtutibus eius larga materia. Scribam tamen vel — quod malo — coram indicabo, si prius haesitationem meam ostendero. 2 Dubito num idem tibi suadere quod mihi debeam. Designatus ego consul omni hac, etsi non adulatione, specie tamen adulationis abstinui, non tamquam liber et constans, sed tamquam intellegens principis nostri, cuius

videbam hanc esse praecipuam laudem, si nihil quasi ex necessitate decernerem. 3 Recordabar etiam plurimos honores pessimo cuique delatos, quibus hic optimus separari non alio magis poterat, quam diversitate censendi; quod ipsum non dissimulatione et silentio praeterii, ne forte non iudicium illud meum sed oblivio videretur. 4 Hoc tunc ego; sed non omnibus eadem placent, ne conveniunt quidem. Praeterea faciendi aliquid non faciendive ratio cum hominum ipsorum tum rerum etiam ac temporum condicione mutatur. 5 Nam recentia opera maximi principis praebent facultatem, nova magna vera censendi. Quibus ex causis, ut supra scripsi, dubito an idem nunc tibi quod tunc mihi suadeam. Illud non dubito, debuisse me in parte consilii tui ponere, quid ipse fecissem. Vale.

28. C. PLINIUS PONTIO SUO S.

1 Scio quae tibi causa fuerit impedimento, quominus praecurrere adventum meum in Campaniam posses. Sed quamquam absens totus huc migrasti: tantum mihi copiarum qua urbanarum qua rusticarum nomine tuo oblatum est, quas omnes improbe, accepi tamen. 2 Nam me tui ut ita facerem rogabant, et verebar ne et mihi et illis irascereris, si non fecissem. In posterum nisi adhibueritis modum ego adhibebo; et iam tuis denuntiavi, si rursus tam multa attulissent, omnia relaturos. 3 Dices oportere me tuis rebus ut meis uti. Etiam: sed perinde illis ac meis parco. Vale.

29. C. PLINIUS QUADRATO SUO S.

1 Avidius Quietus, qui me unice dilexit et — quo non minus gaudeo — probavit, ut multa alia Thraseae — fuit enim familiaris — ita hoc saepe referebat, praecipere solitum suscipiendas esse causas aut amicorum aut destitutas aut ad exemplum pertinentes. 2 Cur amicorum, non eget interpretatione. Cur destitutas? quod in illis maxime et constantia agentis et humanitas cerneretur. Cur pertinentes ad exemplum? quia plurimum referret, bonum an malum induceretur. 3 Ad haec ego genera causarum ambitiose fortasse, addam tamen claras et illustres. Aequum est enim agere non numquam gloriae et famae, id est suam causam. Hos terminos, quia me consuluisti, dignitati ac verecundiae tuae statuo. 4 Nec me praeterit usum et esse et haberi optimum dicendi magistrum; video etiam multos parvo ingenio litteris nullis, ut bene agerent agendo consecutos. 5 Sed et illud, quod vel Pollionis vel tamquam Pollionis accepi, verissimum experior: 'Commode agendo factum est ut saepe agerem, saepe agendo ut minus commode', quia scilicet assiduitate nimia facilitas magis quam

facultas, nec fiducia sed temeritas paratur. 6 Nec vero Isocrati quo minus
haberetur summus orator offecit, quod infirmitate vocis mollitia frontis ne in
publico diceret impediebatur. Proinde multum lege scribe meditare, ut possis cum
voles dicere: dices cum velle debebis. 7 Hoc fere temperamentum ipse servavi;
non numquam necessitati quae pars rationis est parui. Egi enim quasdam a senatu
iussus, quo tamen in numero fuerunt ex illa Thraseae divisione, hoc est ad
exemplum pertinentes. 8 Adfui Baeticis contra Baebium Massam: quaesitum est,
an danda esset inquisitio; data est. Adfui rursus isdem querentibus de Caecilio
Classico: quaesitum est, an provinciales ut socios ministrosque proconsulis plecti
oporteret; poenas luerunt. 9 Accusavi Marium Priscum, qui lege repetundarum
damnatus utebatur clementia legis, cuius severitatem immanitate criminum
excesserat; relegatus est. 10 Tuitus sum Iulium Bassum, ut incustoditum nimis et
incautum, ita minime malum; iudicibus acceptis in senatu remansit. 11 Dixi
proxime pro Vareno postulante, ut sibi invicem evocare testes liceret; impetratum
est. In posterum opto ut ea potissimum iubear, quae me deceat vel sponte fecisse.
Vale.

30. C. PLINIUS FABATO PROSOCERO SUO S.

1 Debemus mehercule natales tuos perinde ac nostros celebrare, cum laetitia
nostrorum ex tuis pendeat, cuius diligentia et cura hic hilares istic securi
sumus. 2 Villa Camilliana, quam in Campania possides, est quidem vetustate
vexata; et tamen, quae sunt pretiosiora, aut integra manent aut levissime laesa
sunt. 3 Attendimus ergo, ut quam saluberrime reficiantur. Ego videor habere
multos amicos, sed huius generis, cuius et tu quaeris et res exigit, prope
neminem. 4 Sunt enim omnes togati et urbani; rusticorum autem praediorum
administratio poscit durum aliquem et agrestem, cui nec labor ille gravis nec cura
sordida nec tristis solitudo videatur. 5 Tu de Rufo honestissime cogitas; fuit enim
filio tuo familiaris. Quid tamen nobis ibi praestare possit ignoro, velle plurimum
credo. Vale.

31. C. PLINIUS CORNELIANO SUO S.

1 Evocatus in consilium a Caesare nostro ad Centum Cellas — hoc loco nomen -,
magnam cepi voluptatem. 2 Quid enim iucundius quam principis iustitiam
gravitatem comitatem in secessu quoque ubi maxime recluduntur inspicere?
Fuerunt variae cognitiones et quae virtutes iudicis per plures species
experirentur. 3 Dixit causam Claudius Ariston princeps Ephesiorum, homo

munificus et innoxie popularis; inde invidia et a dissimillimis delator immissus, itaque absolutus vindicatusque est.

4 Sequenti die audita est Gallitta adulterii rea. Nupta haec tribuno militum honores petituro, et suam et mariti dignitatem centurionis amore maculaverat. Maritus legato consulari, ille Caesari scripserat. 5 Caesar excussis probationibus centurionem exauctoravit atque etiam relegavit. Supererat crimini, quod nisi duorum esse non poterat, reliqua pars ultionis; sed maritum non sine aliqua reprehensione patientiae amor uxoris retardabat, quam quidem etiam post delatum adulterium domi habuerat quasi contentus aemulum removisse. 6 Admonitus ut perageret accusationem, peregit invitus. Sed illam damnari etiam invito accusatore necesse erat: damnata et Iuliae legis poenis relicta est. Caesar et nomen centurionis et commemorationem disciplinae militaris sententiae adiecit, ne omnes eius modi causas revocare ad se videretur.

7 Tertio die inducta cognitio est multis sermonibus et vario rumore iactata, Iuli Tironis codicilli, quos ex parte veros esse constabat, ex parte falsi dicebantur. 8 Substituebantur crimini Sempronius Senecio eques Romanus et Eurythmus Caesaris libertus et procurator. Heredes, cum Caesar esset in Dacia, communiter epistula scripta, petierant ut susciperet cognitionem. 9 Susceperat; reversus diem dederat, et cum ex heredibus quidam quasi reverentia Eurythmi omitterent accusationem, pulcherrime dixerat: 'Nec ille Polyclitus est nec ego Nero.' Indulserat tamen petentibus dilationem, cuius tempore exacto consederat auditurus. 10 A parte heredum intraverunt duo omnino; postulaverunt, omnes heredes agere cogerentur, cum detulissent omnes, aut sibi quoque desistere permitteretur. 11 Locutus est Caesar summa gravitate summa moderatione, cumque advocatus Senecionis et Eurythmi dixisset suspicionibus relinqui reos, nisi audirentur, 'Non curo' inquit 'an isti suspicionibus relinquantur, ego relinquor.' 12 Dein conversus ad nos: ÎÎEpistêsate' quid facere debeamus; isti enim queri volunt quod sibi licuerit non accusari.' Tum ex consilii sententia iussit denuntiari heredibus omnibus, aut agerent aut singuli approbarent causas non agendi; alioqui se vel de calumnia pronuntiaturum.

13 Vides quam honesti, quam severi dies; quos iucundissimae remissiones sequebantur. Adhibebamur cotidie cenae; erat modica, si principem cogitares. Interdum acroamata audiebamus, interdum iucundissimis sermonibus nox ducebatur. 14 Summo die abeuntibus nobis — tam diligens in Caesare humanitas — xenia sunt missa. Sed mihi ut gravitas cognitionum, consilii honor, suavitas simplicitasque convictus, ita locus ipse periucundus fuit. 15 Villa pulcherrima

cingitur viridissimis agris, imminet litori, cuius in sinu fit cum maxime portus. Huius sinistrum brachium firmissimo opere munitum est, dextrum elaboratur. 16 In ore portus insula assurgit, quae illatum vento mare obiacens frangat, tutumque ab utroque latere decursum navibus praestet. Assurgit autem arte visenda: ingentia saxa latissima navis provehit contra; haec alia super alia deiecta ipso pondere manent ac sensim quodam velut aggere construuntur. 17 Eminet iam et apparet saxeum dorsum impactosque fluctus in immensum elidit et tollit; vastus illic fragor canumque circa mare. Saxis deinde pilae adicientur quae procedente tempore enatam insulam imitentur. Habebit hic portus, et iam habet nomen auctoris, eritque vel maxime salutaris; nam per longissimum spatium litus importuosum hoc receptaculo utetur. Vale.

32. C. PLINIUS QUINTILIANO SUO S.

1 Quamvis et ipse sis continentissimus, et filiam tuam ita institueris ut decebat tuam filiam, Tutili neptem, cum tamen sit nuptura honestissimo viro Nonio Celeri, cui ratio civilium officiorum necessitatem quandam nitoris imponit, debet secundum condicionem mariti uti veste comitatu, quibus non quidem augetur dignitas, ornatur tamen et instruitur. 2 Te porro animo beatissimum, modicum facultatibus scio. Itaque partem oneris tui mihi vindico, et tamquam parens alter puellae nostrae confero quinquaginta milia nummum plus collaturus, nisi a verecundia tua sola mediocritate munusculi impetrari posse confiderem, ne recusares. Vale.

33. C. PLINIUS ROMANO SUO S.

1 'Tollite cuncta' inquit 'coeptosque auferte labores!' Seu scribis aliquid seu legis, tolli auferri iube et accipe orationem meam ut illa arma divinam — num superbius potui? -, re vera ut inter meas pulchram; nam mihi satis est certare mecum. 2 Est haec pro Attia Viriola, et dignitate personae et exempli raritate et iudicii magnitudine insignis. Nam femina splendide nata, nupta praetorio viro, exheredata ab octogenario patre intra undecim dies quam illi novercam amore captus induxerat, quadruplici iudicio bona paterna repetebat. 3 Sedebant centum et octoginta iudices — tot enim quattuor consiliis colliguntur -, ingens utrimque advocatio et numerosa subsellia, praeterea densa circumstantium corona latissimum iudicium multiplici circulo ambibat. 4 Ad hoc stipatum tribunal, atque etiam ex superiore basilicae parte qua feminae qua viri et audiendi — quod difficile — et — quod facile — visendi studio imminebant. Magna exspectatio patrum, magna filiarum, magna etiam novercarum. 5 Secutus est varius eventus;

nam duobus consiliis vicimus, totidem victi sumus. Notabilis prorsus et mira eadem in causa, isdem iudicibus, isdem advocatis, eodem tempore tanta diversitas. 6 Accidit casu, quod non casus videretur: victa est noverca, ipsa heres ex parte sexta, victus Suburanus, qui exheredatus a patre singulari impudentia alieni patris bona vindicabat, non ausus sui petere.

7 Haec tibi exposui, primum ut ex epistula scires, quae ex oratione non poteras, deinde — nam detegam artes — ut orationem libentius legeres, si non legere tibi sed interesse iudicio videreris; quam, sit licet magna, non despero gratiam brevissimae impetraturam. 8 Nam et copia rerum et arguta divisione et narratiunculis pluribus et eloquendi varietate renovatur. Sunt multa — non auderem nisi tibi dicere — elata, multa pugnacia, multa subtilia. 9 Intervenit enim acribus illis et erectis frequens necessitas computandi ac paene calculos tabulamque poscendi, ut repente in privati iudicii formam centumvirale vertatur. 10 Dedimus vela indignationi, dedimus irae, dedimus dolori, et in amplissima causa quasi magno mari pluribus ventis sumus vecti. 11 In summa solent quidam ex contubernalibus nostris existimare hanc orationem — iterum dicam — ut inter meas 'hyper Ktêsiphôntos' esse: an vere, tu facillime iudicabis, qui tam memoriter tenes omnes, ut conferre cum hac dum hanc solam legis possis. Vale.

34. C. PLINIUS MAXIMO SUO S.

1 Recte fecisti quod gladiatorium munus Veronensibus nostris promisisti, a quibus olim amaris suspiceris ornaris. Inde etiam uxorem carissimam tibi et probatissimam habuisti, cuius memoriae aut opus aliquod aut spectaculum atque hoc potissimum, quod maxime funeri, debebatur. 2 Praeterea tanto consensu rogabaris, ut negare non constans, sed durum videretur. Illud quoque egregie, quod tam facilis tam liberalis in edendo fuisti; nam per haec etiam magnus animus ostenditur. 3 Vellem Africanae, quas coemeras plurimas, ad praefinitum diem occurrissent: sed licet cessaverint illae tempestate detentae, tu tamen meruisti ut acceptum tibi fieret, quod quo minus exhiberes, non per te stetit. Vale.

LIBER SEPTIMVS

1. C. PLINIUS GEMINO SUO S.

1 Terret me haec tua tam pertinax valetudo, et quamquam te temperantissimum noverim, vereor tamen ne quid illi etiam in mores tuos liceat. 2 Proinde moneo patienter resistas: hoc laudabile hoc salutare. Admittit humana natura quod suadeo. 3 Ipse certe sic agere sanus cum meis soleo: 'Spero quidem, si forte in adversam valetudinem incidero, nihil me desideraturum vel pudore vel paenitentia dignum; si tamen superaverit morbus, denuntio ne quid mihi detis, nisi permittentibus medicis, sciatisque si dederitis ita vindicaturum, ut solent alii quae negantur.' 4 Quin etiam cum perustus ardentissima febre, tandem remissus unctusque, acciperem a medico potionem, porrexi manum utque tangeret dixi, admotumque iam labris poculum reddidi. 5Postea cum vicensimo valetudinis die balineo praepararer, mussantesque medicos repente vidissem, causam requisivi. Responderunt posse me tuto lavari, non tamen omnino sine aliqua suspicione. 6 'Quid' inquam 'necesse est?' atque ita spe balinei, cui iam videbar inferri, placide leniterque dimissa, ad abstinentiam rursus, non secus ac modo ad balineum, animum vultumque composui. 7 Quae tibi scripsi, primum ut te non sine exemplo monerem, deinde ut in posterum ipse ad eandem temperantiam astringerer, cum me hac epistula quasi pignore obligavissem. Vale.

2. C. PLINIUS IUSTO SUO S.

1 Quemadmodum congruit, ut simul et affirmes te assiduis occupationibus impediri, et scripta nostra desideres, quae vix ab otiosis impetrare aliquid perituri temporis possunt? 2 Patiar ergo aestatem inquietam vobis exercitamque transcurrere, et hieme demum, cum credibile erit noctibus saltem vacare te posse, quaeram quid potissimum ex nugis meis tibi exhibeam. 3 Interim abunde est si epistulae non sunt molestae; sunt autem et ideo breviores erunt. Vale.

3. C. PLINIUS PRAESENTI SUO S.

1 Tantane perseverantia tu modo in Lucania, modo in Campania? 'Ipse enim' inquis 'Lucanus, uxor Campana.' 2 Iusta causa longioris absentiae, non perpetuae tamen. Quin ergo aliquando in urbem redis? ubi dignitas honor amicitiae tam superiores quam minores. Quousque regnabis? quousque vigilabis cum voles, dormies quamdiu voles? quousque calcei nusquam, toga feriata, liber totus dies? 3 Tempus est te revisere molestias nostras, vel ob hoc solum ne voluptates istae satietate languescant. Saluta paulisper, quo sit tibi iucundius salutari; terere in hac turba, ut te solitudo delectet. 4 Sed quid imprudens quem evocare conor retardo? Fortasse enim his ipsis admoneris, ut te magis ac magis otio involvas; quod ego non abrumpi sed intermitti volo. 5 Ut enim, si cenam tibi facerem, dulcibus cibis acres acutosque miscerem, ut obtusus illis et oblitus stomachus his excitaretur, ita nunc hortor ut iucundissimum genus vitae non nullis interdum quasi acoribus condias. Vale.

4. C. PLINIUS PONTIO SUO S.

1 Ais legisse te hendecasyllabos meos; requiris etiam quemadmodum coeperim scribere, homo ut tibi videor severus, ut ipse fateor non ineptus. 2 Numquam a poetice — altius enim repetam — alienus fui; quin etiam quattuordecim natus annos Graecam tragoediam scripsi. 'Qualem?' inquis. Nescio; tragoedia vocabatur. 3 Mox, cum e militia rediens in Icaria insula ventis detinerer, Latinos elegos in illud ipsum mare ipsamque insulam feci. Expertus sum me aliquando et heroo, hendecasyllabis nunc primum, quorum hic natalis haec causa est. Legebantur in Laurentino mihi libri Asini Galli de comparatione patris et Ciceronis. Incidit epigramma Ciceronis in Tironem suum. 4 Dein cum meridie — erat enim aestas — dormiturus me recepissem, nec obreperet somnus, coepi reputare maximos oratores hoc studii genus et in oblectationibus habuisse et in laude posuisse. 5 Intendi animum contraque opinionem meam post longam desuetudinem perquam exiguo temporis momento id ipsum, quod me ad scribendum sollicitaverat, his versibus exaravi:

6 Cum libros Galli legerem, quibus ille parenti
ausus de Cicerone dare est palmamque decusque,
lascivum inveni lusum Ciceronis et illo
spectandum ingenio, quo seria condidit et quo
humanis salibus multo varioque lepore
magnorum ostendit mentes gaudere virorum.

Nam queritur quod fraude mala frustratus amantem
paucula cenato sibi debita savia Tiro
tempore nocturno subtraxerit. 5 His ego lectis
'cur post haec' inquam 'nostros celamus amores
nullumque in medium timidi damus atque fatemur
Tironisque dolos, Tironis nosse fugaces
blanditias et furta novas addentia flammas?'

7 Transii ad elegos; hos quoque non minus celeriter explicui, addidi alios facilitate
corruptus. Deinde in urbem reversus sodalibus legi; probaverunt. 8Inde plura
metra si quid otii, ac maxime in itinere temptavi. Postremo placuit exemplo
multorum unum separatim hendecasyllaborum volumen absolvere, nec
paenitet. 9 Legitur describitur cantatur etiam, et a Graecis quoque, quos Latine
huius libelli amor docuit, nunc cithara nunc lyra personatur. 10 Sed quid ego tam
gloriose? Quamquam poetis furere concessum est. Et tamen non de meo sed de
aliorum iudicio loquor; qui sive iudicant sive errant, me delectat. Unum precor, ut
posteri quoque aut errent similiter aut iudicent. Vale.

5. C. PLINIUS CALPURNIAE SUAE S.

1 Incredibile est quanto desiderio tui tenear. In causa amor primum, deinde quod
non consuevimus abesse. Inde est quod magnam noctium partem in imagine tua
vigil exigo; inde quod interdiu, quibus horis te visere solebam, ad diaetam tuam
ipsi me, ut verissime dicitur, pedes ducunt; quod denique aeger et maestus ac
similis excluso a vacuo limine recedo. Unum tempus his tormentis caret, quo in
foro et Samicorum litibus conteror. 2 Aestima tu, quae vita mea sit, cui requies in
labore, in miseria curisque solacium. Vale.

6. C. PLINIUS MACRINO SUO S.

1 Rara et notabilis res Vareno contigit, sit licet adhuc dubia. Bithyni accusationem
eius ut temere incohatam omisisse narrantur. 'Narrantur' dico? Adest provinciae
legatus, attulit decretum concilii ad Caesarem, attulit ad multos principes viros,
attulit etiam ad nos Vareni advocatos. 2 Perstat tamen idem ille Magnus; quin
etiam Nigrinum optimum virum pertinacissime exercet. Per hunc a consulibus
postulabat, ut Varenus exhibere rationes cogeretur. 3Assistebam Vareno iam
tantum ut amicus et tacere decreveram. Nihil enim tam contrarium quam si
advocatus a senatu datus defenderem ut reum, cui opus esset ne reus
videretur. 4 Cum tamen finita postulatione Nigrini consules ad me oculos

rettulissent, 'Scietis' inquam 'constare nobis silentii nostri rationem, cum veros legatos provinciae audieritis.' Contra Nigrinus: 'Ad quem missi sunt?' Ego: 'Ad me quoque: habeo decretum provinciae.' 5 Rursus ille: 'Potest tibi liquere.' Ad hoc ego: 'Si tibi ex diverso liquet, potest et mihi quod est melius liquere.Ì 6 Tum legatus Polyaenus causas abolitae accusationis exposuit, postulavitque ne cognitioni Caesaris praeiudicium fieret. Respondit Magnus iterumque Polyaenus. Ipse raro et breviter interlocutus multum me intra silentium tenui. 7 Accepi enim non minus interdum oratorium esse tacere quam dicere.

Atque adeo repeto me quibusdam capitis reis vel magis silentio quam oratione accuratissima profuisse. 8 Mater amisso filio — quid enim prohibet, quamquam alia ratio scribendae epistulae fuerit, de studiis disputare? — libertos eius eosdemque coheredes suos falsi et veneficii reos detulerat ad principem, iudicemque impetraverat Iulium Servianum. 9 Defenderam reos ingenti quidem coetu; erat enim causa notissima, praeterea utrimque ingenia clarissima. Finem cognitioni quaestio imposuit, quae secundum reos dedit. 10 Postea mater adiit principem, affirmavit se novas probationes invenisse. Praeceptum est Suburano, ut vacaret finitam causam retractanti, si quid novi afferret. 11 Aderat matri Iulius Africanus, nepos illius oratoris, quo audito Passienus Crispus dixit: 'Bene mehercule, bene; sed quo tam bene?' Huius nepos, iuvenis ingeniosus sed non parum callidus, cum multa dixisset assignatumque tempus implesset, 'Rogo' inquit, 'Suburane, permittas mihi unum verbum adicere.' 12 Tum ego, cum omnes me ut diu responsurum intuerentur, 'Respondissem' inquam 'si unum illud verbum Africanus adiecisset, in quo non dubito omnia nova fuisse.' 13 Non facile me repeto tantum assensum agendo consecutum, quantum tunc non agendo.

Similiter nunc et probatum et exceptum est, quod pro Vareno hactenus tacui. 14 Consules, ut Polyaenus postulabat, omnia integra principi servaverunt; cuius cognitionem suspensus exspecto. Nam dies ille nobis pro Vareno aut securitatem et otium dabit aut intermissum laborem renovata sollicitudine iniunget. Vale.

7. C. PLINIUS SATURNINO SUO S.

1 Et proxime Prisco nostro et rursus, quia ita iussisti, gratias egi. Libentissime quidem: est enim mihi periucundum, quod viri optimi mihique amicissimi adeo cohaesistis, ut invicem vos obligari putetis. 2 Nam ille quoque praecipuam se voluptatem ex amicitia tua capere profitetur, certatque tecum honestissimo

certamine mutuae caritatis, quam ipsum tempus augebit. Te negotiis distineri ob hoc moleste fero, quod deservire studiis non potes. Si tamen alteram litem per iudicem alteram — ut ais — ipse finieris, incipies primum istic otio frui, deinde satiatus ad nos reverti. Vale.

8. C. PLINIUS PRISCO SUO S.

1 Exprimere non possum, quam iucundum sit mihi quod Saturninus noster summas tibi apud me gratias aliis super alias epistulis agit. 2 Perge ut coepisti, virumque optimum quam familiarissime dilige, magnam voluptatem ex amicitia eius percepturus nec ad breve tempus. 3 Nam cum omnibus virtutibus abundat, tum hac praecipue, quod habet maximam in amore constantiam. Vale.

9. C. PLINIUS FUSCO SUO S.

1 Quaeris quemadmodum in secessu, quo iam diu frueris, putem te studere oportere. 2 Utile in primis, et multi praecipiunt, vel ex Graeco in Latinum vel ex Latino vertere in Graecum. Quo genere exercitationis proprietas splendorque verborum, copia figurarum, vis explicandi, praeterea imitatione optimorum similia inveniendi facultas paratur; simul quae legentem fefellissent, transferentem fugere non possunt. 3 Intellegentia ex hoc et iudicium acquiritur. Nihil offuerit quae legeris hactenus, ut rem argumentumque teneas, quasi aemulum scribere lectisque conferre, ac sedulo pensitare, quid tu quid ille commodius. Magna gratulatio si non nulla tu, magnus pudor si cuncta ille melius. Licebit interdum et notissima eligere et certare cum electis. 4Audax haec, non tamen improba, quia secreta contentio: quamquam multos videmus eius modi certamina sibi cum multa laude sumpsisse, quosque subsequi satis habebant, dum non desperant, antecessisse. 5 Poteris et quae dixeris post oblivionem retractare, multa retinere plura transire, alia interscribere alia rescribere. 6 Laboriosum istud et taedio plenum, sed difficultate ipsa fructuosum, recalescere ex integro et resumere impetum fractum omissumque, postremo nova velut membra peracto corpori intexere nec tamen priora turbare. 7 Scio nunc tibi esse praecipuum studium orandi; sed non ideo semper pugnacem hunc et quasi bellatorium stilum suaserim. Ut enim terrae variis mutatisque seminibus, ita ingenia nostra nunc hac nunc illa meditatione recoluntur. 8 Volo interdum aliquem ex historia locum apprendas, volo epistulam diligentius scribas. Nam saepe in oratione quoque non historica modo sed prope poetica descriptionum necessitas incidit, et pressus sermo purusque ex epistulis petitur. 9 Fas est et carmine remitti, non dico continuo et longo — id enim perfici nisi in otio non potest -, sed hoc arguto et

brevi, quod apte quantas libet occupationes curasque distinguit. 10 Lusus vocantur; sed hi lusus non minorem interdum gloriam quam seria consequuntur. Atque adeo — cur enim te ad versus non versibus adhorter? —

11 ut laus est cerae, mollis cedensque sequatur
si doctos digitos iussaque fiat opus
et nunc informet Martem castamve Minervam,
nunc Venerem effingat, nunc Veneris puerum;
utque sacri fontes non sola incendia sistunt,
saepe etiam flores vernaque prata iuvant,
sic hominum ingenium flecti ducique per artes
non rigidas docta mobilitate decet.

12 Itaque summi oratores, summi etiam viri sic se aut exercebant aut delectabant, immo delectabant exercebantque. 13 Nam mirum est ut his opusculis animus intendatur remittatur. Recipiunt enim amores odia iras misericordiam urbanitatem, omnia denique quae in vita atque etiam in foro causisque versantur. 14 Inest his quoque eadem quae aliis carminibus utilitas, quod metri necessitate devincti soluta oratione laetamur, et quod facilius esse comparatio ostendit, libentius scribimus.

15 Habes plura etiam fortasse quam requirebas; unum tamen omisi. Non enim dixi quae legenda arbitrarer: quamquam dixi, cum dicerem quae scribenda. Tu memineris sui cuiusque generis auctores diligenter eligere. Aiunt enim multum legendum esse, non multa. 16 Qui sint hi adeo notum probatumque est, ut demonstratione non egeat; et alioqui tam immodice epistulam extendi, ut dum tibi quemadmodum studere debeas suadeo, studendi tempus abstulerim. Quin ergo pugillares resumis, et aliquid ex his vel istud ipsum quod coeperas scribis? Vale.

10. C. PLINIUS MACRINO SUO S.

1 Quia ipse, cum prima cognovi, iungere extrema quas avulsa cupio, te quoque existimo velle de Vareno et Bithynis reliqua cognoscere. Acta causa hinc a Polyaeno, inde a Magno. 2 Finitis actionibus Caesar 'Neutra' inquit 'pars de mora queretur; erit mihi curae explorare provinciae voluntatem.' 3 Multum interim Varenus tulit. Etenim quam dubium est an merito accusetur, qui an omnino accusetur incertum est! Superest ne rursus provinciae quod damnasse dicitur placeat, agatque paenitentiam paenitentiae suae. Vale.

11. C. PLINIUS FABATO PROSOCERO SUO S.

1 Miraris quod Hermes libertus meus hereditarios agros, quos ego iusseram proscribi, non exspectata auctione pro meo quincunce ex septingentis milibus Corelliae addixerit. Adicis hos nongentis milibus posse venire, ac tanto magis quaeris, an quod gessit ratum servem. 2 Ego vero servo: quibus ex causis, accipe. Cupio enim et tibi probatum et coheredibus meis excusatum esse, quod me ab illis maiore officio iubente secerno. 3 Corelliam cum summa reverentia diligo, primum ut sororem Corelli Rufi, cuius mihi memoria sacrosancta est, deinde ut matri meae familiarissimam. 4 Sunt mihi et cum marito eius Minicio Iusto, optimo viro, vetera iura; fuerunt et cum filio maxima, adeo quidem ut praetore me ludis meis praesederit. 5 Haec, cum proxime istic fui, indicavit mihi cupere se aliquid circa Larium nostrum possidere. Ego illi ex praediis meis quod vellet et quanti vellet obtuli exceptis maternis paternisque; his enim cedere ne Corelliae quidem possum. 6 Igitur cum obvenisset mihi hereditas in qua praedia ista, scripsi ei venalia futura. Has epistulas Hermes tulit exigentique, ut statim portionem meam sibi addiceret, paruit. Vides quam ratum habere debeam, quod libertus meus meis moribus gessit. 7 Superest ut coheredes aequo animo ferant separatim me vendidisse, quod mihi licuit omnino non vendere. 8 Nec vero coguntur imitari meum exemplum: non enim illis eadem cum Corellia iura. Possunt ergo intueri utilitatem suam, pro qua mihi fuit amicitia. Vale.

12. C. PLINIUS MINICIO SUO S.

1 Libellum formatum a me, sicut exegeras, quo amicus tuus, immo noster — quid enim non commune nobis? -, si res posceret uteretur, misi tibi ideo tardius ne tempus emendandi eum, id est disperdendi, haberes. 2 Habebis tamen, an emendandi nescio, utique disperdendi. 'Hymeis gar hoi euzêloi' optima quaeque detrahitis. 3 Quod si feceris, boni consulam. Postea enim illis ex aliqua occasione ut meis utar, et beneficio fastidi tui ipse laudabor, ut in eo quod adnotatum invenies et suprascripto aliter explicitum. 4 Nam cum suspicarer futurum, ut tibi tumidius videretur, quoniam est sonantius et elatius, non alienum existimavi, ne te torqueres, addere statim pressius quiddam et exilius, vel potius humilius et peius, vestro tamen iudicio rectius. 5Cur enim non usquequaque tenuitatem vestram insequar et exagitem? Haec ut inter istas occupationes aliquid aliquando rideres, illud serio: 6 vide ut mihi viaticum reddas, quod impendi data opera cursore dimisso. Ne tu, cum hoc legeris, non partes libelli, sed totum libellum improbabis, negabisque ullius pretii esse, cuius pretium reposcaris. Vale.

13. C. PLINIUS FEROCI SUO S.

1 Eadem epistula et non studere te et studere significat. Aenigmata loquor? Ita plane, donec distinctius quod sentio enuntiem. 2 Negat enim te studere, sed est tam polita quam nisi a studente non potest scribi; aut es tu super omnes beatus, si talia per desidiam et otium perficis. Vale.

14. C. PLINIUS CORELLIAE SUAE S.

1 Tu quidem honestissime, quod tam impense et rogas et exigis, ut accipi iubeam a te pretium agrorum non e septingentis milibus, quanti illos a liberto meo, sed ex nongentis, quanti a publicanis partem vicensimam emisti. 2 Invicem ego et rogo et exigo, ut non solum quid te verum etiam quid me deceat aspicias, patiarisque me in hoc uno tibi eodem animo repugnare, quo in omnibus obsequi soleo. Vale.

15. C. PLINIUS SATURNINO SUO S.

1 Requiris quid agam. Quae nosti: distringor officio, amicis deservio, studeo interdum, quod non interdum sed solum semperque facere, non audeo dicere rectius, certe beatius erat. 2 Te omnia alia quam quae velis agere moleste ferrem, nisi ea quae agis essent honestissima. Nam et rei publicae suae negotia curare et disceptare inter amicos laude dignissimum est. 3 Prisci nostri contubernium iucundum tibi futurum sciebam. Noveram simplicitatem eius, noveram comitatem; eundem esse — quod minus noram — gratissimum experior, cum tam iucunde officiorum nostrorum meminisse eum scribas. Vale.

16. C. PLINIUS FABATO PROSOCERO SUO S.

1 Calestrium Tironem familiarissime diligo et privatis mihi et publicis necessitudinibus implicitum. 2 Simul militavimus, simul quaestores Caesaris fuimus. Ille me in tribunatu liberorum iure praecessit, ego illum in praetura sum consecutus, cum mihi Caesar annum remisisset. Ego in villas eius saepe secessi, ille in domo mea saepe convaluit. 3 Hic nunc pro consule provinciam Baeticam per Ticinum est petiturus. 4 Spero, immo confido facile me impetraturum, ex itinere deflectat ad te, si voles vindicta liberare, quos proxime inter amicos manumisisti. Nihil est quod verearis ne sit hoc illi molestum, cui orbem terrarum circumire non erit longum mea causa. 5 Proinde nimiam istam verecundiam pone, teque quid velis consule. Illi tam iucundum quod ego, quam mihi quod tu iubes. Vale.

17. C. PLINIUS CELERI SUO S.

1 Sua cuique ratio recitandi; mihi quod saepe iam dixi, ut si quid me fugit — ut certe fugit — admonear. 2 Quo magis miror, quod scribis fuisse quosdam qui reprehenderent quod orationes omnino recitarem; nisi vero has solas non putant emendandas. 3 A quibus libenter requisierim, cur concedant — si concedunt tamen — historiam debere recitari, quae non ostentationi sed fidei veritatique componitur; cur tragoediam, quae non auditorium sed scaenam et actores; cur lyrica, quae non lectorem sed chorum et lyram poscunt. At horum recitatio usu iam recepta est. 4 Num ergo culpandus est ille qui coepit? Quamquam orationes quoque et nostri quidam et Graeci lectitaverunt. 5 Supervacuum tamen est recitare quae dixeris. Etiam, si eadem omnia, si isdem omnibus, si statim recites; si vero multa inseras multa commutes, si quosdam novos quosdam eosdem sed post tempus assumas, cur minus probabilis sit causa recitandi quae dixeris quam edendi? 6 Sed difficile est ut oratio dum recitatur satisfaciat. Iam hoc ad laborem recitantis pertinet, non ad rationem non recitandi. 7 Nec vero ego dum recito laudari, sed dum legor cupio. Itaque nullum emendandi genus omitto. Ac primum quae scripsi mecum ipse pertracto; deinde duobus aut tribus lego; mox aliis trado adnotanda, notasque eorum, si dubito, cum uno rursus aut altero pensito; novissime pluribus recito, ac si quid mihi credis tunc acerrime emendo; 8 nam tanto diligentius quanto sollicitius intendo. Optime autem reverentia pudor metus iudicant, idque adeo sic habe: Nonne si locuturus es cum aliquo quamlibet docto, uno tamen, minus commoveris quam si cum multis vel indoctis? 9 Nonne cum surgis ad agendum, tunc maxime tibi ipse diffidis, tunc commutata non dico plurima sed omnia cupis? utique si latior scaena et corona diffusior; nam illos quoque sordidos pullatosque reveremur. 10 Nonne si prima quaeque improbari putas, debilitaris et concidis? Opinor, quia in numero ipso est quoddam magnum collatumque consilium, quibusque singulis iudicii parum, omnibus plurimum. 11 Itaque Pomponius Secundus — hic scriptor tragoediarum -, si quid forte familiarior amicus tollendum, ipse retinendum arbitraretur, dicere solebat: 'Ad populum provoco', atque ita ex populi vel silentio vel assensu aut suam aut amici sententiam sequebatur. 12 Tantum ille populo dabat; recte an secus, nihil ad me. Ego enim non populum advocare sed certos electosque soleo, quos intuear quibus credam, quos denique et tamquam singulos observem et tamquam non singulos timeam. 13 Nam, quod M. Cicero de stilo, ego de metu sentio: timor est, timor emendator asperrimus. Hoc ipsum quod nos recituros cogitamus emendat; quod auditorium ingredimur emendat; quod pallemus horrescimus circumspicimus emendat. 14 Proinde non paenitet me consuetudinis

meae quam utilissimam experior, adeoque non deterreor sermunculis istorum, ut ultro te rogem monstres aliquid quod his addam. 15Nihil enim curae meae satis est. Cogito quam sit magnum dare aliquid in manus hominum, nec persuadere mihi possum non et cum multis et saepe tractandum, quod placere et semper et omnibus cupias. Vale.

18. C. PLINIUS CANINIO SUO S.

1 Deliberas mecum quemadmodum pecunia, quam municipibus nostris in epulum obtulisti, post te quoque salva sit. Honesta consultatio, non expedita sententia. Numeres rei publicae summam: verendum est ne dilabatur. Des agros: ut publici neglegentur. 2 Equidem nihil commodius invenio, quam quod ipse feci. Nam pro quingentis milibus nummum, quae in alimenta ingenuorum ingenuarumque promiseram, agrum ex meis longe pluris actori publico mancipavi; eundem vectigali imposito recepi, tricena milia annua daturus. 3 Per hoc enim et rei publicae sors in tuto nec reditus incertus, et ager ipse propter id quod vectigal large supercurrit, semper dominum a quo exerceatur inveniet. 4 Nec ignoro me plus aliquanto quam donasse videor erogavisse, cum pulcherrimi agri pretium necessitas vectigalis infregerit. 5 Sed oportet privatis utilitatibus publicas, mortalibus aeternas anteferre, multoque diligentius muneri suo consulere quam facultatibus. Vale.

19. C. PLINIUS PRISCO SUO S.

1 Angit me Fanniae valetudo. Contraxit hanc dum assidet Iuniae virgini, sponte primum — est enim affinis -, deinde etiam ex auctoritate pontificum. 2Nam virgines, cum vi morbi atrio Vestae coguntur excedere, matronarum curae custodiaeque mandantur. Quo munere Fannia dum sedulo fungitur, hoc discrimine implicita est. 3 Insident febres, tussis increscit; summa macies summa defectio. Animus tantum et spiritus viget Helvidio marito, Thrasea patre dignissimus; reliqua labuntur, meque non metu tantum, verum etiam dolore conficiunt. 4 Doleo enim feminam maximam eripi oculis civitatis, nescio an aliquid simile visuris. Quae castitas illi, quae sanctitas, quanta gravitas quanta constantia! Bis maritum secuta in exsilium est, tertio ipsa propter maritum relegata. 5 Nam cum Senecio reus esset quod de vita Helvidi libros composuisset rogatumque se a Fannia in defensione dixisset, quaerente minaciter Mettio Caro, an rogasset respondit: 'Rogavi'; an commentarios scripturo dedisset: 'Dedi'; an sciente matre: 'Nesciente'; postremo nullam vocem cedentem periculo emisit. 6 Quin etiam illos ipsos libros, quamquam ex necessitate et metu

temporum abolitos senatus consulto, publicatis bonis servavit habuit, tulitque in exsilium exsili causam. 7 Eadem quam iucunda quam comis, quam denique — quod paucis datum est — non minus amabilis quam veneranda! Eritne quam postea uxoribus nostris ostentare possimus? Erit a qua viri quoque fortitudinis exempla sumamus, quam sic cernentes audientesque miremur, ut illas quae leguntur? 8 Ac mihi domus ipsa nutare, convulsaque sedibus suis ruitura supra videtur, licet adhuc posteros habeat. Quantis enim virtutibus quantisque factis assequentur, ut haec non novissima occiderit? 9 Me quidem illud etiam affligit et torquet, quod matrem eius, illam — nihil possum illustrius dicere — tantae feminae matrem, rursus videor amittere, quam haec, ut reddit ac refert nobis, sic auferet secum, meque et novo pariter et rescisso vulnere afficiet. 10 Utramque colui utramque dilexi: utram magis nescio, nec discerni volebant. Habuerunt officia mea in secundis, habuerunt in adversis. Ego solacium relegatarum, ego ultor reversarum; non feci tamen paria atque eo magis hanc cupio servari, ut mihi solvendi tempora supersint. 11 In his eram curis, cum scriberem ad te; quas si deus aliquis in gaudium verterit, de metu non querar. Vale.

20. C. PLINIUS TACITO SUO S.

1 Librum tuum legi et, quam diligentissime potui, adnotavi quae commutanda, quae eximenda arbitrarer. Nam et ego verum dicere assuevi, et tu libenter audire. Neque enim ulli patientius reprehenduntur, quam qui maxime laudari merentur. 2 Nunc a te librum meum cum adnotationibus tuis exspecto. O iucundas, o pulchras vices! Quam me delectat quod, si qua posteris cura nostri, usquequaque narrabitur, qua concordia simplicitate fide vixerimus! 3 Erit rarum et insigne, duos homines aetate dignitate propemodum aequales, non nullius in litteris nominis — cogor enim de te quoque parcius dicere, quia de me simul dico -, alterum alterius studia fovisse. 4 Equidem adulescentulus, cum iam tu fama gloriaque floreres, te sequi, tibi 'longo sed proximus intervallo' et esse et haberi concupiscebam. Et erant multa clarissima ingenia; sed tu mihi — ita similitudo naturae ferebat — maxime imitabilis, maxime imitandus videbaris. 5 Quo magis gaudeo, quod si quis de studiis sermo, una nominamur, quod de te loquentibus statim occurro. Nec desunt qui utrique nostrum praeferantur. 6 Sed nos, nihil interest mea quo loco, iungimur; nam mihi primus, qui a te proximus. Quin etiam in testamentis debes adnotasse: nisi quis forte alterutri nostrum amicissimus, eadem legata et quidem pariter accipimus. 7 Quae omnia huc spectant, ut invicem ardentius diligamus, cum tot vinculis nos studia mores fama, suprema denique hominum iudicia constringant. Vale.

21. C. PLINIUS CORNUTO SUO S.

1 Pareo, collega carissime, et infirmitati oculorum ut iubes consulo. Nam et huc tecto vehiculo undique inclusus quasi in cubiculo perveni et hic non stilo modo verum etiam lectionibus difficulter sed abstineo, solisque auribus studeo. 2 Cubicula obductis velis opaca nec tamen obscura facio. Cryptoporticus quoque adopertis inferioribus fenestris tantum umbrae quantum luminis habet. Sic paulatim lucem ferre condisco. 3 Balineum assumo quia prodest, vinum quia non nocet, parcissime tamen. Ita assuevi, et nunc custos adest.

4 Gallinam ut a te missam libenter accepi; quam satis acribus oculis, quamquam adhuc lippus, pinguissimam vidi. Vale.

22. C. PLINIUS FALCONI SUO S.

1 Minus miraberis me tam instanter petisse, ut in amicum meum conferres tribunatum, cum scieris quis ille qualisque. Possum autem iam tibi et nomen indicare et describere ipsum, postquam polliceris. 2 Est Cornelius Minicianus, ornamentum regionis meae seu dignitate seu moribus. Natus splendide abundat facultatibus, amat studia ut solent pauperes. Idem rectissimus iudex, fortissimus advocatus, amicus fidelissimus. 3 Accepisse te beneficium credes, cum propius inspexeris hominem omnibus honoribus, omnibus titulis — nihil volo elatius de modestissimo viro dicere — parem. Vale.

23. C. PLINIUS FABATO PROSOCERO SUO S.

1 Gaudeo quidem esse te tam fortem, ut Mediolani occurrere Tironi possis, sed ut perseveres esse tam fortis, rogo ne tibi contra rationem aetatis tantum laboris iniungas. Quin immo denuntio, ut illum et domi et intra domum atque etiam intra cubiculi limen exspectes. 2 Etenim, cum a me ut frater diligatur, non debet ab eo quem ego parentis loco observo, exigere officium quod parenti suo remisisset. Vale.

24. C. PLINIUS GEMINO SUO S.

1 Ummidia Quadratilla paulo minus octogensimo aetatis anno decessit usque ad novissimam valetudinem viridis, atque etiam ultra matronalem modum compacto corpore et robusto. 2 Decessit honestissimo testamento: reliquit heredes ex besse nepotem, ex tertia parte neptem. Neptem parum novi, nepotem familiarissime diligo, adulescentem singularem nec iis tantum, quos sanguine attingit, inter

propinquos amandum. 3 Ac primum conspicuus forma omnes sermones malignorum et puer et iuvenis evasit, intra quartum et vicensimum annum maritus, et si deus adnuisset pater. Vixit in contubernio aviae delicatae severissime, et tamen obsequentissime. 4 Habebat illa pantomimos fovebatque, effusius quam principi feminae convenit. Hos Quadratus non in theatro, non domi spectabat, nec illa exigebat. 5 Audivi ipsam cum mihi commendaret nepotis sui studia, solere se, ut feminam in illo otio sexus, laxare animum lusu calculorum, solere spectare pantomimos suos, sed cum factura esset alterutrum, semper se nepoti suo praecepisse abiret studeretque; quod mihi non amore eius magis facere quam reverentia videbatur.

6 Miraberis, et ego miratus sum. Proximis sacerdotalibus ludis, productis in commissione pantomimis, cum simul theatro ego et Quadratus egrederemur, ait mihi: 'Scis me hodie primum vidisse saltantem aviae meae libertum?' Hoc nepos. 7 At hercule alienissimi homines in honorem Quadratillae — pudet me dixisse honorem — per adulationis officium in theatrum cursitabant exsultabant plaudebant mirabantur ac deinde singulos gestus dominae cum canticis reddebant; qui nunc exiguissima legata, theatralis operae corollarium, accipient ab herede, qui non spectabat. 8 Haec, quia soles si quid incidit novi non invitus audire, deinde quia iucundum est mihi quod ceperam gaudium scribendo retractare. Gaudeo enim pietate defunctae, honore optimi iuvenis; laetor etiam quod domus aliquando C. Cassi, huius qui Cassianae scholae princeps et parens fuit, serviet domino non minori. 9 Implebit enim illam Quadratus meus et decebit, rursusque ei pristinam dignitatem celebritatem gloriam reddet, cum tantus orator inde procedet, quantus iuris ille consultus. Vale.

25. C. PLINIUS RUFO SUO S.

1 O quantum eruditorum aut modestia ipsorum aut quies operit ac subtrahit famae! At nos eos tantum dicturi aliquid aut lecturi timemus, qui studia sua proferunt, cum illi qui tacent hoc amplius praestent, quod maximum opus silentio reverentur. 2 Expertus scribo quod scribo. Terentius Iunior, equestribus militiis atque etiam procuratione Narbonensis provinciae integerrime functus, recepit se in agros suos, paratisque honoribus tranquillissimum otium praetulit. 3 Hunc ego invitatus hospitio ut bonum patrem familiae, ut diligentem agricolam intuebar, de his locuturus, in quibus illum versari putabam; et coeperam, cum ille me doctissimo sermone revocavit ad studia. 4 Quam tersa omnia, quam Latina, quam Graeca! Nam tantum utraque lingua valet, ut ea magis videatur excellere, qua cum maxime loquitur. Quantum ille legit, quantum tenet!

Athenis vivere hominem, non in villa putes. 5 Quid multa? Auxit sollicitudinem meam effecitque ut illis quos doctissimos novi, non minus hos seductos et quasi rusticos verear. 6 Idem suadeo tibi: sunt enim ut in castris sic etiam in litteris nostris, plures cultu pagano quos cinctos et armatos, et quidem ardentissimo ingenio, diligenter scrutatus invenies. Vale.

26. C. PLINIUS MAXIMO SUO S.

1 Nuper me cuiusdam amici languor admonuit, optimos esse nos dum infirmi sumus. Quem enim infirmum aut avaritia aut libido sollicitat? 2 Non amoribus servit, non appetit honores, opes neglegit et quantulumcumque, ut relicturus, satis habet. Tunc deos tunc hominem esse se meminit, invidet nemini neminem miratur neminem despicit, ac ne sermonibus quidem malignis aut attendit aut alitur: balinea imaginatur et fontes. 3 Haec summa curarum, summa votorum mollemque in posterum et pinguem, si contingat evadere, hoc est innoxiam beatamque destinat vitam. 4 Possum ergo quod plurimis verbis, plurimis etiam voluminibus philosophi docere conantur, ipse breviter tibi mihique praecipere, ut tales esse sani perseveremus, quales nos futuros profitemur infirmi. Vale.

27. C. PLINIUS SURAE SUO S.

1 Et mihi discendi et tibi docendi facultatem otium praebet. Igitur perquam velim scire, esse phantasmata et habere propriam figuram numenque aliquod putes an inania et vana ex metu nostro imaginem accipere. 2 Ego ut esse credam in primis eo ducor, quod audio accidisse Curtio Rufo. Tenuis adhuc et obscurus, obtinenti Africam comes haeserat. Inclinato die spatiabatur in porticu; offertur ei mulieris figura humana grandior pulchriorque. Perterrito Africam se futurorum praenuntiam dixit: iturum enim Romam honoresque gesturum, atque etiam cum summo imperio in eandem provinciam reversurum, ibique moriturum. 3 Facta sunt omnia. Praeterea accedenti Carthaginem egredientique nave eadem figura in litore occurrisse narratur. Ipse certe implicitus morbo futura praeteritis, adversa secundis auguratus, spem salutis nullo suorum desperante proiecit.

4 Iam illud nonne et magis terribile et non minus mirum est quod exponam ut accepi? 5 Erat Athenis spatiosa et capax domus sed infamis et pestilens. Per silentium noctis sonus ferri, et si attenderes acrius, strepitus vinculorum longius primo, deinde e proximo reddebatur: mox apparebat idolon, senex macie et squalore confectus, promissa barba horrenti capillo; cruribus compedes, manibus catenas gerebat quatiebatque. 6 Inde inhabitantibus tristes diraeque noctes per

metum vigilabantur; vigiliam morbus et crescente formidine mors sequebatur. Nam interdiu quoque, quamquam abscesserat imago, memoria imaginis oculis inerrabat, longiorque causis timoris timor erat. Deserta inde et damnata solitudine domus totaque illi monstro relicta; proscribebatur tamen, seu quis emere seu quis conducere ignarus tanti mali vellet. 7 Venit Athenas philosophus Athenodorus, legit titulum auditoque pretio, quia suspecta vilitas, percunctatus omnia docetur ac nihilo minus, immo tanto magis conducit. Ubi coepit advesperascere, iubet sterni sibi in prima domus parte, poscit pugillares stilum lumen, suos omnes in interiora dimittit; ipse ad scribendum animum oculos manum intendit, ne vacua mens audita simulacra et inanes sibi metus fingeret. 8 Initio, quale ubique, silentium noctis; dein concuti ferrum, vincula moveri. Ille non tollere oculos, non remittere stilum, sed offirmare animum auribusque praetendere. Tum crebrescere fragor, adventare et iam ut in limine, iam ut intra limen audiri. Respicit, videt agnoscitque narratam sibi effigiem. 9 Stabat innuebatque digito similis vocanti. Hic contra ut paulum exspectaret manu significat rursusque ceris et stilo incumbit. Illa scribentis capiti catenis insonabat. Respicit rursus idem quod prius innuentem, nec moratus tollit lumen et sequitur. 10 Ibat illa lento gradu quasi gravis vinculis. Postquam deflexit in aream domus, repente dilapsa deserit comitem. Desertus herbas et folia concerpta signum loco ponit. 11 Postero die adit magistratus, monet ut illum locum effodi iubeant. Inveniuntur ossa inserta catenis et implicita, quae corpus aevo terraque putrefactum nuda et exesa reliquerat vinculis; collecta publice sepeliuntur. Domus postea rite conditis manibus caruit.

12 Et haec quidem affirmantibus credo; illud affirmare aliis possum. Est libertus mihi non illitteratus. Cum hoc minor frater eodem lecto quiescebat. Is visus est sibi cernere quendam in toro residentem, admoventemque capiti suo cultros, atque etiam ex ipso vertice amputantem capillos. Ubi illuxit, ipse circa verticem tonsus, capilli iacentes reperiuntur. 13 Exiguum temporis medium, et rursus simile aliud priori fidem fecit. Puer in paedagogio mixtus pluribus dormiebat. Venerunt per fenestras — ita narrat — in tunicis albis duo cubantemque detonderunt et qua venerant recesserunt. Hunc quoque tonsum sparsosque circa capillos dies ostendit. 14 Nihil notabile secutum, nisi forte quod non fui reus, futurus, si Domitianus sub quo haec acciderunt diutius vixisset. Nam in scrinio eius datus a Caro de me libellus inventus est; ex quo coniectari potest, quia reis moris est summittere capillum, recisos meorum capillos depulsi quod imminebat periculi signum fuisse.

15 Proinde rogo, eruditionem tuam intendas. Digna res est quam diu multumque consideres; ne ego quidem indignus, cui copiam scientiae tuae facias.16 Licet etiam utramque in partem — ut soles — disputes, ex altera tamen fortius, ne me suspensum incertumque dimittas, cum mihi consulendi causa fuerit, ut dubitare desinerem. Vale.

28. C. PLINIUS SEPTICIO SUO S.

1 Ais quosdam apud te reprehendisse, tamquam amicos meos ex omni occasione ultra modum laudem. 2 Agnosco crimen, amplector etiam. Quid enim honestius culpa benignitatis? Qui sunt tamen isti, qui amicos meos melius norint? Sed, ut norint, quid invident mihi felicissimo errore? Ut enim non sint tales quales a me praedicantur, ego tamen beatus quod mihi videntur. 3 Igitur ad alios hanc sinistram diligentiam conferant; nec sunt parum multi, qui carpere amicos suos iudicium vocant. Mihi numquam persuadebunt ut meos amari a me nimium putem. Vale.

29. C. PLINIUS MONTANO SUO S.

1 Ridebis, deinde indignaberis, deinde ridebis, si legeris, quod nisi legeris non potes credere. 2 Est via Tiburtina intra primum lapidem — proxime adnotavi — monimentum Pallantis ita inscriptum: 'Huic senatus ob fidem pietatemque erga patronos ornamenta praetoria decrevit et sestertium centies quinquagies, cuius honore contentus fuit.' 3 Equidem numquam sum miratus quae saepius a fortuna quam a iudicio proficiscerentur; maxime tamen hic me titulus admonuit, quam essent mimica et inepta, quae interdum in hoc caenum, in has sordes abicerentur, quae denique ille furcifer et recipere ausus est et recusare, atque etiam ut moderationis exemplum posteris prodere. 4 Sed quid indignor? Ridere satius, ne se magnum aliquid adeptos putent, qui huc felicitate perveniunt ut rideantur. Vale.

30. C. PLINIUS GENITORI SUO S.

1 Torqueor quod discipulum, ut scribis, optimae spei amisisti. Cuius et valetudine et morte impedita studia tua quidni sciam? cum sis omnium officiorum observantissimus, cumque omnes quos probas effusissime diligas. 2 Me huc quoque urbana negotia persequuntur; non desunt enim qui me iudicem aut arbitrum faciant. 3 Accedunt querelae rusticorum, qui auribus meis post longum tempus suo iure abutuntur. Instat et necessitas agrorum locandorum, perquam

molesta: adeo rarum est invenire idoneos conductores. 4 Quibus ex causis precario studeo, studeo tamen. Nam et scribo aliquid et lego; sed cum lego, ex comparatione sentio quam male scribam, licet tu mihi bonum animum facias, 5 qui libellos meos de ultione Helvidi orationi Demosthenis 'kata Meidiou' confers. Quam sane, cum componerem illos, habui in manibus, non ut aemularer — improbum enim ac paene furiosum -, sed tamen imitarer et sequerer, quantum aut diversitas ingeniorum maximi et minimi, aut causae dissimilitudo pateretur. Vale.

31. C. PLINIUS CORNUTO SUO S.

1 Claudius Pollio amari a te cupit dignus hoc ipso quod cupit, deinde quod ipse te diligit; neque enim fere quisquam exigit istud nisi qui facit. Vir alioqui rectus integer quietus ac paene ultra modum — si quis tamen ultra modum — verecundus. 2 Hunc, cum simul militaremus, non solum ut commilito inspexi. Praeerat alae miliariae; ego iussus a legato consulari rationes alarum et cohortium excutere, ut magnam quorundam foedamque avaritiam, neglegentiam parem, ita huius summam integritatem, sollicitam diligentiam inveni. 3 Postea promotus ad amplissimas procurationes, nulla occasione corruptus ab insito abstinentiae amore deflexit; numquam secundis rebus intumuit; numquam officiorum varietate continuam laudem humanitatis infregit, eademque firmitate animi laboribus suffecit, qua nunc otium patitur. 4 Quod quidem paulisper cum magna sua laude intermisit et posuit, a Corellio nostro ex liberalitate imperatoris Nervae emendis dividendisque agris adiutor assumptus. Etenim qua gloria dignum est, summo viro in tanta eligendi facultate praecipue placuisse! 5 Idem quam reverenter, quam fideliter amicos colat, multorum supremis iudiciis, in his Anni Bassi gravissimi civis, credere potes, cuius memoriam tam grata praedicatione prorogat et extendit, ut librum de vita eius — nam studia quoque sicut alias bonas artes veneratur — ediderit. 6 Pulchrum istud et raritate ipsa probandum, cum plerique hactenus defunctorum meminerint ut querantur. 7 Hunc hominem appetentissimum tui, mihi crede, complectere apprehende, immo et invita, ac sic ama tamquam gratiam referas. Neque enim obligandus sed remunerandus est in amoris officio, qui prior coepit. Vale.

32. C. PLINIUS FABATO PROSOCERO SUO S.

1 Delector iucundum tibi fuisse Tironis mei adventum; quod vero scribis oblata occasione proconsulis plurimos manumissos, unice laetor. Cupio enim patriam nostram omnibus quidem rebus augeri, maxime tamen civium numero: id enim

oppidis firmissimum ornamentum. 2 Illud etiam me non ut ambitiosum sed
tamen iuvat, quod adicis te meque et gratiarum actione et laude celebratos. Est
enim, ut Xenophon ait, 'hêdiston akousma epainos', utique si te mereri putes.
Vale.

33. C. PLINIUS TACITO SUO S.

1 Auguror nec me fallit augurium, historias tuas immortales futuras; quo magis
illis — ingenue fatebor — inseri cupio. 2 Nam si esse nobis curae solet ut facies
nostra ab optimo quoque artifice exprimatur, nonne debemus optare, ut operibus
nostris similis tui scriptor praedicatorque contingat? 3Demonstro ergo
quamquam diligentiam tuam fugere non possit, cum sit in publicis actis,
demonstro tamen quo magis credas, iucundum mihi futurum si factum meum,
cuius gratia periculo crevit, tuo ingenio tuo testimonio ornaveris.

4 Dederat me senatus cum Herennio Senecione advocatum provinciae Baeticae
contra Baebium Massam, damnatoque Massa censuerat, ut bona eius publice
custodirentur. Senecio, cum explorasset consules postulationibus vacaturos,
convenit me et 'Qua concordia' inquit 'iniunctam nobis accusationem exsecuti
sumus, hac adeamus consules petamusque, ne bona dissipari sinant, quorum esse
in custodia debent.' 5 Respondi: 'Cum simus advocati a senatu dati, dispice num
peractas putes partes nostras senatus cognitione finita.' Et ille: 'Tu quem voles tibi
terminum statues, cui nulla cum provincia necessitudo nisi ex beneficio tuo et hoc
recenti; ipse et natus ibi et quaestor in ea fui.' 6 Tum ego: 'Si fixum tibi istud ac
deliberatum, sequar te ut, si qua ex hoc invidia, non tantum tua.' 7 Venimus ad
consules; dicit Senecio quae res ferebat, aliqua subiungo. Vixdum conticueramus,
et Massa questus Senecionem non advocati fidem sed inimici amaritudinem
implesse, impietatis reum postulat. 8 Horror omnium; ego autem 'Vereor'
inquam, 'clarissimi consules, ne mihi Massa silentio suo praevaricationem
obiecerit, quod non et me reum postulavit.' Quae vox et statim excepta, et postea
multo sermone celebrata est. 9 Divus quidem Nerva — nam privatus quoque
attendebat his quae recte in publico fierent — missis ad me gravissimis litteris non
mihi solum, verum etiam saeculo est gratulatus, cui exemplum — sic enim
scripsit — simile antiquis contigisset. 10 Haec, utcumque se habent, notiora
clariora maiora tu facies; quamquam non exigo ut excedas actae rei modum. Nam
nec historia debet egredi veritatem, et honeste factis veritas sufficit. Vale.

LIBER OCTAVVS

1. C. PLINIUS SEPTICIO SUO S.

1 Iter commode explicui, excepto quod quidam ex meis adversam valetudinem ferventissimis aestibus contraxerunt. 2 Encolpius quidem lector, ille seria nostra ille deliciae, exasperatis faucibus pulvere sanguinem reiecit. Quam triste hoc ipsi, quam acerbum mihi, si is cui omnis ex studiis gratia inhabilis studiis fuerit! Quis deinde libellos meos sic leget, sic amabit? 3 Quem aures meae sic sequentur? Sed di laetiora promittunt. Stetit sanguis, resedit dolor. Praeterea continens ipse, nos solliciti, medici diligentes. Ad hoc salubritas caeli, secessus quies tantum salutis quantum otii pollicentur. Vale.

2. C. PLINIUS CALVISIO SUO S.

1 Alii in praedia sua proficiscuntur ut locupletiores revertantur, ego ut pauperior. Vendideram vindemias certatim negotiatoribus ementibus. Invitabat pretium, et quod tunc et quod fore videbatur. 2 Spes fefellit. Erat expeditum omnibus remittere aequaliter, sed non satis aequum. Mihi autem egregium in primis videtur ut foris ita domi, ut in magnis ita in parvis, ut in alienis ita in suis agitare iustitiam. Nam si paria peccata, pares etiam laudes. 3 Itaque omnibus quidem, ne quis 'mihi non donatus abiret', partem octavam pretii quo quis emerat concessi; deinde iis, qui amplissimas summas emptionibus occupaverant, separatim consului. Nam et me magis iuverant, et maius ipsi fecerant damnum. 4 Igitur iis qui pluris quam decem milibus emerant, ad illam communem et quasi publicam octavam addidi decimam eius summae, qua decem milia excesserant. 5 Vereor ne parum expresserim: apertius calculo ostendam. Si qui forte quindecim milibus emerant, hi et quindecim milium octavam et quinque milium decimam tulerunt. 6 Praeterea, cum reputarem quosdam ex debito aliquantum, quosdam aliquid, quosdam nihil reposuisse, nequaquam verum arbitrabar, quos non aequasset fides solutionis, hos benignitate remissionis aequari. 7 Rursus ergo iis qui solverant eius quod solverant decimam remisi. Per hoc enim aptissime et in

praeteritum singulis pro cuiusque merito gratia referri, et in futurum omnes cum ad emendum tum etiam ad solvendum allici videbantur. 8 Magno mihi seu ratio haec seu facilitas stetit, sed fuit tanti. Nam regione tota et novitas remissionis et forma laudatur. Ex ipsis etiam quos non una, ut dicitur, pertica sed distincte gradatimque tractavi, quanto quis melior et probior, tanto mihi obligatior abiit expertus non esse apud me ёen de iê timê êmen kakos êde kai esthlos'. Vale.

3. C. PLINIUS SPARSO SUO S.

1 Librum quem novissime tibi misi, ex omnibus meis vel maxime placere significas. Est eadem opinio cuiusdam eruditissimi. 2 Quo magis adducor ut neutrum falli putem, quia non est credibile utrumque falli, et quia tamen blandior mihi. Volo enim proxima quaeque absolutissima videri, et ideo iam nunc contra istum librum faveo orationi, quam nuper in publicum dedi communicaturus tecum, ut primum diligentem tabellarium invenero. 3 Erexi exspectationem tuam, quam vereor ne destituat oratio in manus sumpta. Interim tamen tamquam placituram — et fortasse placebit — exspecta. Vale.

4. C. PLINIUS CANINIO SUO S.

1 Optime facis, quod bellum Dacicum scribere paras. Nam quae tam recens tam copiosa tam elata, quae denique tam poetica et quamquam in verissimis rebus tam fabulosa materia? 2 Dices immissa terris nova flumina, novos pontes fluminibus iniectos, insessa castris montium abrupta, pulsum regia pulsum etiam vita regem nihil desperantem; super haec actos bis triumphos, quorum alter ex invicta gente primus, alter novissimus fuit. 3 Una sed maxima difficultas, quod haec aequare dicendo arduum immensum, etiam tuo ingenio, quamquam altissime assurgat et amplissimis operibus increscat. Non nullus et in illo labor, ut barbara et fera nomina, in primis regis ipsius, Graecis versibus non resultent. 4 Sed nihil est quod non arte curaque, si non potest vinci, mitigetur. Praeterea, si datur Homero et mollia vocabula et Graeca ad levitatem versus contrahere extendere inflectere, cur tibi similis audentia praesertim non delicata sed necessaria non detur? 5 Proinde iure vatum invocatis dis, et inter deos ipso, cuius res opera consilia dicturus es, immitte rudentes, pande vela ac, si quando alias, toto ingenio vehere. Cur enim non ego quoque poetice cum poeta? 6 Illud iam nunc paciscor: prima quaeque ut absolveris mittito, immo etiam ante quam absolvas, sicut erunt recentia et rudia et adhuc similia nascentibus. 7 Respondebis non posse perinde carptim ut contexta, perinde incohata placere ut effecta. Scio. Itaque et a me aestimabuntur ut coepta, spectabuntur ut membra, extremamque limam tuam opperientur in scrinio

nostro. Patere hoc me super cetera habere amoris tui pignus, ut ea quoque norim quae nosse neminem velles. 8 In summa potero fortasse scripta tua magis probare laudare, quanto illa tardius cautiusque, sed ipsum te magis amabo magisque laudabo, quanto celerius et incautius miseris. Vale.

5. C. PLINIUS GEMINO SUO S.

1 Grave vulnus Macrinus noster accepit: amisit uxorem singularis exempli, etiam si olim fuisset. Vixit cum hac triginta novem annis sine iurgio sine offensa. Quam illa reverentiam marito suo praestitit, cum ipsa summam mereretur! quot quantasque virtutes, ex diversis aetatibus sumptas, collegit et miscuit! 2 Habet quidem Macrinus grande solacium, quod tantum bonum tam diu tenuit, sed hinc magis exacerbatur quod amisit; nam fruendis voluptatibus crescit carendi dolor. 3 Ero ergo suspensus pro homine amicissimo, dum admittere avocamenta et cicatricem pati possit, quam nihil aeque ac necessitas ipsa et dies longa et satietas doloris inducit. Vale.

6. C. PLINIUS MONTANO SUO S.

1 Cognovisse iam ex epistula mea debes, adnotasse me nuper monumentum Pallantis sub hac inscriptione: 'Huic senatus ob fidem pietatemque erga patronos ornamenta praetoria decrevit et sestertium centies quinquagies, cuius honore contentus fuit.' 2 Postea mihi visum est pretium operae ipsum senatus consultum quaerere. Inveni tam copiosum et effusum, ut ille superbissimus titulus modicus atque etiam demissus videretur. Conferant se misceantque, non dico illi veteres, Africani Achaici Numantini, sed hi proximi Marii Sullae Pompei — nolo progredi longius -: infra Pallantis laudes iacebunt. 3 Urbanos qui illa censuerunt putem an miseros? Dicerem urbanos, si senatum deceret urbanitas; miseros, sed nemo tam miser est ut illa cogatur. Ambitio ergo et procedendi libido? Sed quis adeo demens, ut per suum, per publicum dedecus procedere velit in ea civitate, in qua hic esset usus florentissimae dignitatis, ut primus in senatu laudare Pallantem posset? 4 Mitto quod Pallanti servo praetoria ornamenta offeruntur — quippe offeruntur a servis -, mitto quod censent non exhortandum modo verum etiam compellendum ad usum aureorum anulorum; erat enim contra maiestatem senatus, si ferreis praetorius uteretur. 5 Levia haec et transeunda, illa memoranda quod nomine Pallantis senatus — nec expiata postea curia est -, Pallantis nomine senatus gratias agit Caesari, quod et ipse cum summo honore mentionem eius prosecutus esset et senatui facultatem fecisset testandi erga eum benevolentiam suam. 6 Quid enim senatui pulchrius, quam ut erga Pallantem satis gratus

videretur? Additur: 'Ut Pallas, cui se omnes pro virili parte obligatos fatentur, singularis fidei singularis industriae fructum meritissimo ferat'. Prolatos imperii fines, redditos exercitus rei publicae credas. 7 Astruitur his: 'Cum senatui populoque Romano liberalitatis gratior repraesentari nulla materia posset, quam si abstinentissimi fidelissimique custodis principalium opum facultates adiuvare contigisset'. Hoc tunc votum senatus, hoc praecipuum gaudium populi, haec liberalitatis materia gratissima, si Pallantis facultates adiuvare publicarum opum egestione contingeret. 8 Iam quae sequuntur? Voluisse quidem senatum censere dandum ex aerario sestertium centies quinquagies et quanto ab eius modi cupiditatibus remotior eius animus esset, tanto impensius petere a publico parente, ut eum compelleret ad cedendum senatui. 9 Id vero deerat, ut cum Pallante auctoritate publica ageretur, Pallas rogaretur ut senatui cederet, ut illi superbissimae abstinentiae Caesar ipse patronus, ipse advocaretur, ne sestertium centies quinquagies sperneret. Sprevit, quod solum potuit tantis opibus publice oblatis arrogantius facere, quam si accepisset. 10 Senatus tamen id quoque similis querenti laudibus tulit, his quidem verbis: sed cum princeps optimus parensque publicus rogatus a Pallante eam partem sententiae, quae pertinebat ad dandum ei ex aerario sestertium centies quinquagies, remitti voluisset, testari senatum, et se libenter ac merito hanc summam inter reliquos honores ob fidem diligentiamque Pallanti decernere coepisse, voluntati tamen principis sui, cui in nulla re fas putaret repugnare, in hac quoque re obsequi. 11 Imaginare Pallantem velut intercedentem senatus consulto moderantemque honores suos et sestertium centies quinquagies ut nimium recusantem, cum praetoria ornamenta tamquam minus recepisset; 12 imaginare Caesarem liberti precibus vel potius imperio coram senatu obtemperantem — imperat enim libertus patrono, quem in senatu rogat -; imaginare senatum usquequaque testantem merito libenterque se hanc summam inter reliquos honores Pallanti coepisse decernere et perseveraturum fuisse, nisi obsequeretur principis voluntati, cui non esset fas in ulla re repugnare. Ita ne sestertium centies quinquagies Pallas ex aerario ferret, verecundia ipsius obsequio senatus opus fuit in hoc praecipue non obsecuturi, si in ulla re putasset fas esse non obsequi.

13 Finem existimas? Mane dum et maiora accipe: 'Utique, cum sit utile principis benignitatem promptissimam ad laudem praemiaque merentium illustrari ubique et maxime iis locis, quibus incitari ad imitationem praepositi rerum eius curae possent, et Pallantis spectatissima fides atque innocentia exemplo provocare studium tam honestae aemulationis posset, ea quae X. kal. Februarias quae proximae fuissent in amplissimo ordine optimus princeps recitasset senatusque

consulta de iis rebus facta in aere inciderentur, idque aes figeretur ad statuam loricatam divi Iulii'. 14 Parum visum tantorum dedecorum esse curiam testem: delectus est celeberrimus locus, in quo legenda praesentibus, legenda futuris proderentur. Placuit aere signari omnes honores fastidiosissimi mancipii, quosque repudiasset quosque quantum ad decernentes pertinet gessit. Incisa et insculpta sunt publicis aeternisque monumentis praetoria ornamenta Pallantis, sic quasi foedera antiqua, sic quasi sacrae leges. 15 Tanta principis, tanta senatus, tanta Pallantis ipsius — quid dicam nescio, ut vellent in oculis omnium figi Pallas insolentiam suam, patientiam Caesar, humilitatem senatus. Nec puduit rationem turpitudini obtendere, egregiam quidem pulchramque rationem, ut exemplo Pallantis praemiorum ad studium aemulationis ceteri provocarentur. 16 Ea honorum vilitas erat, illorum etiam quos Pallas non dedignabatur. Inveniebantur tamen honesto loco nati, qui peterent cuperentque quod dari liberto promitti servis videbant.

17 Quam iuvat quod in tempora illa non incidi, quorum sic me tamquam illis vixerim pudet! Non dubito similiter affici te. Scio quam sit tibi vivus et ingenuus animus: ideo facilius est ut me; quamquam indignationem quibusdam in locis fortasse ultra epistulae modum extulerim, parum doluisse quam nimis credas. Vale.

7. C. PLINIUS TACITO SUO S.

1 Neque ut magistro magister neque ut discipulo discipulus — sic enim scribis -, sed ut discipulo magister — nam tu magister, ego contra; atque adeo tu in scholam revocas, ego adhuc Saturnalia extendo — librum misisti. 2 Num potui longius hyperbaton facere, atque hoc ipso probare eum esse me qui non modo magister tuus, sed ne discipulus quidem debeam dici? Sumam tamen personam magistri, exseramque in librum tuum ius quod dedisti, eo liberius quod nihil ex me interim missurus sum tibi in quo te ulciscaris. Vale.

8. C. PLINIUS ROMANO SUO S.

1 Vidistine aliquando Clitumnum fontem? Si nondum — et puto nondum: alioqui narrasses mihi -, vide; quem ego — paenitet tarditatis — proxime vidi.2 Modicus collis assurgit, antiqua cupressu nemorosus et opacus. Hunc subter exit fons et exprimitur pluribus venis sed imparibus, eluctatusque quem facit gurgitem lato gremio patescit, purus et vitreus, ut numerare iactas stipes et relucentes calculos possis. 3 Inde non loci devexitate, sed ipsa sui copia et quasi

pondere impellitur, fons adhuc et iam amplissimum flumen, atque etiam navium patiens; quas obvias quoque et contrario nisu in diversa tendentes transmittit et perfert, adeo validus ut illa qua properat ipse, quamquam per solum planum, remis non adiuvetur, idem aegerrime remis contisque superetur adversus. 4 Iucundum utrumque per iocum ludumque fluitantibus, ut flexerint cursum, laborem otio otium labore variare. Ripae fraxino multa, multa populo vestiuntur, quas perspicuus amnis velut mersas viridi imagine adnumerat. Rigor aquae certaverit nivibus, nec color cedit. 5 Adiacet templum priscum et religiosum. Stat Clitumnus ipse amictus ornatusque praetexta; praesens numen atque etiam fatidicum indicant sortes. Sparsa sunt circa sacella complura, totidemque di. Sua cuique veneratio suum nomen, quibusdam vero etiam fontes. Nam praeter illum quasi parentem ceterorum sunt minores capite discreti; sed flumini miscentur, quod ponte transmittitur. 6 Is terminus sacri profanique: in superiore parte navigare tantum, infra etiam natare concessum. Balineum Hispellates, quibus illum locum Divus Augustus dono dedit, publice praebent, praebent et hospitium. Nec desunt villae quae secutae fluminis amoenitatem margini insistunt. 7 In summa nihil erit, ex quo non capias voluptatem. Nam studebis quoque: leges multa multorum omnibus columnis omnibus parietibus inscripta, quibus fons ille deusque celebratur. Plura laudabis, non nulla ridebis; quamquam tu vero, quae tua humanitas, nulla ridebis. Vale.

9. C. PLINIUS URSO SUO S.

1 Olim non librum in manus, non stilum sumpsi, olim nescio quid sit otium quid quies, quid denique illud iners quidem, iucundum tamen nihil agere nihil esse: adeo multa me negotia Samicorum nec secedere nec studere patiuntur. 2 Nulla enim studia tanti sunt, ut amicitiae officium deseratur, quod religiosissime custodiendum studia ipsa praecipiunt. Vale.

10. C. PLINIUS FABATO PROSOCERO SUO S.

1 Quo magis cupis ex nobis pronepotes videre, hoc tristior audies neptem tuam abortum fecisse, dum se praegnantem esse puellariter nescit, ac per hoc quaedam custodienda praegnantibus omittit, facit omittenda. Quem errorem magnis documentis expiavit, in summum periculum adducta. 2 Igitur, ut necesse est graviter accipias senectutem tuam quasi paratis posteris destitutam, sic debes agere dis gratias, quod ita tibi in praesentia pronepotes negaverunt, ut servarent neptem, illos reddituri, quorum nobis spem certiorem haec ipsa quamquam parum prospere explorata fecunditas facit. 3Isdem nunc ego te quibus ipsum me

hortor moneo confirmo. Neque enim ardentius tu pronepotes quam ego liberos cupio, quibus videor a meo tuoque latere pronum ad honores iter et audita latius nomina et non subitas imagines relicturus. Nascantur modo et hunc nostrum dolorem gaudio mutent. Vale.

11. C. PLINIUS HISPULLAE SUAE S.

1 Cum affectum tuum erga fratris filiam cogito etiam materna indulgentia molliorem, intellego prius tibi quod est posterius nuntiandum, ut praesumpta laetitia sollicitudini locum non relinquat. Quamquam vereor ne post gratulationem quoque in metum redeas, atque ita gaudeas periculo liberatam, ut simul quod periclitata sit perhorrescas. 2 Iam hilaris, iam sibi iam mihi reddita incipit refici, transmissumque discrimen convalescendo metiri. Fuit alioqui in summo discrimine, — impune dixisse liceat — fuit nulla sua culpa, aetatis aliqua. Inde abortus et ignorati uteri triste experimentum. 3 Proinde etsi non contigit tibi desiderium fratris amissi aut nepote eius aut nepte solari, memento tamen dilatum magis istud quam negatum, cum salva sit ex qua sperari potest. Simul excusa patri tuo casum, cui paratior apud feminas venia. Vale.

12. C. PLINIUS MINICIANO SUO S.

1 Hunc solum diem excuso: recitaturus est Titinius Capito, quem ego audire nescio magis debeam an cupiam. Vir est optimus et inter praecipua saeculi ornamenta numerandus. Colit studia, studiosos amat fovet provehit, multorum qui aliqua componunt portus sinus gremium, omnium exemplum, ipsarum denique litterarum iam senescentium reductor ac reformator. 2 Domum suam recitantibus praebet, auditoria non apud se tantum benignitate mira frequentat; mihi certe, si modo in urbe, defuit numquam. Porro tanto turpius gratiam non referre, quanto honestior causa referendae. 3 An si litibus tererer, obstrictum esse me crederem obeunti vadimonia mea, nunc, quia mihi omne negotium omnis in studiis cura, minus obligor tanta sedulitate celebranti, in quo obligari ego, ne dicam solo, certe maxime possum? 4 Quod si illi nullam vicem nulla quasi mutua officia deberem, sollicitarer tamen vel ingenio hominis pulcherrimo et maxime et in summa severitate dulcissimo, vel honestate materiae. Scribit exitus illustrium virorum, in his quorundam mihi carissimorum. 5 Videor ergo fungi pio munere, quorumque exsequias celebrare non licuit, horum quasi funebribus laudationibus seris quidem sed tanto magis veris interesse. Vale.

13. C. PLINIUS GENIALI SUO S.

1 Probo quod libellos meos cum patre legisti. Pertinet ad profectum tuum a disertissimo viro discere, quid laudandum quid reprehendendum, simul ita institui, ut verum dicere assuescas. 2 Vides quem sequi, cuius debeas implere vestigia. O te beatum, cui contigit unum atque idem optimum et coniunctissimum exemplar, qui denique eum potissimum imitandum habes, cui natura esse te simillimum voluit! Vale.

14. C. PLINIUS ARISTONI SUO S.

1 Cum sis peritissimus et privati iuris et publici, cuius pars senatorium est, cupio ex te potissimum audire, erraverim in senatu proxime necne, non ut in praeteritum — serum enim -, verum ut in futurum si quid simile inciderit erudiar. 2 Dices: 'Cur quaeris quod nosse debebas?' Priorum temporum servitus ut aliarum optimarum artium, sic etiam iuris senatorii oblivionem quandam et ignorantiam induxit. 3 Quotus enim quisque tam patiens, ut velit discere, quod in usu non sit habiturus? Adde quod difficile est tenere quae acceperis nisi exerceas. Itaque reducta libertas rudes nos et imperitos deprehendit; cuius dulcedine accensi, cogimur quaedam facere ante quam nosse. 4 Erat autem antiquitus institutum, ut a maioribus natu non auribus modo verum etiam oculis disceremus, quae facienda mox ipsi ac per vices quasdam tradenda minoribus haberemus. 5 Inde adulescentuli statim castrensibus stipendiis imbuebantur ut imperare parendo, duces agere dum sequuntur adsuescerent; inde honores petituri adsistebant curiae foribus, et consilii publici spectatores ante quam consortes erant. 6 Suus cuique parens pro magistro, aut cui parens non erat maximus quisque et vetustissimus pro parente. Quae potestas referentibus, quod censentibus ius, quae vis magistratibus, quae ceteris libertas, ubi cedendum ubi resistendum, quod silentii tempus, quis dicendi modus, quae distinctio pugnantium sententiarum, quae exsecutio prioribus aliquid addentium, omnem denique senatorium morem — quod fidissimum percipiendi genus — exemplis docebantur. 7 At nos iuvenes fuimus quidem in castris; sed cum suspecta virtus, inertia in pretio, cum ducibus auctoritas nulla, nulla militibus verecundia, nusquam imperium nusquam obsequium, omnia soluta turbata atquc etiam in contrarium versa, postremo obliviscenda magis quam tenenda. 8 Iidem prospeximus curiam, sed curiam trepidam et elinguem, cum dicere quod velles periculosum, quod nolles miserum esset. Quid tunc disci potuit, quid didicisse iuvit, cum senatus aut ad otium summum aut ad summum nefas vocaretur, et modo ludibrio modo dolori retentus numquam seria, tristia saepe

censeret? 9 Eadem mala iam senatores, iam participes malorum multos per annos vidimus tulimusque; quibus ingenia nostra in posterum quoque hebetata fracta contusa sunt. 10 Breve tempus — nam tanto brevius omne quanto felicius tempus — quo libet scire quid simus, libet exercere quod scimus. Quo iustius peto primum ut errori, si quis est error, tribuas veniam, deinde medearis scientia tua cui semper fuit curae, sic iura publica ut privata sic antiqua ut recentia sic rara ut adsidua tractare. 11 Atque ego arbitror illis etiam, quibus plurimarum rerum agitatio frequens nihil esse ignotum patiebatur, genus quaestionis quod adfero ad te aut non satis tritum aut etiam inexpertum fuisse. Hoc et ego excusatior si forte sum lapsus, et tu dignior laude, si potes id quoque docere quod in obscuro est an didiceris.

12 Referebatur de libertis Afrani Dextri consulis incertum sua an suorum manu, scelere an obsequio perempti. Hos alius — Quis? Ego; sed nihil refert — post quaestionem supplicio liberandos, alius in insulam relegandos, alius morte puniendos arbitrabatur. Quarum sententiarum tanta diversitas erat, ut non possent esse nisi singulae. 13 Quid enim commune habet occidere et relegare? Non hercule magis quam relegare et absolvere; quamquam propior aliquanto est sententiae relegantis, quae absolvit, quam quae occidit — utraque enim ex illis vitam relinquit, haec adimit -, cum interim et qui morte puniebant et qui relegabant, una sedebant et temporaria simulatione concordiae discordiam differebant. 14 Ego postulabam, ut tribus sententiis constaret suus numerus, nec se brevibus indutiis duae iungerent. Exigebam ergo ut qui capitali supplicio afficiendos putabant, discederent a relegante, nec interim contra absolventes mox dissensuri congregarentur, quia parvolum referret an idem displiceret, quibus non idem placuisset. 15 Illud etiam mihi permirum videbatur, eum quidem qui libertos relegandos, servos supplicio afficiendos censuisset, coactum esse dividere sententiam; hunc autem qui libertos morte multaret, cum relegante numerari. Nam si oportuisset dividi sententiam unius, quia res duas comprehendebat, non reperiebam quemadmodum posset iungi sententia duorum tam diversa censentium.

16 Atque adeo permitte mihi sic apud te tamquam ibi, sic peracta re tamquam adhuc integra rationem iudicii mei reddere, quaeque tunc carptim multis obstrepentibus dixi, nunc per otium iungere. 17 Fingamus tres omnino iudices in hanc causam datos esse; horum uni placuisse perire libertos, alteri relegari, tertio absolvi. Utrumne sententiae duae collatis viribus novissimam periment, an separatim una quaeque tantundem quantum altera valebit, nec magis poterit cum

secunda prima conecti quam secunda cum tertia? 18 Igitur in senatu quoque numerari tamquam contrariae debent, quae tamquam diversae dicuntur. Quodsi unus atque idem et perdendos censeret et relegandos, num ex sententia unius et perire possent et relegari? Num denique omnino una sententia putaretur, quae tam diversa coniungeret? 19 Quemadmodum igitur, cum alter puniendos, alter censeat relegandos, videri potest una sententia quae dicitur a duobus, quae non videretur una, si ab uno diceretur? Quid? lex non aperte docet dirimi debere sententias occidentis et relegantis, cum ita discessionem fieri iubet: 'Qui haec censetis, in hanc partem, qui alia omnia, in illam partem ite qua sentitis'? Examina singula verba et expende: 'qui haec censetis', hoc est qui relegandos putatis, 'in hanc partem', id est in eam in qua sedet qui censuit relegandos. 20 Ex quo manifestum est non posse in eadem parte remanere eos, qui interficiendos arbitrantur. 'Qui alia omnia': animadvertis, ut non contenta lex dicere 'alia' addiderit 'omnia'. Num ergo dubium est alia omnia sentire eos qui occidunt quam qui relegant? 'In illam partem ite qua sentitis': nonne videtur ipsa lex eos qui dissentiunt in contrariam partem vocare cogere impellere? Non consul etiam, ubi quisque remanere, quo transgredi debeat, non tantum sollemnibus verbis, sed manu gestuque demonstrat? 21 At enim futurum est ut si dividantur sententiae interficientis et relegantis, praevaleat illa quae absolvit. Quid istud ad censentes? quos certe non decet omnibus artibus, omni ratione pugnare, ne fiat quod est mitius. Oportet tamen eos qui puniunt et qui relegant, absolventibus primum, mox inter se comparari. Scilicet ut in spectaculis quibusdam sors aliquem seponit ac servat, qui cum victore contendat, sic in senatu sunt aliqua prima, sunt secunda certamina, et ex duabus sententiis eam, quae superior exstiterit, tertia exspectat. 22 Quid, quod prima sententia comprobata ceterae perimuntur? Qua ergo ratione potest esse non unus atque idem locus sententiarum, quarum nullus est postea? 23Planius repetam. Nisi dicente sententiam eo qui relegat, illi qui puniunt capite initio statim in alia discedant, frustra postea dissentient ab eo cui paulo ante consenserint. 24 Sed quid ego similis docenti? cum discere velim, an sententias dividi an iri in singulas oportuerit. Obtinui quidem quod postulabam; nihilo minus tamen quaero, an postulare debuerim. Quemadmodum obtinui? Qui ultimum supplicium sumendum esse censebat, nescio an iure, certe aequitate postulationis meae victus, omissa sententia sua accessit releganti, veritus scilicet ne, si dividerentur sententiae, quod alioqui fore videbatur, ea quae absolvendos esse censebat numero praevaleret. Etenim longe plures in hac una quam in duabus singulis erant. 25 Tum illi quoque qui auctoritate eius trahebantur, transeunte illo destituti reliquerunt sententiam ab ipso auctore desertam, secutique sunt quasi transfugam quem ducem sequebantur. 26 Sic ex tribus sententiis duae factae, tenuitque ex duabus altera tertia expulsa, quae, cum ambas superare non posset, elegit ab utra vinceretur. Vale.

15. C. PLINIUS IUNIORI SUO S.

1 Oneravi te tot pariter missis voluminibus, sed oneravi primum quia exegeras, deinde quia scripseras tam graciles istic vindemias esse, ut plane scirem tibi vacaturum, quod vulgo dicitur, librum legere. 2 Eadem ex meis agellis nuntiantur. Igitur mihi quoque licebit scribere quae legas, sit modo unde chartae emi possint; aut necessario quidquid scripserimus boni malive delebimus. Vale.

16. C. PLINIUS PATERNO SUO S.

1 Confecerunt me infirmitates meorum, mortes etiam, et quidem iuvenum. Solacia duo nequaquam paria tanto dolori, solacia tamen: unum facilitas manumittendi — videor enim non omnino immaturos perdidisse, quos iam liberos perdidi -, alterum quod permitto servis quoque quasi testamenta facere, eaque ut legitima custodio. 2 Mandant rogantque quod visum; pareo ut iussus. Dividunt donant relinquunt, dumtaxat intra domum; nam servis res publica quaedam et quasi civitas domus est. 3 Sed quamquam his solaciis acquiescam, debilitor et frangor eadem illa humanitate, quae me ut hoc ipsum permitterem induxit. Non ideo tamen velim durior fieri. Nec ignoro alios eius modi casus nihil amplius vocare quam damnum, eoque sibi magnos homines et sapientes videri. Qui an magni sapientesque sint, nescio; homines non sunt. 4 Hominis est enim affici dolore sentire, resistere tamen et solacia admittere, non solaciis non egere. 5 Verum de his plura fortasse quam debui; sed pauciora quam volui. Est enim quaedam etiam dolendi voluptas, praesertim si in amici sinu defleas, apud quem lacrimis tuis vel laus sit parata vel venia. Vale.

17. C. PLINIUS MACRINO SUO S.

1 Num istic quoque immite et turbidum caelum? Hic assiduae tempestates et crebra diluvia. Tiberis alveum excessit et demissioribus ripis alte superfunditur; 2 quamquam fossa quam providentissimus imperator fecit exhaustus, premit valles, innatat campis, quaque planum solum, pro solo cernitur. Inde quae solet flumina accipere et permixta devehere, velut obvius retro cogit, atque ita alienis aquis operit agros, quos ipse non tangit. 3 Anio, delicatissimus amnium ideoque adiacentibus villis velut invitatus retentusque, magna ex parte nemora quibus inumbratur fregit et rapuit; subruit montes, et decidentium mole

pluribus locis clausus, dum amissum iter quaerit, impulit tecta ac se super ruinas eiecit atque extulit. 4 Viderunt quos excelsioribus terris illa tempestas deprehendit, alibi divitum apparatus et gravem supellectilem, alibi instrumenta ruris, ibi boves aratra rectores, hic soluta et libera armenta, atque inter haec arborum truncos aut villarum trabes atque culmina varie lateque fluitantia. 5 Ac ne illa quidem malo vacaverunt, ad quae non ascendit amnis. Nam pro amne imber assiduus et deiecti nubibus turbines, proruta opera quibus pretiosa rura cinguntur, quassata atque etiam decussa monumenta. Multi eius modi casibus debilitati obruti obtriti, et aucta luctibus damna.

6 Ne quid simile istic, pro mensura periculi vereor, teque rogo, si nihil tale, quam maturissime sollicitudini meae consulas, sed et si tale, id quoque nunties. Nam parvolum differt, patiaris adversa an exspectes; nisi quod tamen est dolendi modus, non est timendi. Doleas enim quantum scias accidisse, timeas quantum possit accidere. Vale.

18. C. PLINIUS RUFINO SUO S.

1 Falsum est nimirum quod creditur vulgo, testamenta hominum speculum esse morum, cum Domitius Tullus longe melior apparuerit morte quam vita. 2 Nam cum se captandum praebuisset, reliquit filiam heredem, quae illi cum fratre communis, quia genitam fratre adoptaverat. Prosecutus est nepotes plurimis iucundissimisque legatis, prosecutus etiam proneptem. In summa omnia pietate plenissima ac tanto magis inexspectata sunt. 3 Ergo varii tota civitate sermones: alii fictum ingratum immemorem loquuntur, seque ipsos dum insectantur illum turpissimis confessionibus produnt, ut qui de patre avo proavo quasi de orbo querantur; alii contra hoc ipsum laudibus ferunt, quod sit frustratus improbas spes hominum, quos sic decipi pro moribus temporum est. Addunt etiam non fuisse ei liberum alio testamento mori: neque enim reliquisse opes filiae sed reddidisse, quibus auctus per filiam fuerat. 4 Nam Curtilius Mancia perosus generum suum Domitium Lucanum — frater is Tulli — sub ea condicione filiam eius neptem suam instituerat heredem, si esset manu patris emissa. Emiserat pater, adoptaverat patruus, atque ita circumscripto testamento consors frater in fratris potestatem emancipatam filiam adoptionis fraude revocaverat et quidem cum opibus amplissimis. 5 Fuit alioqui fratribus illis quasi fato datum ut divites fierent, invitissimis a quibus facti sunt. Quin etiam Domitius Afer, qui illos in nomen assumpsit, reliquit testamentum ante decem et octo annos nuncupatum, adeoque postea improbatum sibi, ut patris eorum bona proscribenda curaverit. 6 Mira illius asperitas, mira felicitas horum: illius asperitas, qui numero civium excidit,

quem socium etiam in liberis habuit; felicitas horum, quibus successit in locum patris, qui patrem abstulerat. 7 Sed haec quoque hereditas Afri, ut reliqua cum fratre quaesita, transmittenda erant filiae fratris, a quo Tullus ex asse heres institutus praelatusque filiae fuerat, ut conciliaretur. Quo laudabilius testamentum est, quod pietas fides pudor scripsit, in quo denique omnibus affinitatibus pro cuiusque officio gratia relata est, relata et uxori. 8 Accepit amoenissimas villas, accepit magnam pecuniam uxor optima et patientissima ac tanto melius de viro merita, quanto magis est reprehensa quod nupsit. Nam mulier natalibus clara, moribus proba, aetate declivis, diu vidua mater olim, parum decore secuta matrimonium videbatur divitis senis ita perditi morbo, ut esse taedio posset uxori, quam iuvenis sanusque duxisset. 9 Quippe omnibus membris extortus et fractus, tantas opes solis oculis obibat, ac ne in lectulo quidem nisi ab aliis movebatur; quin etiam — foedum miserandumque dictu — dentes lavandos fricandosque praebebat. Auditum frequenter ex ipso, cum quereretur de contumeliis debilitatis suae, digitos se servorum suorum cotidie lingere. 10 Vivebat tamen et vivere volebat, sustentante maxime uxore, quae culpam incohati matrimonii in gloriam perseverantia verterat.

11 Habes omnes fabulas urbis; nam sunt omnes fabulae Tullus. Exspectatur auctio: fuit enim tam copiosus, ut amplissimos hortos eodem quo emerat die instruxerit plurimis et antiquissimis statuis; tantum illi pulcherrimorum operum in horreis quae neglegebat. Invicem tu, si quid istic epistula dignum, ne gravare. 12 Nam cum aures hominum novitate laetantur, tum ad rationem vitae exemplis erudimur. Vale.

19. C. PLINIUS MAXIMO SUO S.

1 Et gaudium mihi et solacium in litteris, nihilque tam laetum quod his laetius, tam triste quod non per has minus triste. Itaque et infirmitate uxoris et meorum periculo, quorundam vero etiam morte turbatus, ad unicum doloris levamentum studia confugi, quae praestant ut adversa magis intellegam sed patientius feram. 2 Est autem mihi moris, quod sum daturus in manus hominum, ante amicorum iudicio examinare, in primis tuo. Proinde si quando, nunc intende libro quem cum hac epistula accipies, quia vereor ne ipse ut tristis parum intenderim. Imperare enim dolori ut scriberem potui; ut vacuo animo laetoque, non potui. Porro ut ex studiis gaudium sic studia hilaritate proveniunt. Vale.

20. C. PLINIUS GALLO SUO S.

1 Ad quae noscenda iter ingredi, transmittere mare solemus, ea sub oculis posita neglegimus, seu quia ita natura comparatum, ut proximorum incuriosi longinqua sectemur, seu quod omnium rerum cupido languescit, cum facilis occasio, seu quod differimus tamquam saepe visuri, quod datur videre quotiens velis cernere. 2 Quacumque de causa, permulta in urbe nostra iuxtaque urbem non oculis modo sed ne auribus quidem novimus, quae si tulisset Achaia Aegyptos Asia aliave quaelibet miraculorum ferax commendatrixque terra, audita perlecta lustrata haberemus. 3 Ipse certe nuper, quod nec audieram ante nec videram, audivi pariter et vidi. Exegerat prosocer meus, ut Amerina praedia sua inspicerem. Haec perambulanti mihi ostenditur subiacens lacus nomine Vadimonis; simul quaedam incredibilia narrantur. 4 Perveni ad ipsum. Lacus est in similitudinem iacentis rotae circumscriptus et undique aequalis: nullus sinus, obliquitas nulla, omnia dimensa paria, et quasi artificis manu cavata et excisa. Color caerulo albidior, viridior et pressior; sulpuris odor saporque medicatus; vis qua fracta solidantur. Spatium modicum, quod tamen sentiat ventos, et fluctibus intumescat. 5 Nulla in hoc navis — sacer enim -, sed innatant insulae, herbidae omnes harundine et iunco, quaeque alia fecundior palus ipsaque illa extremitas lacus effert. Sua cuique figura ut modus; cunctis margo derasus, quia frequenter vel litori vel sibi illisae terunt terunturque. Par omnibus altitudo, par levitas; quippe in speciem carinae humili radice descendunt. 6 Haec ab omni latere perspicitur, eadem aqua pariter suspensa et mersa. Interdum iunctae copulataeque et continenti similes sunt, interdum discordantibus ventis digeruntur, non numquam destitutae tranquillitate singulae fluitant. 7 Saepe minores maioribus velut cumbulae onerariis adhaerescunt, saepe inter se maiores minoresque quasi cursum certamenque desumunt; rursus omnes in eundem locum appulsae, qua steterunt promovent terram, et modo hac modo illa lacum reddunt auferuntque, ac tum demum cum medium tenuere non contrahunt. 8Constat pecora herbas secuta sic in insulas illas ut in extremam ripam procedere solere, nec prius intellegere mobile solum quam litori abrepta quasi illata et imposita circumfusum undique lacum paveant; mox quo tulerit ventus egressa, non magis se descendisse sentire, quam senserint ascendisse. 9Idem lacus in flumen egeritur, quod ubi se paulisper oculis dedit specu mergitur alteque conditum meat ac, si quid antequam subduceretur accepit, servat et profert. 10 Haec tibi scripsi, quia nec minus ignota quam mihi nec minus grata credebam. Nam te quoque ut me nihil aeque ac naturae opera delectant. Vale.

21. C. PLINIUS ARRIANO SUO S.

1 Ut in vita sic in studiis pulcherrimum et humanissimum existimo severitatem comitatemque miscere, ne illa in tristitiam, haec in petulantiam excedat. 2 Qua ratione ductus graviora opera lusibus iocisque distinguo. Ad hos proferendos et tempus et locum opportunissimum elegi, utque iam nunc assuescerent et ab otiosis et in triclinio audiri, Iulio mense, quo maxime lites interquiescunt, positis ante lectos cathedris amicos collocavi. 3 Forte accidit ut eodem die mane in advocationem subitam rogarer, quod mihi causam praeloquendi dedit. Sum enim deprecatus, ne quis ut irreverentem operis argueret, quod recitaturus, quamquam et amicis et paucis, id est iterum amicis, foro et negotiis non abstinuissem. Addidi hunc ordinem me et in scribendo sequi, ut necessitates voluptatibus, seria iucundis anteferrem, ac primum amicis tum mihi scriberem. 4 Liber fuit et opusculis varius et metris. Ita solemus, qui ingenio parum fidimus, satietatis periculum fugere. Recitavi biduo. Hoc assensus audientium exegit; et tamen ut alii transeunt quaedam imputantque quod transeant, sic ego nihil praetereo atque etiam non praeterire me dico. Lego enim omnia ut omnia emendem, quod contingere non potest electa recitantibus. 5 At illud modestius et fortasse reverentius; sed hoc simplicius et amantius. Amat enim qui se sic amari putat, ut taedium non pertimescat; et alioqui quid praestant sodales, si conveniunt voluptatis suae causa? Delicatus ac similis ignoto est, qui amici librum bonum mavult audire quam facere. 6 Non dubito cupere te pro cetera mei caritate quam maturissime legere hunc adhuc musteum librum. Leges, sed retractatum, quae causa recitandi fuit; et tamen non nulla iam ex eo nosti. Haec emendata postea vel, quod interdum longiore mora solet, deteriora facta quasi nova rursus et rescripta cognosces. Nam plerisque mutatis ea quoque mutata videntur, quae manent. Vale.

22. C. PLINIUS GEMINO SUO S.

1 Nostine hos qui omnium libidinum servi, sic aliorum vitiis irascuntur quasi invideant, et gravissime puniunt, quos maxime imitantur? cum eos etiam, qui non indigent clementia ullius, nihil magis quam lenitas deceat. 2 Atque ego optimum et emendatissimum existimo, qui ceteris ita ignoscit, tamquam ipse cotidie peccet, ita peccatis abstinet tamquam nemini ignoscat. 3 Proinde hoc domi hoc foris hoc in omni vitae genere teneamus, ut nobis implacabiles simus, exorabiles istis etiam qui dare veniam nisi sibi nesciunt, mandemusque memoriae quod vir mitissimus et ob hoc quoque maximus Thrasea crebro dicere solebat: 'Qui vitia odit, homines odit.' Quaeris fortasse quo commotus haec scribam. 4 Nuper quidam — sed

melius coram; quamquam ne tunc quidem. Vereor enim ne id quod improbo consectari carpere referre huic quod cum maxime praecipimus repugnet. Quisquis ille qualiscumque sileatur, quem insignire exempli nihil, non insignire humanitatis plurimum refert. Vale.

23. C. PLINIUS MARCELLINO SUO S.

1 Omnia mihi studia, omnes curas, omnia avocamenta exemit excussit eripuit dolor, quem ex morte Iuni Aviti gravissimum cepi. 2 Latum clavum in domo mea induerat, suffragio meo adiutus in petendis honoribus fuerat; ad hoc ita me diligebat, ita verebatur, ut me formatore morum, me quasi magistro uteretur. 3 Rarum hoc in adulescentibus nostris. Nam quotus quisque vel aetati alterius vel auctoritati ut minor cedit? Statim sapiunt, statim sciunt omnia, neminem verentur, neminem imitantur, atque ipsi sibi exempla sunt. Sed non Avitus, cuius haec praecipua prudentia, quod alios prudentiores arbitrabatur, haec praecipua eruditio quod discere volebat. 4 Semper ille aut de studiis aliquid aut de officiis vitae consulebat, semper ita recedebat ut melior factus; et erat factus vel eo quod audierat, vel quod omnino quaesierat. 5 Quod ille obsequium Serviano exactissimo viro praestitit! quem legatum tribunus ita et intellexit et cepit, ut ex Germania in Pannoniam transeuntem non ut commilito sed ut comes assectatorque sequeretur. Qua industria qua modestia quaestor, consulibus suis — et plures habuit — non minus iucundus et gratus quam utilis fuit! Quo discursu, qua vigilantia hanc ipsam aedilitatem cui praereptus est petiit! Quod vel maxime dolorem meum exulcerat. 6 Obversantur oculis cassi labores, et infructuosae preces, et honor quem meruit tantum; redit animo ille latus clavus in penatibus meis sumptus, redeunt illa prima illa postrema suffragia mea, illi sermones illae consultationes. 7 Afficior adulescentia ipsius, afficior necessitudinum casu. Erat illi grandis natu parens, erat uxor quam ante annum virginem acceperat, erat filia quam paulo ante sustulerat. Tot spes tot gaudia dies unus in diversa convertit. 8 Modo designatus aedilis, recens maritus recens pater intactum honorem, orbam matrem, viduam uxorem, filiam pupillam ignaram patris reliquit: Accedit lacrimis meis quod absens et impendentis mali nescius, pariter aegrum pariter decessisse cognovi, ne gravissimo dolori timore consuescerem. In tantis tormentis eram cum scriberem haec ut haec scriberem sola; neque enim nunc aliud aut cogitare aut loqui possum. Vale.

24. C. PLINIUS MAXIMO SUO S.

1 Amor in te meus cogit, non ut praecipiam — neque enim praeceptore eges -, admoneam tamen, ut quae scis teneas et observes, aut nescire melius. 2Cogita te missum in provinciam Achaiam, illam veram et meram Graeciam, in qua primum humanitas litterae, etiam fruges inventae esse creduntur; missum ad ordinandum statum liberarum civitatum, id est ad homines maxime homines, ad liberos maxime liberos, qui ius a natura datum virtute meritis amicitia, foedere denique et religione tenuerunt. 3 Reverere conditores deos et nomina deorum, reverere gloriam veterem et hanc ipsam senectutem, quae in homine venerabilis, in urbibus sacra. Sit apud te honor antiquitati, sit ingentibus factis, sit fabulis quoque. Nihil ex cuiusquam dignitate, nihil ex libertate, nihil etiam ex iactatione decerpseris. 4 Habe ante oculos hanc esse terram, quae nobis miserit iura, quae leges non victis sed petentibus dederit, Athenas esse quas adeas Lacedaemonem esse quam regas; quibus reliquam umbram et residuum libertatis nomen eripere durum ferum barbarum est. 5 Vides a medicis, quamquam in adversa valetudine nihil servi ac liberi differant, mollius tamen liberos clementiusque tractari. Recordare quid quaeque civitas fuerit, non ut despicias quod esse desierit; absit superbia asperitas. 6 Nec timueris contemptum. An contemnitur qui imperium qui fasces habet, nisi humilis et sordidus, et qui se primus ipse contemnit? Male vim suam potestas aliorum contumeliis experitur, male terrore veneratio acquiritur, longeque valentior amor ad obtinendum quod velis quam timor. Nam timor abit si recedas, manet amor, ac sicut ille in odium hic in reverentiam vertitur. 7 Te vero etiam atque etiam — repetam enim — meminisse oportet officii tui titulum ac tibi ipsum interpretari, quale quantumque sit ordinare statum liberarum civitatum. Nam quid ordinatione civilius, quid libertate pretiosius? 8 Porro quam turpe, si ordinatio eversione, libertas servitute mutetur! Accedit quod tibi certamen est tecum: onerat te quaesturae tuae fama, quam ex Bithynia optimam revexisti; onerat testimonium principis; onerat tribunatus, praetura atque haec ipsa legatio quasi praemium data. 9 Quo magis nitendum est ne in longinqua provincia quam suburbana, ne inter servientes quam liberos, ne sorte quam iudicio missus, ne rudis et incognitus quam exploratus probatusque humanior melior peritior fuisse videaris, cum sit alioqui, ut saepe audisti saepe legisti, multo deformius amittere quam non assequi laudem.

10 Haec velim credas, quod initio dixi, scripsisse me admonentem, non praecipientem; quamquam praecipientem quoque. Quippe non vereor, in amore

ne modum excesserim. Neque enim periculum est ne sit nimium quod esse maximum debet. Vale.

LIBER NONVS

1. C. PLINIUS MAXIMO SUO S.

1 Saepe te monui, ut libros quos vel pro te vel in Plantam, immo et pro te et in
illum — ita enim materia cogebat -, composuisti quam maturissime emitteres;
quod nunc praecipue morte eius audita et hortor et moneo. 2 Quamvis enim
legeris multis legendosque dederis, nolo tamen quemquam opinari defuncto
demum incohatos, quos incolumi eo peregisti. Salva sit tibi constantiae fama. Erit
autem, si notum aequis iniquisque fuerit non post inimici mortem scribendi tibi
natam esse fiduciam, sed iam paratam editionem morte praeventam. 3 Et simul
vitabis illud 'ouch hosiê phthimenoisi'. Nam quod de vivente scriptum de vivente
recitatum est, in defunctum quoque tamquam viventem adhuc editur, si editur
statim. Igitur si quid aliud in manibus, interim differ; hoc perfice, quod nobis qui
legimus olim absolutum videtur. Sed iam videatur et tibi, cuius cunctationem nec
res ipsa desiderat, et temporis ratio praecidit. Vale.

2. C. PLINIUS SABINO SUO S.

1 Facis iucunde quod non solum plurimas epistulas meas verum etiam longissimas
flagitas; in quibus parcior fui partim quia tuas occupationes verebar, partim quia
ipse multum distringebar plerumque frigidis negotiis quae simul et avocant
animum et comminuunt. Praeterea nec materia plura scribendi dabatur. 2 Neque
enim eadem nostra condicio quae M. Tulli, ad cuius exemplum nos vocas. Illi
enim et copiosissimum ingenium, et par ingenio qua varietas rerum qua
magnitudo largissime suppetebat; 3 nos quam angustis terminis claudamur etiam
tacente me perspicis, nisi forte volumus scholasticas tibi atque, ut ita dicam,
umbraticas litteras mittere. 4 Sed nihil minus aptum arbitramur, cum arma vestra
cum castra, eum denique cornua tubas sudorem pulverem soles
cogitamus. 5 Habes, ut puto, iustam excusationem, quam tamen dubito an tibi
probari velim. Est enim summi amoris negare veniam brevibus epistulis
amicorum, quamvis scias illis constare rationem. Vale.

3. C. PLINIUS PAULINO SUO S.

1 Alius aliud: ego beatissimum existimo, qui bonae mansuraeque famae praesumptione perfruitur, certusque posteritatis cum futura gloria vivit. Ac mihi nisi praemium aeternitatis ante oculos, pingue illud altumque otium placeat. 2 Etenim omnes homines arbitror oportere aut immortalitatem suam aut mortalitatem cogitare, et illos quidem contendere eniti, hos quiescere remitti, nec brevem vitam caducis laboribus fatigare, ut video multos misera simul et ingrata imagine industriae ad vilitatem sui pervenire. 3 Haec ego tecum quae cotidie mecum, ut desinam mecum, si dissenties tu; quamquam non dissenties, ut qui semper clarum aliquid et immortale meditere. Vale.

4. C. PLINIUS MACRINO SUO S.

1 Vererer ne immodicam orationem putares, quam cum hac epistula accipies, nisi esset generis eius ut saepe incipere saepe desinere videatur. am singulis criminibus singulae velut causae continentur. 2 Poteris ergo, undecumque coeperis ubicumque desieris, quae deinceps sequentur et quasi incipientia legere et quasi cohaerentia, meque in universitate longissimum, brevissimum in partibus iudicare. Vale.

5. C. PLINIUS TIRONI SUO S.

1 Egregie facis — inquiro enim — et persevera, quod iustitiam tuam provincialibus multa humanitate commendas; cuius praecipua pars est honestissimum quemque complecti, atque ita a minoribus amari, ut simul a principibus diligare. 2 Plerique autem dum verentur, ne gratiae potentium nimium impertire videantur, sinisteritatis atque etiam malignitatis famam consequuntur. 3 A quo vitio tu longe recessisti, scio, sed temperare mihi non possum quominus laudem similis monenti, quod eum modum tenes ut discrimina ordinum dignitatumque custodias; quae si confusa turbata permixta sunt, nihil est ipsa aequalitate inaequalius. Vale.

6. C. PLINIUS CALVISIO SUO S.

1 Omne hoc tempus inter pugillares ac libellos iucundissima quiete transmisi. 'Quemadmodum' inquis 'in urbe potuisti?' Circenses erant, quo genere spectaculi ne levissime quidem teneor. Nihil novum nihil varium, nihil quod non semel spectasse sufficiat. 2 Quo magis miror tot milia virorum tam pueriliter identidem cupere currentes equos, insistentes curribus homines videre. Si tamen aut

velocitate equorum aut hominum arte traherentur, esset ratio non nulla; nunc favent panno, pannum amant, et si in ipso cursu medioque certamine hic color illuc ille huc transferatur, studium favorque transibit, et repente agitatores illos equos illos, quos procul noscitant, quorum clamitant nomina relinquent. 3 Tanta gratia tanta auctoritas in una vilissima tunica, mitto apud vulgus, quod vilius tunica, sed apud quosdam graves homines; quos ego cum recordor, in re inani frigida assidua, tam insatiabiliter desidere, capio aliquam voluptatem, quod hac voluptate non capior. 4 Ac per hos dies libentissime otium meum in litteris colloco, quos alii otiosissimis occupationibus perdunt. Vale.

7. C. PLINIUS ROMANO SUO S.

1 Aedificare te scribis. Bene est, inveni patrocinium; aedifico enim iam ratione quia tecum. Nam hoc quoque non dissimile quod ad mare tu, ego ad Larium lacum. 2 Huius in litore plures meae villae, sed duae maxime ut delectant ita exercent. 3 Altera imposita saxis more Baiano lacum prospicit, altera aeque more Baiano lacum tangit. Itaque illam tragoediam, hanc appellare comoediam soleo, illam quod quasi cothurnis, hanc quod quasi socculis sustinetur. Sua utrique amoenitas, et utraque possidenti ipsa diversitate iucundior. 4 Haec lacu propius, illa latius utitur; haec unum sinum molli curvamine amplectitur, illa editissimo dorso duos dirimit; illic recta gestatio longo limite super litus extenditur, hic spatiosissimo xysto leviter inflectitur; illa fluctus non sentit haec frangit; ex illa possis despicere piscantes, ex hac ipse piscari, hamumque de cubiculo ac paene etiam de lectulo ut e naucula iacere. Hae mihi causae utrique quae desunt astruendi ob ea quae supersunt. 5 Etsi quid ego rationem tibi? apud quem pro ratione erit idem facere. Vale.

8. C. PLINIUS AUGURINO SUO S.

1 Si laudatus a te laudare te coepero, vereor ne non tam proferre iudicium meum quam referre gratiam videar. Sed licet videar, omnia scripta tua pulcherrima existimo, maxime tamen illa de nobis. 2 Accidit hoc una eademque de causa. Nam et tu, quae de amicis, optime scribis, et ego, quae de me, ut optima lego. Vale.

9. C. PLINIUS COLONO SUO S.

1 Unice probo quod Pompei Quintiani morte tam dolenter afficeris, ut amissi caritatem desiderio extendas, non ut plerique qui tantum viventes amant seu

potius amare se simulant, ac ne simulant quidem nisi quos florentes vident; nam miserorum non secus ac defunctorum obliviscuntur. Sed tibi perennis fides tantaque in amore constantia, ut finiri nisi tua morte non possit. 2 Et hercule is fuit Quintianus, quem diligi deceat ipsius exemplo. Felices amabat, miseros tuebatur, desiderabat amissos. Iam illa quanta probitas in ore, quanta in sermone cunctatio, quam pari libra gravitas comitasque! quod studium litterarum, quod iudicium! qua pietate cum dissimillimo patre vivebat! quam non obstabat illi, quo minus vir optimus videretur, quod erat optimus filius! 3 Sed quid dolorem tuum exulcero? Quamquam sic amasti iuvenem ut hoc potius quam de illo sileri velis, a me praesertim cuius praedicatione putas vitam eius ornari, memoriam prorogari, ipsamque illam qua est raptus aetatem posse restitui. Vale.

10. C. PLINIUS TACITO SUO S.

1 Cupio praeceptis tuis parere; sed aprorum tanta penuria est, ut Minervae et Dianae, quas ais pariter colendas, convenire non possit. 2 Itaque Minervae tantum serviendum est, delicate tamen ut in secessu et aestate. In via plane non nulla leviora statimque delenda ea garrulitate qua sermones in vehiculo seruntur extendi. His quaedam addidi in villa, cum aliud non liberet. Itaque poemata quiescunt, quae tu inter nemora et lucos commodissime perfici putas. 3 Oratiunculam unam alteram retractavi; quamquam id genus operis inamabile inamoenum, magisque laboribus ruris quam voluptatibus simile. Vale.

11. C. PLINIUS GEMINO SUO S.

1 Epistulam tuam iucundissimam accepi, eo maxime quod aliquid ad te scribi volebas, quod libris inseri posset. Obveniet materia vel haec ipsa quam monstras, vel potior alia. Sunt enim in hac offendicula non nulla: circumfer oculos et occurrent. 2 Bibliopolas Lugduni esse non putabam ac tanto libentius ex litteris tuis cognovi venditari libellos meos, quibus peregre manere gratiam quam in urbe collegerint delector. Incipio enim satis absolutum existimare, de quo tanta diversitate regionum discreta hominum iudicia consentiunt. Vale.

12. C. PLINIUS IUNIORI SUO S.

1 Castigabat quidam filium suum quod paulo sumptuosius equos et canes emeret. Huic ego iuvene digresso: 'Heus tu, numquamne fecisti, quod a patre corripi posset? "Fecisti" dico. Non interdum facis quod filius tuus, si repente pater ille tu filius, pari gravitate reprehendat? Non omnes homines aliquo errore ducuntur?

Non hic in illo sibi, in hoc alius indulget?' 2 Haec tibi admonitus immodicae severitatis exemplo, pro amore mutuo scripsi, ne quando tu quoque filium tuum acerbius duriusque tractares. Cogita et illum puerum esse et te fuisse, atque ita hoc quod es pater utere, ut memineris et hominem esse te et hominis patrem. Vale.

13. C. PLINIUS QUADRATO SUO S.

1 Quanto studiosius intentiusque legisti libros quos de Helvidi ultione composui, tanto impensius postulas, ut perscribam tibi quaeque extra libros quaeque circa libros, totum denique ordinem rei cui per aetatem non interfuisti.

2 Occiso Domitiano statui mecum ac deliberavi, esse magnam pulchramque materiam insectandi nocentes, miseros vindicandi, se proferendi. Porro inter multa scelera multorum nullum atrocius videbatur, quam quod in senatu senator senatori, praetorius consulari, reo iudex manus intulisset. 3Fuerat alioqui mihi cum Helvidio amicitia, quanta potuerat esse cum eo, qui metu temporum nomen ingens paresque virtutes secessu tegebat; fuerat cum Arria et Fannia, quarum altera Helvidi noverca, altera mater novercae. Sed non ita me iura privata, ut publicum fas et indignitas facti et exempli ratio incitabat. 4 Ac primis quidem diebus redditae libertatis pro se quisque inimicos suos, dumtaxat minores, incondito turbidoque clamore postulaverat simul et oppresserat. Ego et modestius et constantius arbitratus immanissimum reum non communi temporum invidia, sed proprio crimine urgere, cum iam satis primus ille impetus defremuisset et languidior in dies ira ad iustitiam redisset, quamquam tum maxime tristis amissa nuper uxore, mitto ad Anteiam — nupta haec Helvidio fuerat -; rogo ut veniat, quia me recens adhuc luctus limine contineret. 5 Ut venit, 'Destinatum est' inquam 'mihi maritum tuum non inultum pati. Nuntia Arriae et Fanniae' — ab exsilio redierant -, 'consule te, consule illas, an velitis ascribi facto, in quo ego comite non egeo; sed non ita gloriae meae faverim, ut vobis societate eius invideam.' Perfert Anteia mandata, nec illae morantur.

6 Opportune senatus intra diem tertium. Omnia ego semper ad Corellium rettuli, quem providentissimum aetatis nostrae sapientissimumque cognovi: in hoc tamen contentus consilio meo fui veritus ne vetaret; erat enim cunctantior cautiorque. Sed non sustinui inducere in animum, quominus illi eodem die facturum me indicarem, quod an facerem non deliberabam, expertus usu de eo quod destinaveris non esse consulendos quibus consultis obsequi debeas. 7 Venio in senatum, ius dicendi peto, dico paulisper maximo assensu. Ubi coepi crimen

attingere, reum destinare, adhuc tamen sine nomine, undique mihi reclamari. Alius: 'Sciamus, quis sit de quo extra ordinem referas', alius: 'Quis est ante relationem reus?', alius: 'Salvi simus, qui supersumus.' 8 Audio imperturbatus interritus: tantum susceptae rei honestas valet, tantumque ad fiduciam vel metum differt, nolint homines quod facias an non probent. Longum est omnia quae tunc hinc inde iacta sunt recensere. 9 Novissime consul: 'Secunde, sententiae loco dices, si quid volueris.' 'Permiseras' inquam 'quod usque adhuc omnibus permisisti.' 10 Resido; aguntur alia. Interim me quidam ex consularibus amicis, secreto curatoque sermone, quasi nimis fortiter incauteque progressum corripit revocat, monet ut desistam, adicit etiam: 'Notabilem te futuris principibus fecisti.' 'Esto' inquam 'dum malis.' 11 Vix ille discesserat, rursus alter: 'Quid audes? Quo ruis? Quibus te periculis obicis? Quid praesentibus confidis incertus futurorum? Lacessis hominem iam praefectum aerarii et brevi consulem, praeterea qua gratia quibus amicitiis fultum!' Nominat quendam, qui tunc ad orientem amplissimum exercitum non sine magnis dubiisque rumoribus obtinebat. 12 Ad haec ego: "ёOmnia praecepi atque animo mecum ante peregi" nec recuso, si ita casus attulerit, luere poenas ob honestissimum factum, dum flagitiosissimum ulciscor.'

13 Iam censendi tempus. Dicit Domitius Apollinaris consul designatus, dicit Fabricius Veiento, Fabius Postuminus, Bittius Proculus collega Publici Certi, de quo agebatur, uxoris autem meae quam amiseram vitricus, post hos Ammius Flaccus. Omnes Certum nondum a me nominatum ut nominatum defendunt crimenque quasi in medio relictum defensione suscipiunt. 14 Quae praeterea dixerint, non est necesse narrare: in libris habes; sum enim cuncta ipsorum verbis persecutus. 15 Dicunt contra Avidius Quietus, Cornutus Tertullus: Quietus, iniquissimum esse querelas dolentium excludi, ideoque Arriae et Fanniae ius querendi non auferendum, nec interesse cuius ordinis quis sit, sed quam causam habeat; 16 Cornutus, datum se a consulibus tutorem Helvidi filiae petentibus matre eius et vitrico; nunc quoque non sustinere deserere officii sui partes, in quo tamen et suo dolori modum imponere et optimarum feminarum perferre modestissimum affectum; quas contentas esse admonere senatum Publici Certi cruentae adulationis et petere, si poena flagitii manifestissimi remittatur, nota certe quasi censoria inuratur. 17 Tum Satrius Rufus medio ambiguoque sermone 'Puto' inquit 'iniuriam factam Publicio Certo, si non absolvitur; nominatus est ab amicis Arriae et Fanniae, nominatus ab amicis suis. Nec debemus solliciti esse; idem enim nos, qui bene sentimus de homine, et iudicaturi sumus. Si innocens est, sicut et spero et malo et, donec aliquid probetur, credo, poteritis absolvere.' 18 Haec illi quo quisque ordine citabantur. Venitur ad me. Consurgo,

utor initio quod in libro est, respondeo singulis. Mirum qua intentione, quibus clamoribus omnia exceperint, qui modo reclamabant: tanta conversio vel negotii dignitatem vel proventum orationis vel actoris Constantiam subsecuta est. 19 Finio. Incipit respondere Veiento; nemo patitur; obturbatur obstrepitur, adeo quidem ut diceret: 'Rogo, patres conscripti, ne me cogatis implorare auxilium tribunorum.' Et statim Murena tribunus: 'Permitto tibi, vir clarissime Veiento, dicere.' Tunc quoque reclamatur. 20Inter moras consul citatis nominibus et peracta discessione mittit senatum, ac paene adhuc stantem temptantemque dicere Veientonem reliquit. Multum ille de hac — ita vocabat — contumelia questus est Homerico versu: 'ô geron, ê mala dê se neoi teirousi machêtai'. 21 Non fere quisquam in senatu fuit, qui non me complecteretur exoscularetur certatimque laude cumularet, quod intermissum iam diu morem in publicum consulendi susceptis propriis simultatibus reduxissem; quod denique senatum invidia liberassem, qua flagrabat apud ordines alios, quod severus in ceteros senatoribus solis dissimulatione quasi mutua parceret.

22 Haec acta sunt absente Certo; fuit enim seu tale aliquid suspicatus sive, ut excusabatur, infirmus. Et relationem quidem de eo Caesar ad senatum non remisit; obtinui tamen quod intenderam: 23 nam collega Certi consulatum, successorem Certus accepit, planeque factum est quod dixeram in fine: 'Reddat praemium sub optimo principe, quod a pessimo accepit.' Postea actionem meam utcumque potui recollegi, addidi multa. 24 Accidit fortuitum, sed non tamquam fortuitum, quod editis libris Certus intra paucissimos dies implicitus morbo decessit. 25 Audivi referentes hanc imaginem menti eius hanc oculis oberrasse, tamquam videret me sibi cum ferro imminere. Verane haec, affirmare non ausim; interest tamen exempli, ut vera videantur.

26 Habes epistulam, si modum epistulae cogites, libris quos legisti non minorem; sed imputabis tibi qui contentus libris non fuisti. Vale.

14. C. PLINIUS TACITO SUO S.

Nec ipse tibi plaudis, et ego nihil magis ex fide quam de te scribo. Posteris an aliqua cura nostri, nescio; nos certe meremur, ut sit aliqua, non dico ingenio — id enim superbum -, sed studio et labore et reverentia posterorum. Pergamus modo itinere instituto, quod ut paucos in lucem famamque provexit, ita multos e tenebris et silentio protulit. Vale.

15. C. PLINIUS FALCONI SUO S.

1 Refugeram in Tuscos, ut omnia ad arbitrium meum facerem. At hoc ne in Tuscis quidem: tam multis undique rusticorum libellis et tam querulis inquietor, quos aliquanto magis invitus quam meos lego; nam et meos invitus. 2 Retracto enim actiunculas quasdam, quod post intercapedinem temporis et frigidum et acerbum est. Rationes quasi absente me negleguntur. 3 Interdum tamen equum conscendo et patrem familiae hactenus ago, quod aliquam partem praediorum, sed pro gestatione percurro. Tu consuetudinem serva, nobisque sic rusticis urbana acta perscribe. Vale.

16. C. PLINIUS MAMILIANO SUO S.

1 Summam te voluptatem percepisse ex isto copiosissimo genere venandi non miror, cum historicorum more scribas numerum iniri non potuisse. Nobis venari nec vacat nec libet: non vacat quia vindemiae in manibus, non libet quia exiguae. 2 Devehimus tamen pro novo musto novos versiculos tibique iucundissime exigenti ut primum videbuntur defervisse mittemus. Vale.

17. C. PLINIUS GENITORI SUO S.

1 Recepi litteras tuas quibus quereris taedio tibi fuisse quamvis lautissimam cenam, quia scurrae cinaedi moriones mensis inerrabant. 2 Vis tu remittere aliquid ex rugis? Equidem nihil tale habeo, habentes tamen fero. Cur ergo non habeo? Quia nequaquam me ut inexspectatum festivumve delectat, si quid molle a cinaedo, petulans a scurra, stultum a morione profertur. 3 Non rationem sed stomachum tibi narro. Atque adeo quam multos putas esse, quos ea quibus ego et tu capimur et ducimur, partim ut inepta partim ut molestissima offendant! Quam multi, cum lector aut lyristes aut comoedus inductus est, calceos poscunt aut non minore cum taedio recubant, quam tu ista — sic enim appellas — prodigia perpessus es! 4 Demus igitur alienis oblectationibus veniam, ut nostris impetremus. Vale.

18. C. PLINIUS SABINO SUO S.

1 Qua intentione, quo studio, qua denique memoria legeris libellos meos, epistula tua ostendit. Ipse igitur exhibes negotium tibi qui elicis et invitas, ut quam plurima communicare tecum velim. 2 Faciam, per partes tamen et quasi digesta, ne istam ipsam memoriam, cui gratias ago, assiduitate et copia turbem

oneratamque et quasi oppressam cogam pluribus singula posterioribus priora dimittere. Vale.

19. C. PLINIUS RUSONI SUO S.

1 Significas legisse te in quadam epistula mea iussisse Verginium Rufum inscribi sepulcro suo:

Hic situs est Rufus, pulso qui Vindice quondam
imperium asseruit non sibi sed patriae.

Reprehendis quod iusserit, addis etiam melius rectiusque Frontinum, quod vetuerit omnino monumentum sibi fieri, meque ad extremum quid de utroque sentiam consulis. 2 Utrumque dilexi, miratus sum magis quem tu reprehendis, atque ita miratus ut non putarem satis umquam posse laudari, cuius nunc mihi subeunda defensio est. 3 Omnes ego qui magnum aliquid memorandumque fecerunt, non modo venia verum etiam laude dignissimos iudico, si immortalitatem quam meruere sectantur, victurique nominis famam supremis etiam titulis prorogare nituntur. 4 Nec facile quemquam nisi Verginium invenio, cuius tanta in praedicando verecundia quanta gloria ex facto. 5 Ipse sum testis, familiariter ab eo dilectus probatusque, semel omnino me audiente provectum, ut de rebus suis hoc unum referret, ita secum aliquando Cluvium locutum: 'Scis, Vergini, quae historiae fides debeatur; proinde si quid in historiis meis legis aliter ac velis rogo ignoscas.' Ad hoc ille: 'Tune ignoras, Cluvi, ideo me fecisse quod feci, ut esset liberum vobis scribere quae libuisset?' 6 Age dum, hunc ipsum Frontinum in hoc ipso, in quo tibi parcior videtur et pressior, comparemus. Vetuit exstrui monumentum, sed quibus verbis? 'Impensa monumenti supervacua est; memoria nostri durabit, si vita meruimus.' An restrictius arbitraris per orbem terrarum legendum dare duraturam memoriam suam quam uno in loco duobus versiculis signare quod feceris? 7 Quamquam non habeo propositum illum reprehendendi, sed hunc tuendi; cuius quae potest apud te iustior esse defensio, quam ex collatione eius quem praetulisti? 8 Meo quidem iudicio neuter culpandus, quorum uterque ad gloriam pari cupiditate, diverso itinere contendit, alter dum expetit debitos titulos, alter dum mavult videri contempsisse. Vale.

20. C. PLINIUS VENATORI SUO S.

1 Tua vero epistula tanto mihi iucundior fuit quanto longior erat, praesertim cum de libellis meis tota loqueretur; quos tibi voluptati esse non miror, cum omnia

nostra perinde ac nos ames. 2 Ipse cum maxime vindemias graciles quidem, uberiores tamen quam exspectaveram colligo, si colligere est non numquam decerpere uvam, torculum invisere, gustare de lacu mustum, obrepere urbanis, qui nunc rusticis praesunt meque notariis et lectoribus reliquerunt. Vale.

21. C. PLINIUS SABINIANO SUO S.

1 Libertus tuus, cui suscensere te dixeras, venit ad me advolutusque pedibus meis tamquam tuis haesit. Flevit multum, multum rogavit, multum etiam tacuit, in summa fecit mihi fidem paenitentiae verae: credo emendatum quia deliquisse se sentit. 2 Irasceris, scio, et irasceris merito, id quoque scio; sed tunc praecipua mansuetudinis laus, cum irae causa iustissima est. 3 Amasti hominem et, spero, amabis: interim sufficit ut exorari te sinas. Licebit rursus irasci, si meruerit, quod exoratus excusatius facies. Remitte aliquid adulescentiae ipsius, remitte lacrimis, remitte indulgentiae tuae. Ne torseris illum, ne torseris etiam te; torqueris enim cum tam lenis irasceris. 4 Vereor ne videar non rogare sed cogere, si precibus eius meas iunxero; iungam tamen tanto plenius et effusius, quanto ipsum acrius severiusque corripui, destricte minatus numquam me postea rogaturum. Hoc illi, quem terreri oportebat, tibi non idem; nam fortasse iterum rogabo, impetrabo iterum: sit modo tale, ut rogare me, ut praestare te deceat. Vale.

22. C. PLINIUS SEVERO SUO S.

1 Magna me sollicitudine affecit Passenni Pauli valetudo, et quidem plurimis iustissimisque de causis. Vir est optimus honestissimus, nostri amantissimus; praeterea in litteris veteres aemulatur exprimit reddit, Propertium in primis, a quo genus ducit, vera suboles eoque simillima illi in quo ille praecipuus. 2 Si elegos eius in manus sumpseris, leges opus tersum molle iucundum, et plane in Properti domo scriptum. Nuper ad lyrica deflexit, in quibus ita Horatium ut in illis illum alterum effingit: putes si quid in studiis cognatio valet, et huius propinquum. Magna varietas magna mobilitas: amat ut qui verissime, dolet ut qui impatientissime, laudat ut qui benignissime, ludit ut qui facetissime, omnia denique tamquam singula absolvit. 3Pro hoc ego amico, pro hoc ingenio non minus aeger animo quam corpore ille, tandem illum tandem me recepi. Gratulare mihi, gratulare etiam litteris ipsis, quae ex periculo eius tantum discrimen adierunt, quantum ex salute gloriae consequentur. Vale.

23. C. PLINIUS MAXIMO SUO S.

1 Frequenter agenti mihi evenit, ut centumviri cum diu se intra iudicum auctoritatem gravitatemque tenuissent, omnes repente quasi victi coactique consurgerent laudarentque; 2 frequenter e senatu famam qualem maxime optaveram rettuli: numquam tamen maiorem cepi voluptatem, quam nuper ex sermone Corneli Taciti. Narrabat sedisse secum circensibus proximis equitem Romanum. Hunc post varios eruditosque sermones requisisse: 'Italicus es an provincialis?' Se respondisse: 'Nosti me, et quidem ex studiis.' 3 Ad hoc illum: 'Tacitus es an Plinius?' Exprimere non possum, quam sit iucundum mihi quod nomina nostra quasi litterarum propria, non hominum, litteris redduntur, quod uterque nostrum his etiam e studiis notus, quibus aliter ignotus est.

4 Accidit aliud ante pauculos dies simile. Recumbebat mecum vir egregius, Fadius Rufinus, super eum municeps ipsius, qui illo die primum venerat in urbem; cui Rufinus demonstrans me: 'Vides hunc?' Multa deinde de studiis nostris; et ille 'Plinius est' inquit. 5 Verum fatebor, capio magnum laboris mei fructum. An si Demosthenes iure laetatus est, quod illum anus Attica ita noscitavit: 'Houtos esti Dêmosthenes', celebritate nominis mei gaudere non debeo? Ego vero et gaudeo et gaudere me dico. 6 Neque enim vereor ne iactantior videar, cum de me aliorum iudicium non meum profero, praesertim apud te qui nec ullius invides laudibus et faves nostris. Vale.

24. C. PLINIUS SABINIANO SUO S.

Bene fecisti quod libertum aliquando tibi carum reducentibus epistulis meis in domum in animum recepisti. Iuvabit hoc te; me certe iuvat, primum quod te tam tractabilem video, ut in ira regi possis, deinde quod tantum mihi tribuis, ut vel auctoritati meae pareas vel precibus indulgeas. Igitur et laudo et gratias ago; simul in posterum moneo, ut te erroribus tuorum, etsi non fuerit qui deprecetur, placabilem praestes. Vale.

25. C. PLINIUS MAMILIANO SUO S.

1 Quereris de turba castrensium negotiorum et, tamquam summo otio perfruare, lusus et ineptias nostras legis amas flagitas, meque ad similia condenda non mediocriter incitas. 2 Incipio enim ex hoc genere studiorum non solum oblectationem verum etiam gloriam petere, post iudicium tuum viri eruditissimi gravissimi ac super ista verissimi. 3 Nunc me rerum actus modice sed tamen

distringit; quo finito aliquid earundem Camenarum in istum benignissimum sinum mittam. Tu passerculis et columbulis nostris inter aquilas vestras dabis pennas, si tamen et tibi placebunt; si tantum sibi, continendos cavea nidove curabis. Vale.

26. C. PLINIUS LUPERCO SUO S.

1 Dixi de quodam oratore saeculi nostri recto quidem et sano, sed parum grandi et ornato, ut opinor, apte: 'Nihil peccat, nisi quod nihil peccat.' 2 Debet enim orator erigi attolli, interdum etiam effervescere ecferri, ac saepe accedere ad praeceps; nam plerumque altis et excelsis adiacent abrupta. Tutius per plana sed humilius et depressius iter; frequentior currentibus quam reptantibus lapsus, sed his non labentibus nulla, illis non nulla laus etiamsi labantur. 3 Nam ut quasdam artes ita eloquentiam nihil magis quam ancipitia commendant. Vides qui per funem in summa nituntur, quantos soleant excitare clamores, cum iam iamque casuri videntur. 4 Sunt enim maxime mirabilia quae maxime insperata, maxime opericulosa utque Graeci magis exprimunt, 'parabola'. Ideo nequaquam par gubernatoris est virtus, cum placido et cum turbato mari vehitur: tunc admirante nullo, illaudatus inglorius subit portum, at cum stridunt funes curvatur arbor gubernacula gemunt, tunc ille clarus et dis maris proximus.

5 Cur haec? Quia visus es mihi in scriptis meis adnotasse quaedam ut tumida quae ego sublimia, ut improba quae ego audentia, ut nimia quae ego plena arbitrabar. Plurimum autem refert, reprehendenda adnotes an insignia. 6 Omnis enim advertit, quod eminet et exstat; sed acri intentione diiudicandum est, immodicum sit an grande, altum an enorme. Atque ut Homerum potissimum attingam, quem tandem alterutram in partem potest fugere 'amphi de salpinxen megas ouranos, êeri d' enchos ekeklito' et totum illud 'oute thalassês kyma toson boaa'? 7 Sed opus est examine et libra, incredibile sint haec et inania an magnifica caelestia. Nec nunc ego me his similia aut dixisse aut posse dicere puto — non ita insanio -, sed hoc intellegi volo, laxandos esse eloquentiae frenos, nec angustissimo gyro ingeniorum impetus refringendos.

8 'At enim alia condicio oratorum, alia poetarum. Quasi vero M. Tullius minus audeat! Quamquam hunc omitto; neque enim ambigi puto. Sed Demosthenes ipse, ille norma oratoris et regula, num se cohibet et comprimit, cum dicit illa notissima: 'anthrôpoi miaroi, kolakes kai alastores' et rursus 'ou lithois eteichisa tên polin oude plinthois egô' et statim 'ouk ek men thalassês tên Euboian probebalesthai pro tês Attikês' et alibi:íegô de oimai men, ô andres Athênaioi, nê

tous theous ekeinon methyein tô megethei tôn pepragmenôn'? 9 Iam quid
audentius illo pulcherrimo ac longissimo excessu: 'nosêma gar ...'? Quid haec
breviora superioribus, sed audacia paria: 'tote egô men tô Pythôni thrasynomenô
kai pollô reonti kath' hêmôn'? Ex eadem nota 'hotan de ek pleonexias kai ponêrias
tis hôsper houtos ischysê, hê prôtê prophasis kai mikron ptaisma hapanta
anechaitise kai dielyse'. Simile his 'apeschoinismenos hapasi tois en tê polei
dikaiois' et ibidem 'sy ton eis tauta eleon proudôkas, Aristogeiton, mallon d'
anêrêkas holôs. Mê dê, pros hous autos echôsas limenas kai probolôn eneplêsas,
pros toutous hormizou. Et dixerat: 'toutô d' oudena horô tôn topôn toutôn
basimon onta, alla panta apokrêmna, pharangas, barathra'. Et deinceps 'dedoika,
mê doxête tisi ton aei boulomenon einai ponêron tôn en tê polei paidotribein',
nec satis: 'oude gar tous progonous hypolambanô ta dikastêria tauta hymin
oikodomêsai, hina tous toioutous en autois moscheuête', ad hoc: 'ei de kapêlos
esti ponêrias kai palinkapêlos kai metaboleus' et mille talia, ut praeteream quae ab
Aeschine 'thaumata', non 'rêmata' vocantur.

10 In contrarium incidi: dices hunc quoque ob ista culpari. Sed vide, quanto
maior sit, qui reprehenditur, ipso reprehendente et maior ob haec quoque; in aliis
enim vis, in his granditas eius elucet. 11 Num autem Aeschines ipse eis, quae in
Demosthene carpebat, abstinuit? ëChrê gar, ô andres Athênaioi, to auto
phthengesthai ton rêtora kai ton nomon° hotan de heteran men phônên aphiê ho
nomos, heteran de ho rêtôr ...'. Alio loco: 'epeita anaphainetai peri pantôn en tô
psêphismati.' Iterum alio: 'all' enkathêmenoi kai enedreuontes en tê akroasei
eiselaunete auton eis tous paranomous logous'. 12 Quod adeo probavit, ut
repetat: 'all' hôsper en tais hippodromiais eis ton tou pragmatos auton dromon
eiselaunete'. Iam illa custoditius pressiusque: 'sy de helkopoieis, kai mallon soi
melei tôn authêmerôn logôn ê tês sôtêrias tês poleôs', altius illa: 'ouk
apopempsesthe ton anthrôpon hôs koinên tôn Hellênôn symphoran; ê syllabontes
hôs lêstên tôn pragmatôn ep' onomatôn dia tês politeias pleonta
timôrêsesthe; 13 Exspecto, ut quaedam ex hac epistula ut illud 'gubernacula
gemunt' et 'dis maris proximus' isdem notis quibus ea, de quibus scribo,
confodias; intellego enim me, dum veniam prioribus peto, in illa ipsa quae
adnotaveras incidisse. Sed confodias licet, dum modo iam nunc destines diem,
quo et de illis et de his coram exigere possimus. Aut enim tu me timidum aut ego
te temerarium faciam. Vale.

27. C. PLINIUS PATERNO SUO S.

1 Quanta potestas, quanta dignitas, quanta maiestas, quantum denique numen sit historiae, cum frequenter alias tum proxime sensi. Recitaverat quidam verissimum librum, partemque eius in alium diem reservaverat. 2 Ecce amici cuiusdam orantes obsecrantesque, ne reliqua recitaret. Tantus audiendi quae fecerint pudor, quibus nullus faciendi quae audire erubescunt. Et ille quidem praestitit quod rogabatur — sinebat fides -; liber tamen ut factum ipsum manet manebit legeturque semper, tanto magis quia non statim. Incitantur enim homines ad noscenda quae differuntur. Vale.

28. C. PLINIUS ROMANO SUO S.

1 Post longum tempus epistulas tuas, sed tres pariter recepi, omnes elegantissimas amantissimas, et quales a te venire praesertim desideratas oportebat. Quarum una iniungis mihi iucundissimum ministerium, ut ad Plotinam sanctissimam feminam litterae tuae perferantur: perferentur. 2 Eadem commendas Popilium Artemisium: statim praestiti quod petebat. Indicas etiam modicas te vindemias collegisse: communis haec mihi tecum, quamquam in diversissima parte terrarum, querela est. 3 Altera epistula nuntias multa te nunc dictare nunc scribere, quibus nos tibi repraesentes. Gratias ago; agerem magis si me illa ipsa, quae scribis aut dictas, legere voluisses. Et erat aequum ut te mea ita me tua scripta cognoscere, etiamsi ad alium quam ad me pertinerent. 4 Polliceris in fine, cum certius de vitae nostrae ordinatione aliquid audieris, futurum te fugitivum rei familiaris statimque ad nos evolaturum, qui iam tibi compedes nectimus, quas perfringere nullo modo possis. 5 Tertia epistula continebat esse tibi redditam orationem pro Clario eamque visam uberiorem, quam dicente me audiente te fuerit. Est uberior; multa enim postea inserui. Adicis alias te litteras curiosius scriptas misisse; an acceperim quaeris. Non accepi et accipere gestio. Proinde prima quaque occasione mitte appositis quidem usuris, quas ego — num parcius possum? — centesimas computabo. Vale.

29. C. PLINIUS RUSTICO SUO S.

1 Ut satius unum aliquid insigniter facere quam plura mediocriter, ita plurima mediocriter, si non possis unum aliquid insigniter. Quod intuens ego variis me studiorum generibus nulli satis confisus experior. 2 Proinde, cum hoc vel illud leges, ita singulis veniam ut non singulis dabis. An ceteris artibus excusatio in numero, litteris durior lex, in quibus difficilior effectus est? Quid autem ego de

venia quasi ingratus? Nam si ea facilitate proxima acceperis qua priora, laus potius speranda quam venia obsecranda est. Mihi tamen venia sufficit. Vale.

30. C. PLINIUS GEMINO SUO S.

1 Laudas mihi et frequenter praesens et nunc per epistulas Nonium tuum, quod sit liberalis in quosdam: et ipse laudo, si tamen non in hos solos. Volo enim eum, qui sit vere liberalis, tribuere patriae propinquis, affinibus amicis, sed amicis dico pauperibus, non ut isti qui iis potissimum donant, qui donare maxime possunt. 2 Hos ego viscatis hamatisque muneribus non sua promere puto sed aliena corripere. Sunt ingenio simili qui quod huic donant auferunt illi, famamque liberalitatis avaritia petunt. 3 Primum est autem suo esse contentum, deinde, quos praecipue scias indigere, sustentantem foventemque orbe quodam socialitatis ambire. Quae cuncta si facit iste, usquequaque laudandus est; si unum aliquid, minus quidem, laudandus tamen: 4 tam rarum est etiam imperfectae liberalitatis exemplar. Ea invasit homines habendi cupido, ut possideri magis quam possidere videantur. Vale.

31. C. PLINIUS SARDO SUO S.

1 Postquam a te recessi, non minus tecum, quam cum ad te fui. Legi enim librum tuum identidem repetens ea maxime — non enim mentiar -, quae de me scripsisti, in quibus quidem percopiosus fuisti. Quam multa, quam varia, quam non eadem de eodem nec tamen diversa dixisti! 2 Laudem pariter et gratias agam? Neutrum satis possum et, si possem, timerem ne arrogans esset ob ea laudare, ob quae gratias agerem. Unum illud addam, omnia mihi tanto laudabiliora visa quanto iucundiora, tanto iucundiora quanto laudabiliora erant. Vale.

32. C. PLINIUS TITIANO SUO S.

Quid agis, quid acturus es? Ipse vitam iucundissimam — id est, otiosissimam — vivo. Quo fit, ut scribere longiores epistulas nolim, velim legere, illud tamquam delicatus, hoc tamquam otiosus. Nihil est enim aut pigrius delicatis aut curiosius otiosis. Vale.

33. C. PLINIUS CANINIO SUO S.

1 Incidi in materiam veram sed simillimam fictae, dignamque isto laetissimo altissimo planeque poetico ingenio; incidi autem, dum super cenam varia

miracula hinc inde referuntur. Magna auctori fides: tametsi quid poetae cum fide? Is tamen auctor, cui bene vel historiam scripturus credidisses.

2 Est in Africa Hipponensis colonia mari proxima. Adiacet navigabile stagnum; ex hoc in modum fluminis aestuarium emergit, quod vice alterna, prout aestus aut repressit aut impulit, nunc infertur mari, nunc redditur stagno. 3 Omnis hic aetas piscandi navigandi atque etiam natandi studio tenetur, maxime pueri, quos otium lususque sollicitat. His gloria et virtus altissime provehi: victor ille, qui longissime ut litus ita simul natantes reliquit. 4 Hoc certamine puer quidam audentior ceteris in ulteriora tendebat. Delphinus occurrit, et nunc praecedere puerum nunc sequi nunc circumire, postremo subire deponere iterum subire, trepidantemque perferre primum in altum, mox flectit ad litus, redditque terrae et aequalibus. 5 Serpit per coloniam fama; concurrere omnes, ipsum puerum tamquam miraculum aspicere, interrogare audire narrare. Postero die obsident litus, prospectant mare et si quid est mari simile. Natant pueri, inter hos ille, sed cautius. Delphinus rursus ad tempus, rursus ad puerum. Fugit ille cum ceteris. Delphinus, quasi invitet et revocet, exsilit mergitur, variosque orbes implicat expeditque. 6 Hoc altero die, hoc tertio, hoc pluribus, donec homines innutritos mari subiret timendi pudor. Accedunt et alludunt et appellant, tangunt etiam pertrectantque praebentem. Crescit audacia experimento. Maxime puer, qui primus expertus est, adnatat nanti, insilit tergo, fertur referturque, agnosci se amari putat, amat ipse; neuter timet, neuter timetur; huius fiducia, mansuetudo illius augetur. 7 Nec non alii pueri dextra laevaque simul eunt hortantes monentesque. Ibat una — id quoque mirum — delphinus alius, tantum spectator et comes. Nihil enim simile aut faciebat aut patiebatur, sed alterum illum ducebat reducebat, ut puerum ceteri pueri. 8 Incredibile, tam verum tamen quam priora, delphinum gestatorem collusoremque puerorum in terram quoque extrahi solitum, harenisque siccatum, ubi incaluisset in mare revolvi. 9 Constat Octavium Avitum, legatum proconsulis, in litus educto religione prava superfudisse unguentum, cuius illum novitatem odoremque in altum refugisse, nec nisi post multos dies visum languidum et maestum, mox redditis viribus priorem lasciviam et solita ministeria repetisse. 10Confluebant omnes ad spectaculum magistratus, quorum adventu et mora modica res publica novis sumptibus atterebatur. Postremo locus ipse quietem suam secretumque perdebat: placuit occulte interfici, ad quod coibatur. 11 Haec tu qua miseratione, qua copia deflebis ornabis attolles! Quamquam non est opus affingas aliquid aut astruas; sufficit ne ea quae sunt vera minuantur. Vale.

34. C. PLINIUS TRANQUILLO SUO S.

1 Explica aestum meum: audio me male legere, dumtaxat versus; rationes enim commode, sed tanto minus versus. Cogito ergo recitaturus familiaribus amicis experiri libertum meum. Hoc quoque familiare, quod elegi non bene sed melius — scio — lecturum, si tamen non fuerit perturbatus. 2 Est enim tam novus lector quam ego poeta. Ipse nescio, quid illo legente interim faciam, sedeam defixus et mutus et similis otioso an, ut quidam, quae pronuntiabit, murmure oculis manu prosequar. Sed puto me non minus male saltare quam legere. Iterum dicam, explica aestum meum vereque rescribe, num sit melius pessime legere quam ista vel non facere vel facere. Vale.

35. C. PLINIUS ÅATRIOÅ SUO S.

1 Librum, quem misisti, recepi et gratias ago. Sum tamen hoc tempore occupatissimus. Ideo nondum eum legi, cum alioqui valdissime cupiam. Sed eam reverentiam cum litteris ipsis tum scriptis tuis debeo, ut sumere illa nisi vacuo animo irreligiosum putem. 2 Diligentiam tuam in retractandis operibus valde probo. Est tamen aliquis modus, primum quod nimia cura deterit magis quam emendat, deinde quod nos a recentioribus revocat simulque nec absolvit priora et incohare posteriora non patitur. Vale.

36. C. PLINIUS FUSCO SUO S.

1 Quaeris, quemadmodum in Tuscis diem aestate disponam. Evigilo cum libuit, plerumque circa horam primam, saepe ante, tardius raro. Clausae fenestrae manent; mire enim silentio et tenebris ab iis quae avocant abductus et liber et mihi relictus, non oculos animo sed animum oculis sequor, qui eadem quae mens vident, quotiens non vident alia. 2 Cogito, si quid in manibus, cogito ad verbum scribenti emendantique similis, nunc pauciora nunc plura, ut vel difficile vel facile componi tenerive potuerunt. Notarium voco et die admisso quae formaveram dicto; abit rursusque revocatur rursusque dimittitur. 3 Ubi hora quarta vel quinta — neque enim certum dimensumque tempus -, ut dies suasit, in xystum me vel cryptoporticum confero, reliqua meditor et dicto. Vehiculum ascendo. Ibi quoque idem quod ambulans aut iacens; durat intentio mutatione ipsa refecta. Paulum redormio, dein ambulo, mox orationem Graecam Latinamve clare et intente non tam vocis causa quam stomachi lego; pariter tamen et illa firmatur. 4 Iterum ambulo ungor exerceor lavor. Cenanti mihi, si cum uxore vel paucis, liber legitur; post cenam comoedia aut lyristes; mox cum meis ambulo, quorum in numero

sunt eruditi. Ita variis sermonibus vespera extenditur, et quamquam longissimus dies bene conditur. 5 Non numquam ex hoc ordine aliqua mutantur; nam, si diu iacui vel ambulavi, post somnum demum lectionemque non vehiculo sed, quod brevius quia velocius, equo gestor. Interveniunt amici ex proximis oppidis, partemque diei ad se trahunt interdumque lasso mihi opportuna interpellatione subveniunt. 6 Venor aliquando, sed non sine pugillaribus, ut quamvis nihil ceperim non nihil referam. Datur et colonis, ut videtur ipsis, non satis temporis, quorum mihi agrestes querelae litteras nostras et haec urbana opera commendant. Vale.

37. C. PLINIUS PAULINO SUO S.

1 Nec tuae naturae est translaticia haec et quasi publica officia a familiaribus amicis contra ipsorum commodum exigere, et ego te constantius amo quam ut verear, ne aliter ac velim accipias, nisi te Kalendis statim consulem videro, praesertim cum me necessitas locandorum praediorum plures annos ordinatura detineat, in qua mihi nova consilia sumenda sunt. 2 Nam priore lustro, quamquam post magnas remissiones, reliqua creverunt: inde plerisque nulla iam cura minuendi aeris alieni, quod desperant posse persolvi; rapiunt etiam consumuntque quod natum est, ut qui iam putent se non sibi parcere. 3 Occurrendum ergo augescentibus vitiis et medendum est. Medendi una ratio, si non nummo sed partibus locem ac deinde ex meis aliquos operis exactores, custodes fructibus ponam. Et alioqui nullum iustius genus reditus, quam quod terra caelum annus refert. 4 At hoc magnam fidem acres oculos numerosas manus poscit. Experiundum tamen et quasi in veteri morbo quaelibet mutationis auxilia temptanda sunt. 5 Vides, quam non delicata me causa obire primum consulatus tui diem non sinat; quem tamen hic quoque ut praesens votis gaudio gratulatione celebrabo. Vale.

38. C. PLINIUS SATURNINO SUO S.

Ego vero Rufum nostrum laudo, non quia tu ut ita facerem petisti sed quia est ille dignissimus. Legi enim librum omnibus numeris absolutum, cui multum apud me gratiae amor ipsius adiecit. Iudicavi tamen; neque enim soli iudicant qui maligne legunt. Vale.

39. C. PLINIUS MUSTIO SUO S.

1 Haruspicum monitu reficienda est mihi aedes Cereris in praediis in melius et in maius, vetus sane et angusta, cum sit alioqui stato die frequentissima.2 Nam Idibus Septembribus magnus e regione tota coit populus, multae res aguntur, multa vota suscipiuntur, multa redduntur; sed nullum in proximo suffugium aut imbris aut solis. 3 Videor ergo munifice simul religioseque facturus, si aedem quam pulcherrimam exstruero, addidero porticus aedi, illam ad usum deae has ad hominum. 4 Velim ergo emas quattuor marmoreas columnas, cuius tibi videbitur generis, emas marmora quibus solum, quibus parietes excolantur. Erit etiam faciendum ipsius deae signum, quia antiquum illud e ligno quibusdam sui partibus vetustate truncatum est. 5Quantum ad porticus, nihil interim occurrit, quod videatur istinc esse repetendum, nisi tamen ut formam secundum rationem loci scribas. Neque enim possunt circumdari templa: nam solum templi hinc flumine et abruptissimis ripis, hinc via cingitur. 6 Est ultra viam latissimum pratum, in quo satis apte contra templum ipsum porticus explicabuntur; nisi quid tu melius invenies, qui soles locorum difficultates arte superare. Vale.

40. C. PLINIUS FUSCO SUO S.

1 Scribis pergratas tibi fuisse litteras meas, quibus cognovisti quemadmodum in Tuscis otium aestatis exigerem; requiris quid ex hoc in Laurentino hieme permutem. 2 Nihil, nisi quod meridianus somnus eximitur multumque de nocte vel ante vel post diem sumitur, et, si agendi necessitas instat, quae frequens hieme, non iam comoedo vel lyristae post cenam locus, sed illa, quae dictavi, identidem retractantur, ac simul memoriae frequenti emendatione proficitur. 3 Habes aestate hieme consuetudinem; addas huc licet ver et autumnum, quae inter hiemem aestatemque media, ut nihil de die perdunt, de nocte parvolum acquirunt. Vale.

LIBER DECIMVS AD TRAIANVM IMPERATOREM CVM EIVSDEM RESPONSIS

1. C. PLINIVS TRAIANO IMPERATORI

1 Tua quidem pietas, imperator sanctissime, optaverat, ut quam tardissime succederes patri; sed di immortales festinaverunt virtutes tuas ad gubernacula rei publicae quam susceperas admovere. 2 Precor ergo ut tibi et per te generi humano prospera omnia, id est digna saeculo tuo contingant. Fortem te et hilarem, imperator optime, et privatim et publice opto.

2. C. PLINIVS TRAIANO IMPERATORI

1 Exprimere, domine, verbis non possum, quantum mihi gaudium attuleris, quod me dignum putasti iure trium liberorum. Quamvis enim Iuli Serviani, optimi viri tuique amantissimi, precibus indulseris, tamen etiam ex rescripto intellego libentius hoc ei te praestitisse, quia pro me rogabat. 2 Videor ergo summam voti mei consecutus, cum inter initia felicissimi principatus tui probaveris me ad peculiarem indulgentiam tuam pertinere; eoque magis liberos concupisco, quos habere etiam illo tristissimo saeculo volui, sicut potes duobus matrimoniis meis credere. 3 Sed di melius, qui omnia integra bonitati tuae reservarunt; malui hoc potius tempore me patrem fieri, quo futurus essem et securus et felix.

3 A. C. PLINIVS TRAIANO IMPERATORI

1 Ut primum me, domine, indulgentia vestra promovit ad praefecturam aerarii Saturni, omnibus advocationibus, quibus alioqui numquam eram promiscue functus, renuntiavi, ut toto animo delegato mihi officio vacarem. 2 Qua ex causa, cum patronum me provinciales optassent contra Marium Priscum, et petii veniam huius muneris et impetravi. Sed cum postea consul designatus censuisset agendum nobiscum, quorum erat excusatio recepta, ut essemus in senatus potestate pateremurque nomina nostra in urnam conici, convenientissimum esse tranquillitati saeculi tui putavi praesertim tam moderatae voluntati amplissimi

ordinis non repugnare. 3 Cui obsequio meo opto, ut existimes constare rationem, cum omnia facta dictaque mea probare sanctissimis moribus tuis cupiam.

3 B. TRAIANUS PLINIO

Et civis et senatoris boni partibus functus es obsequium amplissimi ordinis quod iustissime exigebat, praestando. Quas partes impleturum te secundum susceptam fidem confido.

4. C. PLINIUS TRAIANO IMPERATORI

1 Indulgentia tua, imperator optime, quam plenissimam experior, hortatur me, ut audeam tibi etiam pro amicis obligari; inter quos sibi vel praecipuum locum vindicat Voconius Romanus, ab ineunte aetate condiscipulus et contubernalis. 2 Quibus ex causis et a divo patre tuo petieram, ut illum in amplissimum ordinem promoveret. Sed hoc votum meum bonitati tuae reservatum est, quia mater Romani liberalitatem sestertii quadragies, quod conferre se filio codicillis ad patrem tuum scriptis professa fuerat, nondum satis legitime peregerat; quod postea fecit admonita a nobis. 3 Nam fundos emancipavit, et cetera quae in emancipatione implenda solent exigi consummavit. 4 Cum sit ergo finitum, quod spes nostras morabatur, non sine magna fiducia subsigno apud te fidem pro moribus Romani mei, quos et liberalia studia exornant et eximia pietas, quae hanc ipsam matris liberalitatem et statim patris hereditatem et adoptionem a vitrico meruit. 5 Auget haec et natalium et paternarum facultatium splendor; quibus singulis multum commendationis accessurum etiam ex meis precibus indulgentiae tuae credo. 6 Rogo ergo, domine, ut me exoptatissimae mihi gratulationis compotem facias et honestis, ut spero, affectibus meis praestes, ut non in me tantum verum et in amico gloriari iudiciis tuis possim.

5. C. PLINIUS TRAIANO IMPERATORI

1 Proximo anno, domine, gravissima valetudine usque ad periculum vitae vexatus iatralipten assumpsi; cuius sollicitudini et studio tuae tantum indulgentiae beneficio referre gratiam parem possum. 2 Quare rogo des ei civitatem Romanam. Est enim peregrinae condicionis manumissus a peregrina. Vocatur ipse Arpocras, patronam habuit Thermuthin Theonis, quae iam pridem defuncta est. Item rogo des ius Quiritium libertis Antoniae Maximillae, ornatissimae feminae, Hediae et Antoniae Harmeridi; quod a te petente patrona peto.

6. C. PLINIUS TRAIANO IMPERATORI

1 Ago gratias, domine, quod et ius Quiritium libertis necessariae mihi feminae et civitatem Romanam Arpocrati, iatraliptae meo, sine mora indulsisti. Sed cum annos eius et censum sicut praeceperas ederem, admonitus sum a peritioribus debuisse me ante ei Alexandrinam civitatem impetrare, deinde Romanam, quoniam esset Aegyptius. 2 Ego autem, quia inter Aegyptios ceterosque peregrinos nihil interesse credebam, contentus fueram hoc solum scribere tibi, esse eum a peregrina manumissum patronamque eius iam pridem decessisse. De qua ignorantia mea non queror, per quam stetit ut tibi pro eodem homine saepius obligarer. Rogo itaque, ut beneficio tuo legitime frui possim, tribuas ei et Alexandrinam civitatem [et Romanam]. Annos eius et censum, ne quid rursus indulgentiam tuam moraretur, libertis tuis quibus iusseras misi.

7. TRAIANUS PLINIO

Civitatem Alexandrinam secundum institutionem principum non temere dare proposui. Sed cum Arpocrati, iatraliptae tuo, iam civitatem Romanam impetraveris, huic quoque petitioni tuae negare non sustineo. Tu, ex quo nomo sit, notum mihi facere debebis, ut epistulam tibi ad Pompeium Plantam praefectum Aegypti amicum meum mittam.

8. C. PLINIUS TRAIANO IMPERATORI

1 Cum divus pater tuus, domine, et oratione pulcherrima et honestissimo exemplo omnes cives ad munificentiam esset cohortatus, petii ab eo, ut statuas principum, quas in longinquis agris per plures successiones traditas mihi quales acceperam custodiebam, permitteret in municipium transferre adiecta sua statua. 2 Quod quidem ille mihi cum plenissimo testimonio indulserat; ego statim decurionibus scripseram, ut assignarent solum in quo templum pecunia mea exstruerem; illi in honorem operis ipsius electionem loci mihi obtulerant. 3 Sed primum mea, deinde patris tui valetudine, postea curis delegati a vobis officii retentus, nunc videor commodissime posse in rem praesentem excurrere. Nam et menstruum meum Kalendis Septembribus finitur, et sequens mensis complures dies feriatos habet. 4 Rogo ergo ante omnia permittas mihi opus quod incohaturus sum exornare et tua statua; deinde, ut hoc facere quam maturissime possim, indulgeas commeatum. 5 Non est autem simplicitatis meae dissimulare apud bonitatem tuam obiter te plurimum collaturum utilitatibus rei familiaris meae. Agrorum enim, quos in eadem regione possideo, locatio, cum alioqui

CCCC excedat, adeo non potest differri, ut proximam putationem novus colonus facere debeat. Praeterea continuae sterilitates cogunt me de remissionibus cogitare; quarum rationem nisi praesens inire non possum. 6 Debebo ergo, domine, indulgentiae tuae et pietatis meae celeritatem et status ordinationem, si mihi ob utraque haec dederis commeatum XXX dierum. Neque enim angustius tempus praefinire possum, cum et municipium et agri de quibus loquor sint ultra centesimum et quinquagesimum lapidem.

9. TRAIANUS PLINIO

Et multas et omnes publicas causas petendi commeatus reddidisti; mihi autem vel sola voluntas tua suffecisset. Neque enim dubito te, ut primum potueris, ad tam districtum officium reversurum. Statuam poni mihi a te eo quo desideras loco, quamquam eius modi honorum parcissimus tamen patior, ne impedisse cursum erga me pietatis tuae videar.

10. C. PLINIUS TRAIANO IMPERATORI

1 Exprimere, domine, verbis non possum, quanto me gaudio affecerint epistulae tuae, ex quibus cognovi te Arpocrati, iatraliptae meo, et Alexandrinam civitatem tribuisse, quamvis secundum institutionem principum non temere eam dare proposuisses. Esse autem Arpocran 'nomou Memphitou' indico tibi. 2 Rogo ergo, indulgentissime imperator, ut mihi ad Pompeium Plantam praefectum Aegypti amicum tuum, sicut promisisti, epistulam mittas. Obviam iturus, quo maturius, domine, exoptatissimi adventus tui gaudio frui possim, rogo permittas mihi quam longissime occurrere tibi.

11. C. PLINIUS TRAIANO IMPERATORI

1 Proxima infirmitas mea, domine, obligavit me Postumio Marino medico; cui parem gratiam referre beneficio tuo possum, si precibus meis ex consuetudine bonitatis tuae indulseris. 2 Rogo ergo, ut propinquis eius des civitatem, Chrysippo Mithridatis uxorique Chrysippi, Stratonicae Epigoni, item liberis eiusdem Chrysippi, Epigono et Mithridati, ita ut sint in patris potestate utque iis in libertos servetur ius patronorum. Item rogo indulgeas ius Quiritium L. Satrio Abascanto et P. Caesio Phosphoro et Panchariae Soteridi; quod a te volentibus patronis peto.

12. C. PLINIUS TRAIANO IMPERATORI

1 Scio, domine, memoriae tuae, quae est bene faciendi tenacissima, preces nostras inhaerere. Quia tamen in hoc quoque indulsisti, admoneo simul et impense rogo, ut Attium Suram praetura exornare digneris, cum locus vacet. 2 Ad quam spem alioqui quietissimum hortatur et natalium splendor et summa integritas in paupertate et ante omnia felicitas temporum, quae bonam conscientiam civium tuorum ad usum indulgentiae tuae provocat et attollit.

13. C. PLINIUS TRAIANO IMPERATORI

Cum sciam, domine, ad testimonium laudemque morum meorum pertinere tam boni principis iudicio exornari, rogo dignitati, ad quam me provexit indulgentia tua, vel auguratum vel septemviratum, quia vacant adicere digneris, ut iure sacerdotii precari deos pro te publice possim, quos nunc precor pietate privata.

14. C. PLINIUS TRAIANO IMPERATORI

Victoriae tuae, optime imperator, maximae, pulcherrimae, antiquissimae et tuo nomine et rei publicae gratulor, deosque immortales precor, ut omnes cogitationes tuas tam laetus sequatur eventus, cum virtutibus tantis gloria imperii et novetur et augeatur.

15. C. PLINIUS TRAIANO IMPERATORI

Quia confido, domine, ad curam tuam pertinere, nuntio tibi me Ephesum cum omnibus meis 'hyper Malean' navigasse quamvis contrariis ventis retentum. Nunc destino partim orariis navibus, partim vehiculis provinciam petere. Nam sicut itineri graues aestus, ita continuae navigationi etesiae reluctantur.

16. TRAIANUS PLINIO

Recte renuntiasti, mi Secunde carissime. Pertinet enim ad animum meum, quali itinere provinciam pervenias. Prudenter autem constituis interim navibus, interim vehiculis uti, prout loca suaserint.

17 A. C. PLINIUS TRAIANO IMPERATORI

1 Sicut saluberrimam navigationem, domine, usque Ephesum expertus ita inde, postquam vehiculis iter facere coepi, gravissimis aestibus atque etiam febriculis vexatus Pergami substiti. 2 Rursus, cum transissem in orarias nauculas, contrariis

ventis retentus aliquanto tardius quam speraveram, id est XV Kal. Octobres, Bithyniam intravi. Non possum tamen de mora queri, cum mihi contigerit, quod erat auspicatissimum, natalem tuum in provincia celebrare. 3 Nunc rei publicae Prusensium impendia, reditus, debitores excutio; quod ex ipso tractatu magis ac magis necessarium intellego. Multae enim pecuniae variis ex causis a privatis detinentur; praeterea quaedam minime legitimis sumptibus erogantur. 4 Haec tibi, domine, in ipso ingressu meo scripsi.

17 B. C. PLINIUS TRAIANO IMPERATORI

1 Quinto decimo Kal. Octob., domine, provinciam intravi, quam in eo obsequio, in ea erga te fide, quam de genere humano mereris, inveni. 2 Dispice, domine, an necessarium putes mittere huc mensorem. Videntur enim non mediocres pecuniae posse revocari a curatoribus operum, si mensurae fideliter agantur. Ita certe prospicio ex ratione Prusensium, quam cum maxime tracto.

18. TRAIANUS PLINIO

1 Cuperem sine querela corpusculi tui et tuorum pervenire in Bithyniam potuisses, ac simile tibi iter ab Epheso ei navigationi fuisset, quam expertus usque illo eras. 2 Quo autem die pervenisses in Bithyniam, cognovi, Secunde carissime, litteris tuis. Provinciales, credo, prospectum sibi a me intellegent. Nam et tu dabis operam, ut manifestum sit illis electum te esse, qui ad eosdem mei loco mittereris. 3 Rationes autem in primis tibi rerum publicarum excutiendae sunt; nam et esse eas vexatas satis constat. Mensores vix etiam iis operibus, quae aut Romae aut in proximo fiunt, sufficientes habeo; sed in omni provincia inveniuntur, quibus credi possit, et ideo non deerunt tibi, modo velis diligenter excutere.

19. C. PLINIUS TRAIANO IMPERATORI

1 Rogo, domine, consilio me regas haesitantem, utrum per publicos civitatium servos, quod usque adhuc factum, an per milites asservare custodias debeam. Vereor enim, ne et per publicos parum fideliter custodiantur, et non exiguum militum numerum haec cura distringat. 2 Interim publicis servis paucos milites addidi. Video tamen periculum esse, ne id ipsum utrisque neglegentiae causa sit, dum communem culpam hi in illos, illi in hos regerere posse confidunt.

20. TRAIANUS PLINIO

1 Nihil opus sit, mi Secunde carissime, ad continendas custodias plures commilitones converti. Perseveremus in ea consuetudine quae isti provinciae est, ut per publicos servos custodiantur. 2 Etenim, ut fideliter hoc faciant, in tua severitate ac diligentia positum est. In primis enim, sicut scribis, verendum est, ne, si permisceantur servis publicis milites, mutua inter se fiducia neglegentiores sint; sed et illud haereat nobis, quam paucissimos a signis avocandos esse.

21. C. PLINIUS TRAIANO IMPERATORI

1 Gavius Bassus praefectus orae Ponticae et reverentissime et officiosissime, domine, venit ad me et compluribus diebus fuit mecum, quantum perspicere potui, vir egregius et indulgentia tua dignus. Cui ego notum feci praecepisse te ut ex cohortibus, quibus me praeesse voluisti, contentus esset beneficiariis decem, equitibus duobus, centurione uno. 2 Respondit non sufficere sibi hunc numerum, idque se scripturum tibi. Hoc in causa fuit, quominus statim revocandos putarem, quos habet supra numerum.

22. TRAIANUS PLINIO

1 Et mihi scripsit Gavius Bassus non sufficere sibi eum militum numerum, qui ut daretur illi, mandatis meis complexus sum. Cui quae rescripsissem, ut notum haberes, his litteris subici iussi. Multum interest, res poscat an hoc nomine eis uti latius velit. 2 Nobis autem utilitas demum spectanda est, et, quantum fieri potest, curandum ne milites a signis absint.

23. C. PLINIUS TRAIANO IMPERATORI

1 Prusenses, domine, balineum habent; est sordidum et vetus. Itaque magni aestimant novum fieri; quod videris mihi desiderio eorum indulgere posse.2 Erit enim pecunia, ex qua fiat, primum ea quam revocare a privatis et exigere iam coepi; deinde quam ipsi erogare in oleum soliti parati sunt in opus balinei conferre; quod alioqui et dignitas civitatis et saeculi tui nitor postulat.

24. TRAIANUS PLINIO

Si instructio novi balinei oneratura vires Prusensium non est, possumus desiderio eorum indulgere, modo ne quid ideo aut intribuatur aut minus illis in posterum fiat ad necessarias erogationes.

25. C. PLINIUS TRAIANO IMPERATORI

Servilius Pudens legatus, domine, VIII Kal. Decembres Nicomediam venit meque longae exspectationis sollicitudine liberavit.

26. C. PLINIUS TRAIANO IMPERATORI

1 Rosianum Geminum, domine, artissimo vinculo mecum tua in me beneficia iunxerunt; habui enim illum quaestorem in consulatu. Mei sum observantissimum expertus; tantam mihi post consulatum reverentiam praestat, et publicae necessitudinis pignera privatis cumulat officiis. 2 Rogo ergo, ut ipse apud te pro dignitate eius precibus meis faveas. Cui et, si quid mihi credis, indulgentiam tuam dabis; dabit ipse operam ut in iis, quae ei mandaveris, maiora mereatur. Parciorem me in laudando facit, quod spero tibi et integritatem eius et probitatem et industriam non solum ex eius honoribus, quos in urbe sub oculis tuis gessit, verum etiam ex commilitio esse notissimam. 3 Illud unum, quod propter caritatem eius nondum mihi videor satis plene fecisse, etiam atque etiam facio teque, domine, rogo, gaudere me exornata quaestoris mei dignitate, id est per illum mea, quam maturissime velis.

27. C. PLINIUS TRAIANO IMPERATORI

Maximus libertus et procurator tuus, domine, praeter decem beneficiarios, quos assignari a me Gemellino optimo viro iussisti, sibi quoque confirmat necessarios esse milites sex. Hos interim, sicut inveneram, in ministerio eius relinquendos existimavi, praesertim cum ad frumentum comparandum iret in Paphlagoniam. Quin etiam tutelae causa, quia ita desiderabat, addidi duos equites. In futurum, quid servari velis, rogo rescribas.

28. TRAIANUS PLINIO

Nunc quidem proficiscentem ad comparationem frumentorum Maximum libertum meum recte militibus instruxisti. Fungebatur enim et ipse extraordinario munere. Cum ad pristinum actum reversus fuerit, sufficient illi duo a te dati milites et totidem a Virdio Gemellino procuratore meo, quem adiuvat.

29. C. PLINIUS TRAIANO IMPERATORI

1 Sempronius Caelianus, egregius iuvenis, repertos inter tirones duos servos misit ad me; quorum ego supplicium distuli, ut te conditorem disciplinae militaris

firmatoremque consulerem de modo poenae. 2 Ipse enim dubito ob hoc maxime quod, ut iam dixerant sacramento, ita nondum distributi in numeros erant. Quid ergo debeam sequi rogo, domine, scribas, praesertim cum pertineat ad exemplum.

30. TRAIANUS PLINIO

1 Secundum mandata mea fecit Sempronius Caelianus mittendo ad te eos, de quibus cognosci oportebit, an capitale supplicium meruisse videantur. Refert autem, voluntarii se obtulerint an lecti sint vel etiam vicarii dati. 2 Lecti si sunt, inquisitio peccavit; si vicarii dati, penes eos culpa est qui dederunt; si ipsi, cum haberent condicionis suae conscientiam, venerunt, animadvertendum in illos erit. Neque enim multum interest, quod nondum per numeros distributi sunt. Ille enim dies, quo primum probati sunt, veritatem ab iis originis suae exegit.

31. C. PLINIUS TRAIANO IMPERATORI

1 Salva magnitudine tua, domine, descendas oportet ad meas curas, cum ius mihi dederis referendi ad te, de quibus dubito. 2 In plerisque civitatibus, maxime Nicomediae et Nicaeae, quidam vel in opus damnati vel in ludum similiaque his genera poenarum publicorum servorum officio ministerioque funguntur, atque etiam ut publici servi annua accipiunt. Quod ego cum audissem, diu multumque haesitavi, quid facere deberem. 3 Nam et reddere poenae post longum tempus plerosque iam senes et, quantum affirmatur, frugaliter modesteque viventes nimis severum arbitrabar, et in publicis officiis retinere damnatos non satis honestum putabam; eosdem rursus a re publica pasci otiosos inutile, non pasci etiam periculosum existimabam. 4Necessario ergo rem totam, dum te consulerem, in suspenso reliqui. Quaeres fortasse, quem ad modum evenerit, ut poenis in quas damnati erant exsolverentur: et ego quaesii, sed nihil comperi, quod affirmare tibi possim. Ut decreta quibus damnati erant proferebantur, ita nulla monumenta quibus liberati probarentur. 5 Erant tamen, qui dicerent deprecantes iussu proconsulum legatorumve dimissos. Addebat fidem, quod credibile erat neminem hoc ausum sine auctore.

32. TRAIANUS PLINIO

1 Meminerimus idcirco te in istam provinciam missum, quoniam multa in ea emendanda apparuerint. Erit autem vel hoc maxime corrigendum, quod qui damnati ad poenam erant, non modo ea sine auctore, ut scribis, liberati sunt, sed etiam in condicionem proborum ministrorum retrahuntur. 2 Qui igitur intra hos

proximos decem annos damnati nec ullo idoneo auctore liberati sunt, hos oportebit poenae suae reddi; si qui vetustiores invenientur et senes ante annos decem damnati, distribuamus illos in ea ministeria, quae non longe a poena sint. Solent et ad balineum, ad purgationes cloacarum, item munitiones viarum et vicorum dari.

33. C. PLINIUS TRAIANO IMPERATORI

1 Cum diversam partem provinciae circumirem, Nicomediae vastissimum incendium multas privatorum domos et duo publica opera, quamquam via interiacente, Gerusian et Iseon absumpsit. 2 Est autem latius sparsum, primum violentia venti, deinde inertia hominum quos satis constat otiosos et immobiles tanti mali spectatores perstitisse; et alioqui nullus usquam in publico sipo, nulla hama, nullum denique instrumentum ad incendia compescenda. Et haec quidem, ut iam praecepi, parabuntur; 3 tu, domine, dispice an instituendum putes collegium fabrorum dumtaxat hominum CL. Ego attendam, ne quis nisi faber recipiatur neve iure concesso in aliud utantur; nec erit difficile custodire tam paucos.

34. TRAIANUS PLINIO

1 Tibi quidem secundum exempla complurium in mentem venit posse collegium fabrorum apud Nicomedenses constitui. Sed meminerimus provinciam istam et praecipue eas civitates eius modi factionibus esse vexatas. Quodcumque nomen ex quacumque causa dederimus iis, qui in idem contracti fuerint, hetaeriae eaeque brevi fient. 2 Satius itaque est comparari ea, quae ad coercendos ignes auxilio esse possint, admonerique dominos praediorum, ut et ipsi inhibeant ac, si res poposcerit, accursu populi ad hoc uti.

35. C. PLINIUS TRAIANO IMPERATORI

Sollemnia vota pro incolumitate tua, qua publica salus continetur, et suscepimus, domine, pariter et solvimus precati deos, ut velint ea semper solvi semperque signari.

36. TRAIANUS PLINIO

Et solvisse vos cum provincialibus dis immortalibus vota pro mea salute et incolumitate et nuncupasse libenter, mi Secunde carissime, cognovi ex litteris tuis.

37. C. PLINIUS TRAIANO IMPERATORI

1 In aquae ductum, domine, Nicomedenses impenderunt HS XXX CCCXVIII, qui imperfectus adhuc omissus, destructus etiam est; rursus in alium ductum erogata sunt CC. Hoc quoque relicto novo impendio est opus, ut aquam habeant, qui tantam pecuniam male perdiderunt. 2 Ipse perveni ad fontem purissimum, ex quo videtur aqua debere perduci, sicut initio temptatum erat, arcuato opere, ne tantum ad plana civitatis et humilia perveniat. Manent adhuc paucissimi arcus: possunt et erigi quidam lapide quadrato, qui ex superiore opere detractus est; aliqua pars, ut mihi videtur, testaceo opere agenda erit, id enim et facilius et vilius. 3 Sed in primis necessarium est mitti a te vel aquilegem vel architectum, ne rursus eveniat quod accidit. Ego illud unum affirmo, et utilitatem operis et pulchritudinem saeculo tuo esse dignissimam.

38. TRAIANUS PLINIO

Curandum est, ut aqua in Nicomedensem civitatem perducatur. Vere credo te ea, qua debebis, diligentia hoc opus aggressurum. Sed medius fidius ad eandem diligentiam tuam pertinet inquirere, quorum vitio ad hoc tempus tantam pecuniam Nicomedenses perdiderint, ne, dum inter se gratificantur, et incohaverint aquae ductus et reliquerint. Quid itaque compereris, perfer in notitiam meam.

39. C. PLINIUS TRAIANO IMPERATORI

1 Theatrum, domine, Nicaeae maxima iam parte constructum, imperfectum tamen, sestertium - ut audio; neque enim ratio operis excussa est - amplius centies hausit: vereor ne frustra. 2 Ingentibus enim rimis desedit et hiat, sive in causa solum umidum et molle, silc lapis ipsc gracilis et putris: dignum est certe deliberatione, sitne faciendum an sit relinquendum an etiam destruendum. Nam fulturae ac substructiones, quibus subinde suscipitur, non tam firmae mihi quam sumptuosae uidentur. 3 Huic theatro ex priuatorum pollicitationibus multa debentur, ut basilicae circa, ut porticus supra caucam. Quae nunc omnia differuntur cessante eo, quod ante peragendum est. 4 Iidem Nicaeenses gymnasium inccndio amissum ante aduentum meum restituere coeperunt, longe numerosius laxiusque quam fuerat, et iam aliquantum erogauerunt; periculum est, ne parum utiliter; incompositum enim et sparsum est. Praeterea architectus, sane aemulus eius a quo opus incohatum est, adfirmat parietes quamquam uiginti et

duos pedes latos imposita onera sustinere non posse, quia snt caemcnto medii
farti nec testaceo opere praecincti.

5 Claudiopolitani quoque in deprcsso loco, imminente etiam monte ingens
balineum defodiunt magis quam aedificant, et quidem ex ea pecunia, quam
buleutae additi beneficio tuo aut iam obtulerunt ob introitum aut nobis
exigentibus conferent. 6 Ergo cum timeam ne illic publica pecunia, hic, quod est
omni pecunia pretiosius, munus tuum male collocetur, cogor petere a te non
solum ob theatrum, uerum etiam ob haec balinea mittas architectum,
dispecturum utrum sit utilius post sumptum qui hctus cst quoquo modo
consummare opera? ut incohata sunt, an quae uidentur emendanda corrigere,
quac transferenda transferre, ne dum seruarc uolumus quod impensum est, male
impendamus quod addendum cst.

40. TRAIANUS PLINIO

1 Quid oporteat fieri circa theatrum, quod incohatum apud Nicaeenses est, in rc
praesenti optimc deliberabis et constitues. Mihi sufficiet indicari, cui sentcntiae
accesseris: Tunc autem a priuatis exige opera, cum theatrum, propter quod illa
promissa sunt, factum erit. 2 Gymnasiis indulgent Graeculi; ideo forsitan
Nicaeenses maiore animo constructionem eius aggressi sunt: sed oportet illos eo
contentos esse, quod possit illis sufficere. 3 Quid Claudiopolitanis circa balineum
quod parum, ut scribis, idoneo loco incohauerunt suadendum sit, tu constitues.
Architecti tibi deesse non possunt. Nulla prouincia non et peritos et ingeniosos
homines habet; modo ne existimes breuius esse ab urbe mitti, cum ex Graecia
etiam ad nos uenire soliti sint.

41. C. PLINIVS TRAIANO IMPERATORI

1 Intuenti mihi et fortunae tuae et animi magnitudinem conuenientissimum
uidetur demonstrari opera non minus aeternitate tua quam gloria digna,
quantumque pulchritudinis tantum utilitatis habitura. 2 Est in Nicomedensium
finibus amplissimus lacus. Per hunc marmora fructus ligna materiae et sumptu
modico et labore usque ad uiam nauibus, inde magno labore maiore impendio
uehiculis ad mare deuehuntur ... hoc opus multas manus poscit. At eae porro non
desunt. Nam et in agris magna copia est hominum et maxima in civitate, certaque
spes omnes libentissime aggressuros opus omnibus fructuosum. 3 Superest ut tu
libratorem vel architectum si tibi videbitur mittas, qui diligenter exploret, sitne
lacus altior mari, quem artifices regionis huius quadraginta cubitis altiorem esse

contendunt. 4 Ego per eadem loca invenio fossam a rege percussam, sed incertum utrum ad colligendum umorem circumiacentium agrorum an ad committendum flumini lacum; est enim imperfecta. Hoc quoque dubium, intercepto rege mortalitate an desperato operis effectu. 5 Sed hoc ipso - feres enim me ambitiosum pro tua gloria - incitor et accendor, ut cupiam peragi a te quae tantum coeperant reges.

42. TRAIANUS PLINIO

Potest nos sollicitare lacus iste, ut committere illum mari velimus; sed plane explorandum est diligenter, ne si emissus in mare fuerit totus effluat certe, quantum aquarum et unde accipiat. Poteris a Calpurnio Macro petere libratorem, et ego hinc aliquem tibi peritum eius modi operum mittam.

43. C. PLINIUS TRAIANO IMPERATORI

1 Requirenti mihi Byzantiorum rei publicae impendia, quae maxima fecit, indicatum est, domine, legatum ad te salutandum annis omnibus cum psephismate mitti, eique dari nummorum duodena milia. 2 Memor ergo propositi tui legatum quidem retinendum, psephisma autem mittendum putavi, ut simul et sumptus levaretur et impleretur publicum officium. 3 Eidem civitati imputata sunt terna milia, quae viatici nomine annua dabantur legato eunti ad eum qui Moesiae praeest publice salutandum. Haec ego in posterum circumcidenda existimavi. 4 Te, domine, rogo ut quid sentias rescribendo aut consilium meum confirmare aut errorem emendare digneris.

44. TRAIANUS PLINIO

Optime fecisti, Secunde carissime, duodena ista Byzantiis quae ad salutandum me in legatum impendebantur remittendo. Fungentur his partibus, etsi solum psephisma per te missum fuerit. Ignoscet illis et Moesiae praeses, si minus illum sumptuose coluerint.

45. C. PLINIUS TRAIANO IMPERATORI

Diplomata, domine, quorum dies praeterit, an omnino observari et quam diu velis, rogo scribas meque haesitatione liberes. Vereor enim, ne in alterutram partem ignorantia lapsus aut illicita confirmem aut necessaria impediam.

46. TRAIANUS PLINIO

Diplomata, quorum praeteritus est dies, non debent esse in usu. Ideo inter prima iniungo mihi, ut per omnes provincias ante mittam nova diplomata, quam desiderari possint.

47. C. PLINIUS TRAIANO IMPERATORI

1 Cum vellem, domine, Apameae cognoscere publicos debitores et reditum et impendia, responsum est mihi cupere quidem universos, ut a me rationes coloniae legerentur, numquam tamen esse lectas ab ullo proconsulum; habuisse privilegium et vetustissimum morem arbitrio suo rem publicam administrare. 2 Exegi ut quae dicebant quaeque recitabant libello complecterentur; quem tibi qualem acceperam misi, quamvis intellegerem pleraque ex illo ad id, de quo quaeritur, non pertinere. 3 Te rogo ut mihi praeire digneris, quid me putes observare debere. Vereor enim ne aut excessisse aut non implesse officii mei partes videar.

48. TRAIANUS PLINIO

1 Libellus Apamenorum, quem epistulae tuae iunxeras, remisit mihi necessitatem perpendendi qualia essent, propter quae videri volunt eos, qui pro consulibus hanc provinciam obtinuerunt, abstinuisse inspectatione rationum suarum, cum ipse ut eas inspiceres non recusaverint. 2 Remuneranda est igitur probitas eorum, ut iam nunc sciant hoc, quod inspecturus es, ex mea voluntate salvis, quae habent, privilegiis esse facturum.

49. C. PLINIUS TRAIANO IMPERATORI

1 Ante adventum meum, domine, Nicomedenses priori foro novum adicere coeperunt, cuius in angulo est aedes vetustissima Matris Magnae aut reficienda aut transferenda, ob hoc praecipue quod est multo depressior opere eo quod cum maxime surgit. 2 Ego cum quaererem, num esset aliqua lex dicta templo, cognovi alium hic, alium apud nos esse morem dedicationis. Dispice ergo, domine, an putes aedem, cui nulla lex dicta est, salva religione posse transferri; alioqui commodissimum est, si religio non impedit.

50. TRAIANUS PLINIO

Potes, mi Secunde carissime, sine sollicitudine religionis, si loci positio videtur hoc desiderare, aedem Matris Deum transferre in eam quae est accommodatior; nec te moveat, quod lex dedicationis nulla reperitur, cum solum peregrinae civitatis capax non sit dedicationis, quae fit nostro iure.

51. C. PLINIUS TRAIANO IMPERATORI

1 Difficile est, domine, exprimere verbis, quantam perceperim laetitiam, quod et mihi et socrui meae praestitisti, ut affinem eius Caelium Clementem in hanc provinciam transferres. 2 Ex illo enim et mensuram beneficii tui penitus intellego, cum tam plenam indulgentiam cum tota domo mea experiar, cui referre gratiam parem ne audeo quidem, quamvis maxime possim. Itaque ad vota confugio deosque precor, ut iis, quae in me assidue confers, non indignus existimer.

52. C. PLINIUS TRAIANO IMPERATORI

Diem, domine, quo servasti imperium, dum suscipis, quanta mereris laetitia celebravimus, precati deos ut te generi humano, cuius tutela et securitas saluti tuae innisa est, incolumem florentemque praestarent. Praeivimus et commilitonibus ius iurandum more sollemni, eadem provincialibus certatim pietate iurantibus.

53. TRAIANUS PLINIO

Quanta religione et laetitia commilitones cum provincialibus te praeeunte diem imperii mei celebraverint, libenter, mi Secunde carissime, agnovi litteris tuis.

54. C. PLINIUS TRAIANO IMPERATORI

1 Pecuniae publicae, domine, providentia tua et ministerio nostro et iam exactae sunt et exiguntur; quae vereor ne otiosae iaceant. Nam et praediorum comparandorum aut nulla aut rarissima occasio est, nec inveniuntur qui velint debere rei publicae, praesertim duodenis assibus, quanti a privatis mutuantur. 2 Dispice ergo, domine, numquid minuendam usuram ac per hoc idoneos debitores invitandos putes, et, si nec sic reperiuntur, distribuendam inter decuriones pecuniam, ita ut recte rei publicae caveant; quod quamquam invitis et recusantibus minus acerbum erit leviore usura constituta.

55. TRAIANUS PLINIO

Et ipse non aliud remedium dispicio, mi Secunde carissime, quam ut quantitas usurarum minuatur, quo facilius pecuniae publicae collocentur. Modum eius, ex copia eorum qui mutuabuntur, tu constitues. Invitos ad accipiendum compellere, quod fortassis ipsis otiosum futurum sit, non est ex iustitia nostrorum temporum.

56. C. PLINIUS TRAIANO IMPERATORI

1 Summas, domine, gratias ago, quod inter maximas occupationes in iis, de quibus te consului, me quoque regere dignatus es; quod nunc quoque facias rogo. 2 Adiit enim me quidam indicavitque adversarios suos a Servilio Calvo, clarissimo viro, in triennium relegatos in provincia morari: illi contra ab eodem se restitutos affirmaverunt edictumque recitaverunt. Qua causa necessarium credidi rem integram ad te referre. 3 Nam, sicut mandatis tuis cautum est, ne restituam ab alio aut a me relegatos, ita de iis, quos alius et relegaverit et restituerit, nihil comprehensum est. Ideo tu, domine, consulendus fuisti, quid observare me velles, tam hercule quam de iis qui in perpetuum relegati nec restituti in provincia deprehenduntur. 4 Nam haec quoque species incidit in cognitionem meam. Est enim adductus ad me in perpetuum relegatus a Iulio Basso proconsule. Ego, quia sciebam acta Bassi rescissa datumque a senatu ius omnibus, de quibus ille aliquid constituisset, ex integro agendi, dumtaxat per biennium, interrogavi hunc, quem relegaverat, an adisset docuissetque proconsulem. Negavit. 5 Per quod effectum est, ut te consulerem, reddendum eum poenae suae an gravius aliquid et quid potissimum constituendum putares et in hunc et in eos, si qui forte in simili condicione invenirentur. Decretum Calvi et edictum, item decretum Bassi his litteris subieci.

57. TRAIANUS PLINIO

1 Quid in persona eorum statuendum sit, qui a P. Servilio Calvo proconsule in triennium relegati et mox eiusdem edicto restituti in provincia remanserunt, proxime tibi rescribam, cum causas eius facti a Calvo requisiero. 2 Qui a Iulio Basso in perpetuum relegatus est, cum per biennium agendi facultatem habuerit, si existimat se iniuria relegatum, neque id fecerit atque in provincia morari perseverarit, vinctus mitti ad praefectos praetorii mei debet. Neque enim sufficit eum poenae suae restitui, quam contumacia elusit.

58. C. PLINIUS TRAIANO IMPERATORI

1 Cum citarem iudices, domine, conventum incohaturus, Flavius Archippus vacationem petere coepit ut philosophus. 2 Fuerunt, qui dicerent non liberandum eum iudicandi necessitate, sed omnino tollendum de iudicum numero reddendumque poenae, quam fractis vinculis evasisset. 3 Recitata est sententia Veli Pauli proconsulis, qua probabatur Archippus crimine falsi damnatus in metallum: ille nihil proferebat, quo restitutum se doceret; allegabat tamen pro restitutione et libellum a se Domitiano datum et epistulas eius ad honorem suum pertinentes et decretum Prusensium. Addebat his et tuas litteras scriptas sibi, addebat et patris tui edictum et epistulam, quibus confirmasset beneficia a Domitiano data. 4 Itaque, quamvis eidem talia crimina applicarentur, nihil decernendum putavi, donec te consulerem de eo, quod mihi constitutione tua dignum videbatur. Ea quae sunt utrimque recitata his litteris subieci.

EPISTULA DOMITIANI AD TERENTIUM MAXIMUM

5 Flavius Archippus philosophus impetravit a me, ut agrum ei ad c circa PrusiadamÅ, patriam suam, emi iuberem, cuius reditu suos alere posset. Quod ei praestari volo. Summam expensam liberalitati meae feres.

EIUSDEM AD LAPPIUM MAXIMUM

6 Archippum philosophum, bonum virum et professioni suae etiam moribus respondentem, commendatum habeas velim, mi Maxime, et plenam ei humanitatem tuam praestes in iis, quae verecunde a te desideraverit.

EDICTUM DIVI NERVAE

7 Quaedam sine dubio, Quirites, ipsa felicitas temporum edicit, nec exspectandus est in iis bonus princeps, quibus illum intellegi satis est, cum hoc sibi civium meorum spondere possit vel non admonita persuasio, me securitatem omnium quieti meae praetulisse, ut et nova beneficia conferrem et ante me concessa servarem. 8 Ne tamen aliquam gaudiis publicis afferat haesitationem vel eorum qui impetraverunt diffidentia vel eius memoria qui praestitit, necessarium pariter credidi ac laetum obviam dubitantibus indulgentiam meam mittere. 9 Nolo existimet quisquam, quod alio principe vel privatim vel publice consecutus sit ideo saltem a me rescindi, ut potius mihi debeat. Sint rata et certa, nec gratulatio ullius instauratis egeat precibus, quem fortuna imperii vultu meliore respexit. Ie novis beneficiis vacare patiantur, et ea demum sciant roganda esse quae non habent.

10 Cum rerum omnium ordinatio, quae prioribus temporibus incohatae consummatae sunt, observanda sit, tum epistulis etiam Domitiani standum est.

59. C. PLINIUS TRAIANO IMPERATORI

Flavius Archippus per salutem tuam aeternitatemque petit a me, ut libellum quem mihi dedit mitterem tibi. Quod ego sic roganti praestandum putavi, ita tamen ut missurum me notum accusatrici eius facerem, a qua et ipsa acceptum libellum his epistulis iunxi, quo facilius velut audita utraque parte dispiceres, quid statuendum putares.

60. TRAIANUS PLINIO

1 Potuit quidem ignorasse Domitianus, in quo statu esset Archippus, cum tam multa ad honorem eius pertinentia scriberet; sed meae naturae accommodatius est credere etiam statui eius subventum interventu principis, praesertim cum etiam statuarum ei honor totiens decretus sit ab iis, qui non ignorabant, quid de illo Paulus proconsul pronuntiasset. 2 Quae tamen, mi Secunde carissime, non eo pertinent, ut si quid illi novi criminis obicitur, minus de eo audiendum putes. Libellos Furiae Primae accusatricis, item ipsius Archippi, quos alteri epistulae tuae iunxeras, legi.

61. C. PLINIUS TRAIANO IMPERATORI

1 Tu quidem, domine, providentissime vereris,ne commissus flumini atque ita mari lacus effluat; sed ego in re praesenti invenisse videor, quem ad modum huic periculo occurrerem. 2 Potest enim lacus fossa usque ad flumen adduci nec tamen in flumen emitti, sed relicto quasi margine contineri pariter et dirimi. Sic consequemur, ut neque aqua viduetur flumini mixtus et sit perinde ac si misceatur. Erit enim facile per illam brevissimam terram, quae interiacebit, advecta fossa onera transponere in flumen. 3 Quod ita fiet si necessitas coget, et - spero - non coget. Est enim et lacus ipse satis altus et nunc in contrariam partem flumen emittit, quod interclusum inde et quo volumus aversum, sine ullo detrimento lacus tantum aquae quantum nunc portat effundet. Praeterea per id spatium, per quod fossa fodienda est, incidunt rivi; qui si diligenter colligantur, augebunt illud quod lacus dederit. 4Enimvero, si placeat fossam longius ducere et altius pressam mari aequare nec in flumen, sed in ipsum mare emittere, repercussus maris servabit et reprimet, quidquid e lacu veniet. Quorum si nihil

nobis loci natura praestaret, expeditum tamen erat cataractis aquae cursum temperare. 5 Verum et haec et alia multo sagacius conquiret explorabitque librator, quem plane, domine, debes mittere, ut polliceris. Est enim res digna et magnitudine tua et cura. Ego interim Calpurnio Macro clarissimo viro auctore te scripsi, ut libratorem quam maxime idoneum mitteret.

62. TRAIANUS PLINIO

Manifestum, mi Secunde carissime, nec prudentiam nec diligentiam tibi defuisse circa istum lacum, cum tam multa provisa habeas, per quae nec periclitetur exhauriri et magis in usu nobis futurus sit. Elige igitur id quod praecipue res ipsa suaserit. Calpurnium Macrum credo facturum, ut te libratore instruat, neque provinciae istae his artificibus carent.

63. C. PLINIUS TRAIANO IMPERATORI

Scripsit mihi, domine, Lycormas libertus tuus ut, si qua legatio a Bosporo venisset urbem petitura, usque in adventum suum retineretur. Et legatio quidem, dumtaxat in eam civitatem, in qua ipse sum, nulla adhuc venit, sed venit tabellarius Sauromatae regis, quem ego usus opportunitate, quam mihi casus obtulerat, cum tabellario qui Lycormam ex itinere praecessit mittendum putavi, ut posses ex Lycormae et regis epistulis pariter cognoscere, quae fortasse pariter scire deberes.

64. C. PLINIUS TRAIANO IMPERATORI

Rex Sauromates scripsit mihi esse quaedam, quae deberes quam maturissime scire. Qua ex causa festinationem tabellarii, quem ad te cum epistulis misit, diplomate adiuvi.

65. C. PLINIUS TRAIANO IMPERATORI

1 Magna, domine, et ad totam provinciam pertinens quaestio est de condicione et alimentis eorum, quos vocant 'threptous'. 2 In qua ego auditis constitutionibus principum, quia nihil inveniebam aut proprium aut universale, quod ad Bithynos referretur, consulendum te existimavi, quid observari velles; neque putavi posse me in eo, quod auctoritatem tuam posceret, exemplis esse contentum. 3 Recitabatur autem apud me edictum, quod dicebatur divi Augusti, ad Andaniam pertinens; recitatae et epistulae divi Vespasiani ad Lacedaemonios et divi Titi ad eosdem et Achaeos et Domitiani ad Avidium Tigrinum et Armenium

Brocchum proconsules, item ad Lacedaemonios; quae ideo tibi non misi, quia et parum emendata et quaedam non certae fidei videbantur, et quia vera et emendata in scriniis tuis esse credebam.

66. TRAIANUS PLINIO

1 Quaestio ista, quae pertinet ad eos qui liberi nati expositi, deinde sublati a quibusdam et in servitute educati sunt, saepe tractata est, nec quicquam invenitur in commentariis eorum principum, qui ante me fuerunt, quod ad omnes provincias sit constitutum. 2 Epistulae sane sunt Domitiani ad Avidium Nigrinum et Armenium Brocchum, quae fortasse debeant observari: sed inter eas provincias, de quibus rescripsit, non est Bithynia; et ideo nec assertionem denegandam iis qui ex eius modi causa in libertatem vindicabuntur puto, neque ipsam libertatem redimendam pretio alimentorum.

67. C. PLINIUS TRAIANO IMPERATORI

1 Legato Sauromatae regis; cum sua sponte Nicaeae, ubi me invenerat, biduo substitisset, longiorem moram faciendam, domine, non putavi, primum quod incertum adhuc erat, quando libertus tuus Lycormas venturus esset, deinde quod ipse proficiscebar in diversam provinciae partem, ita officii necessitate exigente. 2 Haec in notitiam tuam perferenda existimavi, quia proxime scripseram petisse Lycormam, ut legationem, si qua venisset a Bosporo, usque in adventum suum retinerem. Quod diutius faciendi nulla mihi probabilis ratio occurrit, praesertim cum epistulae Lycormae, quas detinere, ut ante praedixi, nolui, aliquot diebus hinc legatum antecessurae viderentur.

68. C. PLINIUS TRAIANO IMPERATORI

Petentibus quibusdam, ut sibi reliquias suorum aut propter iniuriam vetustatis aut propter fluminis incursum aliaque his similia quocumque secundum exemplum proconsulum transferre permitterem, quia sciebam in urbe nostra ex eius modi causa collegium pontificum adiri solere, te, domine, maximum pontificem consulendum putavi, quid observare me velis.

69. TRAIANUS PLINIO

Durum est iniungere necessitatem provincialibus pontificum adeundorum, si reliquias suorum propter aliquas iustas causas transferre ex loco in alium locum velint. Sequenda ergo potius tibi exempla sunt eorum, qui isti provinciae praefuerunt, et ut causa cuique, ita aut permittendum aut negandum.

70. C. PLINIUS TRAIANO IMPERATORI

1 Quaerenti mihi, domine, Prusae ubi posset balineum quod indulsisti fieri, placuit locus in quo fuit aliquando domus, ut audio, pulchra, nunc deformis ruinis. Per hoc enim consequemur, ut foedissima facies civitatis ornetur, atque etiam ut ipsa civitas amplietur nec ulla aedificia tollantur, sed quae sunt vetustate sublapsa relaxentur in melius. 2 Est autem huius domus condicio talis: legaverat eam Claudius Polyaenus Claudio Caesari iussitque in peristylio templum ei fieri, reliqua ex domo locari. Ex ea reditum aliquamdiu civitas percepit; deinde paulatim partim spoliata, partim neglecta cum peristylio domus tota collapsa est, ac iam paene nihil ex ea nisi solum superest; quod tu, domine, sive donaveris civitati sive venire iusseris, propter opportunitatem loci pro summo munere accipiet. 3 Ego, si permiseris, cogito in area vacua balineum collocare, eum autem locum, in quo aedificia fuerunt, exedra et porticibus amplecti atque tibi consecrare, cuius beneficio elegans opus dignumque nomine tuo fiet. 4 Exemplar testamenti, quamquam mendosum, misi tibi; ex quo cognosces multa Polyaenum in eiusdem domus ornatum reliquisse, quae ut domus ipsa perierunt, a me tamen in quantum potuerit requirentur.

71. TRAIANUS PLINIO

Possumus apud Prusenses area ista cum domo collapsa, quam vacare scribis, ad exstructionem balinei uti. Illud tamen parum expressisti, an aedes in peristylio Claudio facta esset. Nam, si facta est, licet collapsa sit, religio eius occupavit solum .

72. C. PLINIUS TRAIANO IMPERATORI

Postulantibus quibusdam, ut de agnoscendis liberis restituendisque natalibus et secundum epistulam Domitiani scriptam Minicio Rufo et secundum exempla proconsulum ipse cognoscerem, respexi ad senatus consultum pertinens ad eadem genera causarum, quod de iis tantum provinciis loquitur, quibus proconsules praesunt; ideoque rem integram distuli, dum tu, domine, praeceperis, quid observare me velis.

73. TRAIANUS PLINIO

Si mihi senatus consultum miseris quod haesitationem tibi fecit, aestimabo an debeas cognoscere de agnoscendis liberis et natalibus veris restituendis.

74. C. PLINIUS TRAIANO IMPERATORI

1 Appuleius, domine, miles qui est in statione Nicomedensi, scripsit mihi quendam nomine Callidromum, cum detineretur a Maximo et Dionysio pistoribus, quibus operas suas locaverat, confugisse ad tuam statuam perductumque ad magistratus indicasse, servisse aliquando Laberio Maximo, captumque a Susago in Moesia et a Decibalo muneri missum Pacoro Parthiae regi, pluribusque annis in ministerio eius fuisse, deinde fugisse, atque ita in Nicomediam pervenisse. 2 Quem ego perductum ad me, cum eadem narrasset, mittendum ad te putavi; quod paulo tardius feci, dum requiro gemmam, quam sibi habentem imaginem Pacori et quibus ornatus fuisset subtractam indicabat. 3 Volui enim hanc quoque, si inveniri potuisset, simul mittere, sicut glebulam misi, quam se ex Parthico metallo attulisse dicebat. Signata est anulos meo, cuius est aposphragisma quadriga.

75. C. PLINIUS TRAIANO IMPERATORI

1 Iulius, domine, Largus ex Ponto nondum mihi visus ac ne auditus quidem - scilicet iudicio tuo credidit - dispensationem quandam mihi erga te pietatis suae ministeriumque mandavit. 2 Rogavit enim testamento, ut hereditatem suam adirem ceneremeque, ac deinde praeceptis quinquaginta milibus nummum reliquum omne Heracleotarum et Tianorum civitatibus redderem, ita ut esset arbitrii mei utrum opera facienda, quae honori tuo consecrarentur, putarem an instituendos quinquennales agonas, qui Traiani appellarentur. Quod in notitiam tuam perferendum existimavi ob hoc maxime, ut dispiceres quid eligere debeam.

76. TRAIANUS PLINIO

Iulius Largus fidem tuam quasi te bene nosset elegit. Quid ergo potissimum ad perpetuitatem memoriae eius faciat, secundum cuiusque loci condicionem ipse dispice et quod optimum existimaveris, id sequere.

77. C. PLINIUS TRAIANO IMPERATORI

1 Providentissime, domine, fecisti, quod praecepisti Calpurnio Macro clarissimo viro, ut legionarium centurionem Byzantium mitteret. 2 Dispice an etiam Iuliopolitanis simili ratione consulendum putes, quorum civitas, cum sit perexigua, onera maxima sustinet tantoque graviores iniurias quanto est infirmior patitur. 3 Quidquid autem Iuliopolitanis praestiteris, id etiam toti provinciae proderit. Sunt enim in capite Bithyniae, plurimisque per eam commeantibus transitum praebent.

78. TRAIANUS PLINIO

1 Ea condicio est civitatis Byzantiorum confluente undique in eam commeantium turba, ut secundum consuetudinem praecedentium temporum honoribus eius praesidio centurionis legionarii consulendum habuerimus. Si 2 Iuliopolitanis succurrendum eodem modo putaverimus, onerabimus nos exemplo; plures enim eo quanto infirmiores erunt idem petent. Fiduciam eam diligentiae tuae habeo, ut credam te omni ratione id acturum, ne sint obnoxii iniuriis. 3 Si qui autem se contra disciplinam meam gesserint, statim coerceantur; aut, si plus admiserint quam ut in re praesenti satis puniantur, si milites erunt, legatis eorum quod deprehenderis notum facies aut, si in urbem versus venturi erunt, mihi scribes.

79. C. PLINIUS TRAIANO IMPERATORI

1 Cautum est, domine, Pompeia lege quae Bithynis data est, ne quis capiat magistratum neve sit in senatu minor annorum triginta. Eadem lege comprehensum est, ut qui ceperint magistratum sint in senatu. 2 Secutum est dein edictum divi Augusti, quo permisit minores magistratus ab annis duobus et viginti capere. 3 Quaeritur ergo an, qui minor triginta annorum gessit magistratum, possit a censoribus in senatum legi, et, si potest, an ii quoque, qui non gesserint, possint per eandem interpretationem ab ea aetate senatores legi, a qua illis magistratum gerere permissum est; quod alioqui factitatum adhuc et esse necessarium dicitur, quia sit aliquanto melius honestorum hominum liberos quam e plebe in curiam admitti. 4 Ego a destinatis censoribus quid sentirem interrogatus eos quidem, qui minores triginta annis gessissent magistratum, putabam posse in senatum et secundum edictum Augusti et secundum legem Pompeiam legi, quoniam Augustus gerere magistratus minoribus annis triginta permisisset, lex senatorem esse voluisset qui gessisset magistratum. 5 De iis autem qui non gessissent, quamvis essent aetatis eiusdem cuius illi quibus gerere permissum est, haesitabam; per quod effectum est ut te, domine, consulerem, quid observari velles. Capita legis, tum edictum Augusti litteris subieci.

80. TRAIANUS PLINIO

Interpretationi tuae, mi Secunde carissime, idem existimo: hactenus edicto divi Augusti novatam esse legem Pompeiam, ut magistratum quidem capere possent ii, qui non minores duorum et viginti annorum essent, et qui cepissent, in senatum cuiusque civitatis pervenirent. Ceterum non capto magistratu eos, qui minores triginta annorum sint, quia magistratum capere possint, in curiam etiam loci cuiusque non existimo legi posse.

81. C. PLINIUS TRAIANO IMPERATORI

1 Cum Prusae ad Olympum, domine, publicis negotiis intra hospitium eodem die exiturus vacarem, Asclepiades magistratus indicavit appellatum me a Claudio Eumolpo. Cum Cocceianus Dion in bule assignari civitati opus cuius curam egerat vellet, tum Eumolpus assistens Flavio Archippo dixit exigendam esse a Dione rationem operis, ante quam rei publicae traderetur, quod aliter fecisset ac debuisset. 2 Adiecit etiam esse in eodem positam tuam statuam et corpora sepultorum, uxoris Dionis et filii, postulavitque ut cognoscerem pro tribunali. 3 Quod cum ego me protinus facturum dilaturumque profectionem dixissem, ut longiorem diem ad struendam causam darem utque in alia civitate cognoscerem petiit. 4 Ego me auditurum Nicaeae respondi. Ubi cum consedissem cogniturus, idem Eumolpus tamquam si adhuc parum instructus dilationem petere coepit, contra Dion ut audiretur exigere. 5 Dicta sunt utrimque multa, etiam de causa. Ego cum dandam dilationem et te consulendum existimarem in re ad exemplum pertinenti, dixi utrique parti ut postulationum suarum libellos darent. Volebam enim te ipsorum potissimum verbis ea quae erant proposita cognoscere.6 Et Dion quidem se daturum dixit. Eumolpus respondit complexurum se libello quae rei publicae peteret, ceterum quod ad sepultos pertineret non accusatorem se sed advocatum Flavi Archippi, cuius mandata pertulisset. Archippus, cui Eumolpus sicut Prusiade assistebat, dixit se libellum daturum. At nec Eumolpus nec Archippus quamquam plurimis diebus exspectati adhuc mihi libellos dederunt; Dion dedit, quem huic epistulae iunxi. 7 Ipse in re praesenti fui et vidi tuam quoque statuam in bibliotheca positam, id autem in quo dicuntur sepulti filius et uxor Dionis in area collocatum, quae porticibus includitur. 8 Te, domine, rogo ut me in hoc praecipue genere cognitionis regere digneris, cum alioqui magna sit exspectatio, ut necesse est in ea re quae et in confessum venit et exemplis defenditur.

82. TRAIANUS PLINIO

1 Potuisti non haerere, mi Secunde carissime, circa id de quo me consulendum existimasti, cum propositum meum optime nosses, non ex metu nec terrore hominum aut criminibus maiestatis reverentiam nomini meo acquiri. 2 Omissa ergo ea quaestione, quam non admitterem etiam si exemplis adiuvaretur, ratio totius operis effecti sub cura Cocceiani Dionis excutiatur, cum et utilitas civitatis exigat nec aut recuset Dion aut debeat recusare.

83. C. PLINIUS TRAIANO IMPERATORI

Rogatus, domine, a Nicaeensibus publice per ea, quae mihi et sunt et debent esse sanctissima, id est per aeternitatem tuam salutemque, ut preces suas ad te perferrem, fas non putavi negare acceptumque ab iis libellum huic epistulae iunxi.

84. TRAIANUS PLINIO

Nicaeensibus, qui intestatorum civium suorum concessam vindicationem bonorum a divo Augusto affirmant, debebis vacare contractis omnibus personis ad idem negotium pertinentibus, adhibitis Virdio Gemellino et Epimacho liberto meo procuratoribus, ut aestimatis etiam iis, quae contra dicuntur, quod optimum credideritis, statuatis.

85. C. PLINIUS TRAIANO IMPERATORI

Maximum libertum et procuratorem tuum, domine, per omne tempus, quo fuimus una, probum et industrium et diligentem ac sicut rei tuae amantissimum ita disciplinae tenacissimum expertus, libenter apud te testimonio prosequor, ea fide quam tibi debeo.

86 A. C. PLINIUS TRAIANO IMPERATORI

Gavium Bassum, domine, praefectum orae Ponticae integrum probum industrium atque inter ista reverentissimum mei expertus, voto pariter et suffragio prosequor, ea fide quam tibi debeo.

86 B. C. PLINIUS TRAIANO IMPERATORI

... quam ea quae speret instructum commilitio tuo, cuius disciplinae debet, quod indulgentia tua dignus est. Apud me et milites et pagani, a quibus iustitia eius et humanitas penitus inspecta est, certatim ei qua privatim qua publice testimonium perhibuerunt. Quod in notitiam tuam perfero, ea fide quam tibi debeo.

87. C. PLINIUS TRAIANO IMPERATORI

1 Nymphidium Lupum, domine, primipilarem commilitonem habui, cum ipse tribunus essem ille praefectus: inde familiariter diligere coepi. Crevit postea caritas ipsa mutuae vetustate amicitiae. 2 Itaque et quieti eius inieci manum et exegi, ut me in Bithynia consilio instrueret. Quod ille amicissime et otii et senectutis ratione postposita et iam fecit et facturus est. 3 Quibus ex causis necessitudines eius inter meas numero, filium in primis, Nymphidium Lupum, iuvenem probum industrium et egregio patre dignissimum, suffecturum indulgentiae tuae, sicut primis eius experimentis cognoscere potes, cum praefectus cohortis plenissimum testimonium meruerit Iuli Ferocis et Fusci Salinatoris clarissimorum virorum. Meum gaudium, domine, meamque gratulationem filii honore cumulabis.

88. C. PLINIUS TRAIANO IMPERATORI

Opto, domine, et hunc natalem et plurimos alios quam felicissimos agas aeternaque laude florentem virtutis tuae gloriam ... quam incolumis et fortis aliis super alia operibus augebis.

89. TRAIANUS PLINIO

Agnosco vota tua, mi Secunde carissime, quibus precaris, ut plurimos et felicissimos natales florente statu rei publicae nostrae agam.

90. C. PLINIUS TRAIANO IMPERATORI

1 Sinopenses, domine, aqua deficiuntur; quae videtur et bona et copiosa ab sexto decimo miliario posse perduci. Est tamen statim ab capite paulo amplius passus mille locus suspectus et mollis, quem ego interim explorari modico impendio iussi, an recipere et sustinere opus possit. 2 Pecunia curantibus nobis contracta non deerit, si tu, domine, hoc genus operis et salubritati et amoenitati valde sitientis coloniae indulseris.

91. TRAIANUS PLINIO

Ut coepisti, Secunde carissime, explora diligenter, an locus ille quem suspectum habes sustinere opus aquae ductus possit. Neque dubitandum puto, quin aqua perducenda sit in coloniam Sinopensem, si modo et viribus suis assequi potest, cum plurimum ea res et salubritati et voluptati eius collatura sit.

92. C. PLINIUS TRAIANO IMPERATORI

Amisenorum civitas libera et foederata beneficio indulgentiae tuae legibus suis utitur. In hac datum mihi libellum ad 'epanous' pertinentem his litteris subieci, ut tu, domine, dispiceres quid et quatenus aut permittendum aut prohibendum putares.

93. TRAIANUS PLINIO

Amisenos, quorum libellum epistulae tuae iunxeras, si legibus istorum, quibus beneficio foederis utuntur, concessum est eranum habere, possumus quo minus habeant non impedire, eo facilius si tali collatione non ad turbas et ad illicitos coetus, sed ad sustinendam tenuiorum inopiam utuntur. In ceteris civitatibus, quae nostro iure obstrictae sunt, res huius modi prohibenda est.

94. C. PLINIUS TRAIANO IMPERATORI

1 Suetonium Tranquillum, probissimum honestissimum eruditissimum virum, et mores eius secutus et studia iam pridem, domine, in contubernium assumpsi, tantoque magis diligere coepi quanto nunc propius inspexi. 2 Huic ius trium liberorum necessarium faciunt duae causae; nam et iudicia amicorum promeretur et parum felix matrimonium expertus est, impetrandumque a bonitate tua per nos habet quod illi fortunae malignitas denegavit.3 Scio, domine, quantum beneficium petam, sed peto a te cuius in omnibus desideriis meis indulgentiam experior. Potes enim colligere quanto opere cupiam, quod non rogarem absens si mediocriter cuperem.

95. TRAIANUS PLINIO

Quam parce haec beneficia tribuam, utique, mi Secunde carissime, haeret tibi, cum etiam in senatu affirmare soleam non excessisse me numerum, quem apud amplissimum ordinem suffecturum mihi professus sum. Tuo tamen desiderio subscripsi et dedisse me ius trium liberorum Suetonio Tranquillo ea condicione, qua assuevi, referri in commentarios meos iussi.

96. C. PLINIUS TRAIANO IMPERATORI

1 Sollemne est mihi, domine, omnia de quibus dubito ad te referre. Quis enim potest melius vel cunctationem meam regere vel ignorantiam instruere? Cognitionibus de Christianis interfui numquam: ideo nescio quid et quatenus aut puniri soleat aut quaeri. 2 Nec mediocriter haesitavi, sitne aliquod discrimen aetatum, an quamlibet teneri nihil a robustioribus differant; detur paenitentiae venia, an ei, qui omnino Christianus fuit, desisse non prosit; nomen ipsum, si flagitiis careat, an flagitia cohaerentia nomini puniantur. Interim, in iis qui ad me tamquam Christiani deferebantur, hunc sum secutus modum. 3 Interrogavi ipsos an essent Christiani. Confitentes iterum ac tertio interrogavi supplicium minatus; perseverantes duci iussi. Neque enim dubitabam, qualecumque esset quod faterentur, pertinaciam certe et inflexibilem obstinationem debere puniri. 4 Fuerunt alii similis amentiae, quos, quia cives Romani erant, adnotavi in urbem remittendos.

Mox ipso tractatu, ut fieri solet, diffundente se crimine plures species inciderunt. 5 Propositus est libellus sine auctore multorum nomina continens. Qui negabant esse se Christianos aut fuisse, cum praeeunte me deos appellarent et imagini tuae, quam propter hoc iusseram cum simulacris numinum afferri, ture ac vino supplicarent, praeterea male dicerent Christo, quorum nihil cogi posse dicuntur qui sunt re vera Christiani, dimittendos putavi. 6Alii ab indice nominati esse se Christianos dixerunt et mox negaverunt; fuisse quidem sed desisse, quidam ante triennium, quidam ante plures annos, non nemo etiam ante viginti. Hi quoque omnes et imaginem tuam deorumque simulacra venerati sunt et Christo male dixerunt. 7 Affirmabant autem hanc fuisse summam vel culpae suae vel erroris, quod essent soliti stato die ante lucem convenire, carmenque Christo quasi deo dicere secum invicem seque sacramento non in scelus aliquod obstringere, sed ne furta ne latrocinia ne adulteria committerent, ne fidem fallerent, ne depositum appellati abnegarent. Quibus peractis morem sibi discedendi fuisse rursusque coeundi ad capiendum cibum, promiscuum tamen et innoxium; quod ipsum facere desisse post edictum meum, quo secundum mandata tua hetaerias esse vetueram. 8 Quo magis necessarium credidi ex duabus ancillis, quae ministrae dicebantur, quid esset veri, et per tormenta quaerere. Nihil aliud inveni quam superstitionem pravam et immodicam.

9 Ideo dilata cognitione ad consulendum te decucurri. Visa est enim mihi res digna consultatione, maxime propter periclitantium numerum. Multi enim omnis aetatis, omnis ordinis, utriusque sexus etiam vocantur in periculum et vocabuntur. Neque civitates tantum, sed vicos etiam atque agros superstitionis istius contagio

pervagata est; quae videtur sisti et corrigi posse. 10 Certe satis constat prope iam desolata templa coepisse celebrari, et sacra sollemnia diu intermissa repeti passimque venire carnem victimarum, cuius adhuc rarissimus emptor inveniebatur. Ex quo facile est opinari, quae turba hominum emendari possit, si sit paenitentiae locus.

97. TRAIANUS PLINIO

1 Actum quem debuisti, mi Secunde, in excutiendis causis eorum, qui Christiani ad te delati fuerant, secutus es. Neque enim in universum aliquid, quod quasi certam formam habeat, constitui potest. 2 Conquirendi non sunt; si deferantur et arguantur, puniendi sunt, ita tamen ut, qui negaverit se Christianum esse idque re ipsa manifestum fecerit, id est supplicando dis nostris, quamvis suspectus in praeteritum, veniam ex paenitentia impetret. Sine auctore vero propositi libelli in nullo crimine locum habere debent. Nam et pessimi exempli nec nostri saeculi est.

98. C. PLINIUS TRAIANO IMPERATORI

1 Amastrianorum civitas, domine, et elegans et ornata habet inter praecipua opera pulcherrimam eandemque longissimam plateam; cuius a latere per spatium omne porrigitur nomine quidem flumen, re vera cloaca foedissima, ac sicut turpis immundissimo aspectu, ita pestilens odore taeterrimo. 2Quibus ex causis non minus salubritatis quam decoris interest eam contegi; quod fiet si permiseris curantibus nobis, ne desit quoque pecunia operi tam magno quam necessario.

99. TRAIANUS PLINIO

Rationis est, mi Secunde carissime, contegi aquam istam, quae per civitatem Amastrianorum fluit, si intecta salubritati obest. Pecunia ne huic operi desit, curaturum te secundum diligentiam tuam certum habeo.

100. C. PLINIUS TRAIANO IMPERATORI

Vota, domine, priore anno nuncupata alacres laetique persolvimus novaque rursus certante commilitonum et provincialium pietate suscepimus, precati deos ut te remque publicam florentem et incolumem ea benignitate servarent, quam super magnas plurimasque virtutes praecipua sanctitate obsequio deorum honore meruisti.

101. TRAIANUS PLINIO

Solvisse vota dis immortalibus te praeeunte pro mea incolumitate commilitones cum provincialibus laetissimo consensu et in futurum nuncupasse libenter, mi Secunde carissime, cognovi litteris tuis.

102. C. PLINIUS TRAIANO IMPERATORI

Diem, quo in te tutela generis humani felicissima successione translata est, debita religione celebravimus, commendantes dis imperii tui auctoribus et vota publica et gaudia.

103. TRAIANUS PLINIO

Diem imperii mei debita laetitia et religione commilitonibus et provincialibus praeeunte te celebratum libenter cognovi litteris tuis.

104. C. PLINIUS TRAIANO IMPERATORI

Valerius, domine, Paulinus excepto Paulino ius Latinorum suorum mihi reliquit; ex quibus rogo tribus interim ius Quiritium des. Vereor enim, ne sit immodicum pro omnibus pariter invocare indulgentiam tuam, qua debeo tanto modestius uti, quanto pleniorem experior. Sunt autem pro quibus peto: C. Valerius Astraeus, C. Valerius Dionysius, C. Valerius Aper.

105. TRAIANUS PLINIO

Cum honestissime iis, qui apud fidem tuam a Valerio Paulino depositi sunt, consultum velis mature per me, iis interim, quibus nunc petisti, dedisse me ius Quiritium referri in commentarios meos iussi idem facturus in ceteris, pro quibus petieris.

106. C. PLINIUS TRAIANO IMPERATORI

Rogatus, domine, a P. Accio Aquila, centurione cohortis sextae equestris, ut mitterem tibi libellum per quem indulgentiam pro statu filiae suae implorat, durum putavi negare, cum scirem quantam soleres militum precibus patientiam humanitatemque praestare.

107. TRAIANUS PLINIO

Libellum P. Accii Aquilae, centurionis sextae equestris, quem mihi misisti, legi; cuius precibus motus dedi filiae eius civitatem Romanam. Libellum rescriptum, quem illi redderes, misi tibi.

108. C. PLINIUS TRAIANO IMPERATORI

1 Quid habere iuris velis et Bithynas et Ponticas civitates in exigendis pecuniis, quae illis vel ex locationibus vel ex venditionibus aliisve causis debeantur, rogo, domine, rescribas. Ego inveni a plerisque proconsulibus concessam iis protopraxian eamque pro lege valuisse. 2 Existimo tamen tua providentia constituendum aliquid et sanciendum per quod utilitatibus eorum in perpetuum consulatur. Nam quae sunt ab illis instituta, sint licet sapienter indulta, brevia tamen et infirma sunt, nisi illis tua contingit auctoritas.

109. TRAIANUS PLINIO

Quo iure uti debeant Bithynae vel Ponticae civitates in iis pecuniis, quae ex quaque causa rei publicae debebuntur, ex lege cuiusque animadvertendum est. Nam, sive habent privilegium, quo ceteris creditoribus anteponantur, custodiendum est, sive non habent, in iniuriam privatorum id dari a me non oportebit.

110. C. PLINIUS TRAIANO IMPERATORI

1 Ecdicus, domine, Amisenorum civitatis petebat apud me a Iulio Pisone denariorum circiter quadraginta milia donata ei publice ante viginti annos bule et ecclesia consentiente, utebaturque mandatis tuis, quibus eius modi donationes vetantur. 2 Piso contra plurima se in rem publicam contulisse ac prope totas facultates erogasse dicebat. Addebat etiam temporis spatium postulabatque, ne id, quod pro multis et olim accepisset, cum eversione reliquae dignitatis reddere cogeretur. Quibus ex causis integram cognitionem differendam existimavi, ut te, domine, consulerem, quid sequendum putares.

111. TRAIANUS PLINIO

Sicut largitiones ex publico fieri mandata prohibent, ita, ne multorum securitas subruatur, factas ante aliquantum temporis retractari atque in irritum vindicari non oportet. Quidquid ergo ex hac causa actum ante viginti annos erit, omittamus. Non minus enim hominibus cuiusque loci quam pecuniae publicae consultum volo.

112. C. PLINIUS TRAIANO IMPERATORI

1 Lex Pompeia, domine, qua Bithyni et Pontici utuntur, eos, qui in bulen a censoribus leguntur, dare pecuniam non iubet; sed ii, quos indulgentia tua quibusdam civitatibus super legitimum numerum adicere permisit, et singula milia denariorum et bina intulerunt. 2 Anicius deinde Maximus proconsul eos etiam, qui a censoribus legerentur, dumtaxat in paucissimis civitatibus aliud aliis iussit inferre. 3 Superest ergo, ut ipse dispicias, an in omnibus civitatibus certum aliquid omnes, qui deinde buleutae legentur, debeant pro introitu dare. Nam, quod in perpetuum mansurum est, a te constitui decet, cuius factis dictisque debetur aeternitas.

113. TRAIANUS PLINIO

Honorarium decurionatus omnes, qui in quaque civitate Bithyniae decuriones fiunt, inferre debeant necne, in universum a me non potest statui. Id ergo, quod semper tutissimum est, sequendam cuiusque civitatis legem puto, sed verius eos, qui invitati fiunt decuriones, id existimo acturos, ut praestatione ceteris praeferantur.

114. C. PLINIUS TRAIANO IMPERATORI

1 Lege, domine, Pompeia permissum Bithynicis civitatibus ascribere sibi quos vellent cives, dum ne quem earum civitatium, quae sunt in Bithynia. Eadem lege sancitur, quibus de causis e senatu a censoribus eiciantur. 2 Inde me quidam ex censoribus consulendum putaverunt, an eicere deberent eum qui esset alterius civitatis. 3 Ego quia lex sicut ascribi civem alienum vetabat, ita eici e senatu ob hanc causam non iubebat, praeterea, quod affirmabatur mihi in omni civitate plurimos esse buleutas ex aliis civitatibus, futurumque ut multi homines multaeque civitates concuterentur ea parte legis, quae iam pridem consensu quodam exolevisset, necessarium existimavi consulere te, quid servandum putares. Capita legis his litteris subieci.

115. TRAIANUS PLINIO

Merito haesisti, Secunde carissime, quid a te rescribi oporteret censoribus consulentibus, an manere deberent in senatu aliarum civitatium, eiusdem tamen provinciae cives. Nam et legis auctoritas et longa consuetudo usurpata contra legem in diversum movere te potuit. Mihi hoc temperamentum eius placuit, ut ex praeterito nihil novaremus, sed manerent quamvis contra legem asciti quarumcumque civitatium cives, in futurum autem lex Pompeia observaretur; cuius vim si retro quoque velimus custodire, multa necesse est perturbari.

116. C. PLINIUS TRAIANO IMPERATORI

1 Qui virilem togam sumunt vel nuptias faciunt vel ineunt magistratum vel opus publicum dedicant, solent totam bulen atque etiam e plebe non exiguum numerum vocare binosque denarios vel singulos dare. Quod an celebrandum et quatenus putes, rogo scribas. 2 Ipse enim, sicut arbitror, praesertim ex sollemnibus causis, concedendum ius istud invitationis, ita vereor ne ii qui mille homines, interdum etiam plures vocant, modum excedere et in speciem 'dianomês' incidere videantur.

117. TRAIANUS PLINIO

Merito vereris, ne in speciem 'dianomês' incidat invitatio, quae et in numero modum excedit et quasi per corpora, non viritim singulos ex notitia ad sollemnes sportulas contrahit. Sed ego ideo prudentiam tuam elegi, ut formandis istius provinciae moribus ipse moderareris et ea constitueres, quae ad perpetuam eius provinciae quietem essent profutura.

118. C. PLINIUS TRAIANO IMPERATORI

1 Athletae, domine, ea quae pro iselasticis certaminibus constituisti, deberi sibi putant statim ex eo die, quo sunt coronati; nihil enim referre, quando sint patriam invecti, sed quando certamine vicerint, ex quo invehi possint. Ego contra scribo 'iselastici nomine': itaque Åeorum vehementer addubitem an sit potius id tempus, quo 'eisêlasan' intuendum. 2 Iidem obsonia petunt pro eo agone, qui a te iselasticus factus est, quamvis vicerint ante quam fieret. Aiunt enim congruens esse, sicut non detur sibi pro iis certaminibus, quae esse iselastica postquam vicerunt desierunt, ita pro iis dari quae esse coeperunt. 3 Hic quoque non mediocriter haereo, ne cuiusquam retro habeatur ratio dandumque, quod tunc cum vincerent non debebatur. Rogo ergo, ut dubitationem meam regere, id est beneficia tua interpretari ipse digneris.

119. TRAIANUS PLINIO

Iselasticum tunc primum mihi videtur incipere deberi, cum quis in civitatem suam ipse 'eisêlasen'. Obsonia eorum certaminum, quae iselastica esse placuit mihi, si ante iselastica non fuerunt, retro non debentur. Nec proficere pro desiderio athletarum potest, quod eorum, quae postea iselastica non esse constitui, quam vicerunt, accipere desierunt. Mutata enim condicione certaminum nihilo minus, quae ante perceperant, non revocantur.

120. C. PLINIUS TRAIANO IMPERATORI

1 Usque in hoc tempus, domine, neque cuiquam diplomata commodavi neque in rem ullam nisi tuam misi. Quam perpetuam servationem meam quaedam necessitas rupit. 2 Uxori enim meae audita morte avi volenti ad amitam suam excurrere usum eorum negare durum putavi, cum talis officii gratia in celeritate consisteret, sciremque te rationem itineris probaturum, cuius causa erat pietas. Haec tibi scripsi, quia mihi parum gratus fore videbar, si dissimulassem inter alia beneficia hoc unum quoque me debere indulgentiae tuae, quod fiducia eius quasi consulto te non dubitavi facere, quem si consuluissem, sero fecissem.

121. TRAIANUS PLINIO

Merito habuisti, Secunde carissime, fiduciam animi mei nec dubitandum fuisset, si exspectasses donec me consuleres, an iter uxoris tuae diplomatibus, quae officio tuo dedi, adiuvandum esset, cum apud amitam suam uxor tua deberet etiam celeritate gratiam adventus sui augere.

PANEGYRICUS

I.

Bene ac sapienter, Patres Conscripti, maiores instituerunt, ut rerum agendarum, ita dicendi initium a precationibus capere: quod nihil rite, nihilque providenter homines, sine deorum immortalium ope, consilio, honore, auspicarentur. Qui mos cui potius, quam consuli, aut quando magis usurpandus colendusque est, quam quum imperio senatus, auctoritate reipublicae, ad agendas optimo principi gratias excitamur? Quod enim praestabilius est aut pulchrius munus deorum, quam castus et sanctus et diis simillimus princeps? Ac si adhuc dubium fuisset, forte casuque rectores terris, an aliquo numine darentur: principem tamen nostrum liqueret divinitus constitutum. Non enim occulta potestate fatorum, sed ab Iove ipso coram ac palam repertus, electus est: quippe inter aras et altaria, eodemque loci, quem deus ille tam manifestus ac praesens, quam caelum ac sidera, insedit. Quo magis aptum piumque est, te, Iupiter optime maxime, antea conditiorem, nunc conservatorem imperii nostri, precari, ut mihi digna consule, digna senatu, digna principe contingat oratio: utque omnibus, quae dicentur a me, libertas, fides, veritas constet: tantumque a specie adulationis absit gratiarum actio mea, quantum abest a necessitate.

II.

Equidem non Consuli modo, sed omnibus civibus enitendum reor, ne quid de Principe nostro ita dicant, ut idem illud de alio dici potuisse videatur. Quare abeant ac recedant voces illae, quas metus exprimebat: nihil, quale ante, dicamus; nihil enim, quale antea, patimur: nec eadem de principe [palam], quae prius, praedicemus; neque enim eadem secreto loquimur, quae prius. Discernatur orationibus nostris diversitas temporum, et ex ipso genere gratiarum agendarum intelligatur, cui, quando sint actae. Nusquam ut deo, nusquam ut numini blandiamur: non enim de tyranno, sed de cive; non de domino, sed de parente loquimur. Unum ille se ex nobis, et hoc magis excellit atque eminet, quod unum ex nobis putat; nec minus hominem se, quam hominibus praeesse meminit. Intelligamus ergo bona nostra, dignosque nos illis usu probemus, atque identidem cogitemus, quam sit indignum, si maius principibus praestemus obsequium, qui servitute civium, quam qui libertate laetantur. Et populus quidem Romanus dilectum principum servat, quantoque paullo ante concentu formosum alium, hunc fortissimum personat; quibusque aliquando clamoribus gestum alterius et vocem, huius pietatem, abstinentiam, mansuetudinem laudat. Quid nos ipsi? divinitatem principis nostri, an humanitatem, temperantiam, facilitatem, ut amor et gaudium tulit, celebrare universi solemus? Iam quid tam civile, tam senatorium, quam illud additum a nobis OPTIMI cognomen? quod peculiare huius et proprium arrogantia priorum principum fecit. Enimvero quam commune, quam ex aequo, quod FELICES NOS, FELICEM ILLUM praedicamus? alternisque votis, HAEC FACIAT, HAEC AUDIAT, quasi non dicturi, nisi fecerit, comprecamur? Ad quas ille voces lacrymis etiam ac multo pudore suffunditur. Agnoscit enim sentitque, sibi, non principi, dici.

III.

Igitur quod temperamentum omnes in illo subito pietatis calore servavimus, hoc singuli quoque meditatique teneamus; sciamusque, nullum esse neque sincerius, neque acceptius genus gratiarum, quam quod illas acclamationes aemuletur, quae fingendi non habent tempus. Quantum ad me attinet, laborabo, ut orationem meam ad modestiam Principis moderationemque submittam, nec minus considerabo, quid aures eius pati possint, quam quid virtutibus debeatur. Magna et inusitata Principis gloria, cui gratias acturus, non tam vereor, ne me in laudibus suis parcum, quam ne nimium putet. Haec me cura, haec difficultas sola circumstat: nam merenti gratias agere facile est, Patres Conscripti. Non enim periculum est, ne, quum loquar de humanitate, exprobrari sibi superbiam credat; quum de frugalitate, luxuriam; quum de clementia, crudelitatem; quum de liberalitate, avaritiam; quum de benignitate, livorem; quum de continentia, libidinem; quum de labore, inertiam; quum de fortitudine, timorem. Ac ne illud quidem vereor, ne gratus ingratusve videar, prout satis aut parum dixero. Animadverto enim, etiam deos ipsos non tam accuratis adorantium precibus, quam innocentia et sanctitate, laetari; gratioremque existimari, qui delubris eorum puram castamquem mentem, quam qui meditatum carmen intulerit.

IV.

Sed parendum est Senatusconsulto, quo ex utilitate publica placuit, ut Consulis voce, sub titulo gratiarum agendarum, boni principes, quae facerent, recognoscerent; mali, quae facere deberent. Id nunc eo magis solemne ac necessarium est, quod parens noster privatas gratiarum actiones cohibet et comprimit, intercessurus etiam publicis, si permitteret sibi vetare, quod Senatus iuberet. Utrumque, Caesar Auguste, moderate, et quod alibi tibi gratias agi non sinis, et quod hic sinis. Non enim a te ipso tibi honor iste, sed agentibus habetur. Cedis affectibus nostris, nec nobis munera tua praedicare, sed audire tibi necesse est. Saepe ego mecum, Patres Conscripti, tacitus agitavi, qualem quantumque esse oporteret, cuius ditione nutuque maria, terrae, pax, bella regerentur: quum interea fingenti formantique mihi principem, quem aequata diis immortalibus potestas deceret, nunquam voto saltem concipere succurrit similem huic, quem videmus. Enituit aliquis in bello, sed obsolevit in pace: alium toga, sed non et arma honestarunt: reverentiam ille terrore, alius amorem humanitate captavit: ille quaesitam domi gloriam in publico, hic in publico partam domi perdidit. Postremo adhuc nemo exstitit, cuius virtutes nullo vitiorum confinio laederentur. At Principi nostro quanta concordia, quantusque concentus omnium laudum omnisque gloriae contigit! Ut nihil severitati eius hilaritate, nihil gravitati simplicitate, nihil maiestati humanitate detrahitur! Iam firmitas, iam proceritas corporis, iam honor capitis, et dignitas oris, ad hoc aetatis indeflexa maturitas, nec sine quodam munere deum festinatis senectutis insignibus ad augendam maiestatem ornata caesaries, nonne longe lateque principem ostentant?

V.

Talem esse oportuit, quem non bella civilia nec armis oppressa respublica, sed pax, et adoptio, et tandem exorata terris numina, dedissent. An fas erat, nihil differre inter imperatorem, quem homines, et quem dii fecissent? quorum quidem in te, Caesar Auguste, iudicium et favor, tunc statim, quum ad exercitum proficiscereris, et quidem inusitato indicio enituit. Nam ceteros principes aut largus cruor hostiarum, aut sinister volatus avium consulentibus nuntiavit: tibi ascendenti de more Capitolium, quamquam non id agentium civium clamor, ut iam principi, occurrit. Siquidem omnis turba, quae limen insederat, ad ingressum tuum foribus reclusis, illa quidem ut tunc arbitrabatur, deum, ceterum, ut docuit eventus, te consalutavit imperatorem. Nec aliter a cunctis omne acceptum est. Nam ipse intelligere nolebas: recusabas enim imperare, recusabas; quod bene erat imperaturi. Igitur cogendus fuisti. Cogi porro non poteras, nisi periculo patriae, et nutatione reipublicae. Obstinatum enim tibi non suscipere imperium, nisi servandum fuisset. Quare ego illum ipsum furorem motumque castrensem reor exstitisse, quia magna vi magnoque terrore modestia tua vincenda erat. Ac sicut maris coelique temperiem turbines tempestatesque commendant; ita ad augendam pacis tuae gratiam illum tumultum praecessisse crediderim. Habet has vices conditio mortalium, ut adversa ex secundis, ex adversis secunda nascantur. Occultat utrorumque semina deus, et plerumque bonorum malorumque caussae sub diversa specie latent.

VI.

Magnum quidem illud seculo dedecus, magnum reipublicae vulnus impressum est. Imperator, et parens generis humani, obsessus, captus, inclusus: ablata mitissimo seni servandorum hominum potestas; ereptumque principi illud in principatu beatissimum, quod nihil cogitur. Si tamen haec sola erat ratio, quae te publicae salutis gubernaculis admoveret; prope est ut exclamem, tanti fuisse. Corrupta est disciplina castrorum, ut tu corrector emendatorque contingeres: inductum pessimum exemplum, ut optimum opponeretur: postremo coactus princeps, quos nollet, occidere, ut daret principem, qui cogi non posset. Olim tu quidem adoptari merebare; sed nescissemus, quantum tibi deberet imperium, si ante adoptatus esses. Exspectatum est tempus, in quo liqueret, non tam accepisse te beneficium, quam dedisse. Confugit in sinum tuum concussa respublica, ruensque imperium super imperatorem imperatoris tibi voce delatum est. Imploratus adoptione, et accitus es, ut olim duces magni a peregrinis externisque bellis ad opem patriae ferendam revocari solebant. Ita filius ac parens uno eodemque momento rem maximam invicem praestitistis: ille tibi imperium dedit, tu illi reddidisti. Solus ergo ad hoc aevi pro munere tanto paria accipiendo fecisti, immo ultro dantem obligasti: communicato enim imperio, solicitior tu, ille securior factus est.

VII.

O novum atque inauditum ad principatum iter! Non te propria cupiditas, proprius metus; sed aliena utilitas, alienus timor principem fecit. Videaris licet quod est amplissimum consequutus inter homines; felicius tamen erat illud, quod reliquisti: sub bono principe privatus esse desiisti. Assumptus es in laborum curarumque consortium, nec te laeta et prospera stationis istius, sed aspera et dura ad capessendam eam compulerunt. Suscepisti imperium, postquam alium suscepti poenitebat. Nulla adoptati cum eo, qui adoptabat, cognatio, nulla necessitudo, nisi quod uterque optimus erat, dignusque alter eligi, alter eligere. Itaque adoptatus es, non, ut prius alius atque alius, in uxoris gratiam. Adscivit enim te filium non vitricus, sed princeps, eodemque animo divus Nerva pater tuus factus est, quo erat omnium. Nec decet aliter filium adsumi, si adsumatur a principe. An

Senatum Populumque Romanum, exercitus, provincias, socios transmissurus uni, successorem e sinu uxoris accipias? summaeque potestatis heredem tantum intra domum tuam quaeras? non per totam civitatem circumferas oculos? et hunc tibi proximum, hunc coniunctissimum existimes, quem optimum, quem diis simillimum inveneris? Imperaturus omnibus, eligi debet ex omnibus. Non enim servulis tuis dominum, ut possis esse contentus quasi necessario herede, sed principem civibus daturus es imperator. Superbum istud et regium, nisi adoptes eum, quem constet imperaturum fuisse, etiamsi non adoptasses. Fecit hoc Nerva, nihil interesse arbitratus, genueris an elegeris, si perinde sine iudicio adoptentur liberi, ac nascuntur: nisi tamen quod aequiore animo ferunt homines, quem princeps parum feliciter genuit, quam quem male elegit.

VIII.

Sedulo ergo vitavit hunc casum, nec iudicia hominum, sed deorum etiam in consilium assumsit. Itaque non tua in cubiculo, sed in templo; nec ante genialem torum, sed ante pulvinar Iovis optimi maximi, adoptio peracta est: qua tandem non servitus nostra, sed libertas et salus et securitas fundabatur. Sibi enim dii gloriam illam vindicaverunt: horum opus, horum illud imperium; Nerva tantum minister fuit: teque qui adoptaret, tam paruit, quam tu, qui adoptabaris. Allata erat ex Pannonia laurea, id agentibus diis, ut invicti imperatoris exortum victoriae insigne decoraret. Hanc Imperator Nerva in gremio Iovis collocarat: quum repente solito maior et augustior, advocata hominum concione deorumque, te filium sibi, hoc est, unicum auxilium fessis rebus adsumsit. Inde quasi deposito imperio, qua securitate, qua gloria laetus (nam quantulum refert, deponas, an partiaris imperium, nisi quod difficilius hoc est?) non secus ac praesenti tibi innixus, tuis humeris se patriamque sustentans, tua iuventa, tuo robore invaluit! Statim consedit omnis tumultus. Non adoptionis opus istud fuit, sed adoptati: atque adeo temere fecerat Nerva, si adoptasset alium. Oblitine sumus, ut nuper post adoptionem non desierit seditio, sed coeperit? Irritamentum istud irarum et fax tumultus fuisset, nisi incidisset in te. An dubium est, ut dare posset imperium imperator, qui reverentiam amiserat, auctoritate eius effectum esse, cui dabatur? Simul filius, simul Caesar, mox Imperator, et consors Tribuniciae potestatis, et omnia pariter, et statim factus es: quae proxime parens verus tantum in alterum filium contulit.

IX.

Magnum hoc tuae moderationis indicium, quod non solum successor imperii, sed particeps etiam sociusque placuisti. Nam successor, etiamsi nolis, habendus est: non est habendus socius, nisi velis. Credentne posteri, patricio et consulari et triumphali patre genitum, quum fortissimum, amplissimum, amantissimum sui exercitum regeret, imperatorem non ab exercitu factum? eidem, quum Germaniae praesideret, Germanici nomen hinc missum? nihil ipsum, ut imperator fieret agitasse? nihil fecisse, nisi quod meruit et paruit? Paruisti enim, Caesar, et ad principatum obsequio pervenisti, nihilque magis a te subiecti animi factum est, quam quod imperare coepisti. Iam Caesar, iam imperator, iam Germanicus, absens et ignarus, et post tanta nomina, quantum ad te pertinet, privatus. Magnum videretur, si dicerem, Nescisti te imperatorem futurum: eras imperator, et esse te nesciebas. Ut vero ad te fortunae tuae nuntius venit, malebas quidem hoc esse, quod fueras, sed non erat liberum. Annon obsequereris principi civis, legatus imperatori, filius patri? Ubi deinde disciplina? ubi mos a maioribus traditus, quodcunque imperator munus iniungeret, aequo animo paratoque subeundi? Quid enim, si provincias ex provinciis, ex bellis bella mandaret? Eodem illum uti iure posse putes, quum ad imperium revocet, quo sit usus, quum ad exercitum miserit; nihilque interesse, ire legatum, an redire principem iubeat, nisi quod maior sit obsequii gloria in eo, quod quis minus velit.

X.

Augebat auctoritatem iubentis in summum discrimen auctoritas eius adducta: utque magis parendum imperanti putares, efficiebatur eo, quod ab aliis minus parebatur. Ad hoc audiebas Senatus Populique consensum. Non unius Nervae iudicium illud, illa electio fuit. Nam qui ubique sunt homines, hoc idem votis expetebant; ille tantum iure principis occupavit, primusque fecit, quod omnes facturi erant. Nec Hercule tantopere cunctis factum placeret, nisi placuisset, antequam fieret. At quo, dii boni, temperamento potestatem tuam fortunamque moderatus es! Imperator titulis et imaginibus et signis, ceterum modestia, labore, vigilantia dux et legatus et miles, quum iam tua vexilla, tuas aquilas magno gradu anteires, neque aliud tibi ex illa adoptione, quam filii pietatem, filii obsequium adsereres, longamque huic nomini aetatem, longamque gloriam precarere. Te providentia deorum primum in locum provexerat; tu adhuc in secundo resistere atque etiam senescere optabas: privatus tibi videbaris, quamdiu imperator et alius esset. Audita sunt vota tua, sed in quantum optimo illi et sanctissimo seni utile fuit, quem dii coelo vindicaverunt, ne quid post illud divinum et immortale factum mortale faceret. Deberi quippe maximo operi hanc venerationem, ut novissimum esset, auctoremque eius statim consecrandum, ut quandoque inter posteros quaereretur, an illud iam deus fecisset. Ita ille nullo magis nomine publicus parens, quam quia tuus. Ingens gloria, ingensque fama, quum abunde expertus esset, quam bene humeris tuis sederet imperium, tibi terras, te terris reliquit; eo ipso carus omnibus ac desiderandus, quod prospexerat, ne desideraretur.

XI.

Quem tu lacrymis primum, ita ut filium decuit, mox templis honestasti, non imitatus illos, qui hoc idem, sed alia mente, fecerunt. Dicavit coelo Tiberius Augustum, sed ut maiestatis crimen induceret: Claudium Nero, sed ut irrideret: Vespasianum Titus, Domitianus Titum: sed ille, ut dei filius, hic, ut frater videretur. Tu sideribus patrem intulisti, non ad metum civium, non in contumeliam numinum, non in honorem tuum, sed quia deum credis. Minus est hoc, quum fit ab his, qui et sese deos putant. Sed licet illum aris, pulvinaribus, flamine colas; non alio magis tamen deum et facis et probas, quam quod ipse talis es. In principe enim, qui electo successore fato concessit, una itemque certissima divinitatis fides est bonus successor. Num ergo tibi ex immortalitate patris aliquid arrogantiae accessit? num hos proximos divinitate parentum desides ac superbos potius, quam illos veteres et antiquos aemularis? qui hoc ipsum imperium peperere, quod modo hostes invaserant contemserantque; quoniam imperatoris pulsi fugatique non aliud maius habebatur indicium, quam si triumpharetur. Ergo sustulerant animos, et iugum excusserant: nec iam nobiscum de sua libertate, sed de nostra servitute, certabant: ac ne inducias quidem, nisi aequis conditionibus inibant, legesque ut acciperent, dabant.

XII.

At nunc rediit omnibus terror et metus, et votum imperata faciendi. Vident enim Romanum ducem, unum ex illis veteribus et priscis; quibus imperatorium nomen addebant contecti caedibus campi et infecta victoriis maria. Accipimus obsides ergo, non emimus: nec ingentibus damnis immensisque muneribus paciscimur, ut vicerimus. Rogant, supplicant; largimur, negamus, utrumque ex imperii maiestate: agunt gratias, qui impetraverunt; non audent queri, quibus negatum est. An audeant, qui sciant, te adsedisse ferocissimis populis eo ipso tempore, quod amicissimum illis, difficillimum nobis: quum Danubius ripas gelu iungit, duratusque glacie ingentia tergo bella transportat: quum ferae gentes non telis magis, quam suo coelo, suo sidere armantur? Sed ubi in proximo tu, non secus ac si mutatae temporum vices essent, illi quidem latibulis suis clausi tenebantur; nostra agmina percursare ripas, et aliena occasione, si permitteres, uti, ultroque hiemem suam barbaris inferre, gaudebant.

XIII.

Haec tibi apud hostes veneratio: quid apud milites? Quam admirationem quemadmodum comparasti? quum tecum inediam, tecum ferrent sitim; quum in illa meditatione campestri militaribus turmis imperatorium pulverem sudoremque misceres, nihil a ceteris, nisi robore ac praestantia differens; quum libero Marte nunc cominus tela vibrares, nunc vibrata susciperes, alacer virtute militum et laetus, quoties aut cassidi tuae aut clypeo gravior ictus incideret; (laudabas quippe ferientes, hortabarisque, ut auderent: et audebant iam:) quum spectator moderatorque ineuntium certamina virorum, arma componeres, tela tentares, ac si quid durius accipienti videretur, ipse vibrares. Quid quum solatium fessis, aegris opem ferres? Non tibi moris tua inire tentoria, nisi commilitonum ante lustrasses; nec requiem corpori, nisi post omnes, dare. Hac mihi admiratione dignus imperator non videretur, si inter Fabricios, et Scipiones, et Camillos talis esset. Tunc enim illum imitationis ardor, semperque melior aliquis accenderet. Postquam vero studium armorum a manibus ad oculos, ad voluptatem a labore translatum est; postquam exercitationibus nostris non veteranorum aliquis, cui decus muralis aut civica, sed Graeculus magister assistit: quam magnum est, [unum] ex omnibus patrio more, patria virtute laetari, et sine aemulo ac sine exemplo secum certare, secum contendere, ac sicut imperat solus, solum ita esse, qui debeat imperare!

XIV.

Nonne incunabula haec tibi, Caesar, et rudimenta, quum puer admodum Parthica lauro gloriam patris augeres, nomenque Germanici iam tum mererere, quum ferociam superbiamque barbarorum ex proximo auditus magno terrore cohiberes, Rhenumque et Euphratem admirationis tuae fama coniungeres? quum orbem terrarum non pedibus magis, quam laudibus peragrares? apud eos semper maior et clarior, quibus postea contigisses. Et necdum imperator, necdum dei filius eras. Germaniam quidem quum plurimae gentes, ac prope infinita vastitas interiacentis soli, tum Pyrenaeus, Alpes, immensique alii montes, nisi his comparentur, muniunt dirimuntque. Per hoc omne spatium quum legiones duceres, seu potius (tanta velocitas erat) raperes: non vehiculum unquam, non equum respexisti. Levis hic, non subsidium itineris, sed decus, et cum ceteris subsequebatur: ut cuius nullus tibi usus, nisi quum die stativorum proximum campum alacritate, discursu, pulvere attolleres. Initium laboris mirer, an finem? Multum est, quod perseverasti: plus tamen, quod non timuisti, ne perseverare non posses. Nec dubito, quin ille, qui te inter illa Germaniae bella ab Hispania usque, ut validissimum praesidium, exciverat, iners ipse alienisque virtutibus tunc quoque invidus imperator, quum ope earum indigeret, tantam admirationem tui non sine quodam timore conceperit, quantam ille genitus Iove post saevos labores duraque imperia regi suo indomitus semper indefessusque referebat; quum aliis super alias expeditionibus munere alio dignus invenireris.

XV.

Tribunus vero disiunctissimas terras, teneris adhuc annis, viri firmitate lustrasti: iam tunc praemonente Fortuna, ut diu penitus perdisceres, quae mox praecipere deberes. Neque enim prospexisse castra, brevemque militiam quasi transisse contentus, ita egisti tribunum, ut esse statim dux posses, nihilque discendum haberes tempore docendi. Cognovisti per stipendia decem mores gentium, regionum situs, opportunitates locorum, et diversam aquarum coelique temperiem, ut patrios fontes patriumque sidus, ferre consuesti. Quoties equos, quoties emerita arma mutasti! Veniet ergo tempus, quo posteri visere, visendum tradere minoribus suis gestient, quis sudores tuos hauserit campus, quae refectiones tuas arbores, quae somnum saxa praetexerint, quod denique tectum magnus hospes impleveris: ut tunc ipsi tibi ingentium ducum sacra vestigia, iisdem in locis, monstrabantur. Verum haec olim: in praesentia quidem, quisquis paullo vetustior miles, hic te commilitone censetur. Quotus enim quisque, cuius tu non ante commilito, quam imperator? Inde est, quod prope omnes nomine appellas: quod singulorum fortia facta commemoras: nec habent adnumeranda tibi pro republica vulnera, quibus statim laudator et testis contigisti.

XVI.

Sed magis praedicanda moderatio tua, quod innutritus bellicis laudibus pacem amas: nec quia vel pater tibi triumphalis, vel adoptionis tuae die dicata Capitolino Iovi laurus, idcirco ex occasione omni quaeris triumphos. Non times bella, nec provocas. Magnum est, Imperator Auguste, magnum est stare in Danubii ripa, si transeas, certum triumphi; nec decertare cupere cum recusantibus: quorum alterum fortitudine, alterum moderatione efficitur. Nam ut ipse nolis pugnare, moderatio; fortitudo tua praestat, ut neque hostes tui velint. Accipiet ergo aliquando Capitolium non mimicos currus, nec falsae simulacra victoriae; sed imperatorem veram ac solidam gloriam reportantem, pacem, tranquillitatem, et tam confessa hostium obsequia, ut vincendus nemo fuerit. Pulchrius hoc omnibus triumphis. Neque enim unquam, nisi ex contemptu imperii nostri factum est, ut vinceremus. Quod si quis barbarus rex eo insolentiae furorisque processerit, ut iram tuam indignationemque mereatur: nae ille, sive interfuso mari, seu fluminibus immensis, seu praecipiti monte defenditur, omnia haec tam prona, tamque cedentia virtutibus tuis sentiet, ut subsedisse montes, flumina exaruisse, interceptum mare, illatasque non classes nostras, sed terras ipsas arbitretur.

XVII.

Videor iam cernere non spoliis provinciarum, et extorto sociis auro, sed hostilibus armis captorumque regum catenis triumphum gravem. Videor ingentia ducum nomina, nec indecora nominibus corpora noscitare. Videor intueri immanibus ausis barbarorum onusta fercula, et sua quemque facta vinctis manibus sequentem: mox ipsum te sublimem, instantemque curru domitarum gentium tergo; ante currum autem clypeos, quos ipse perfoderis. Nec tibi opima defuerint, si quis regum venire in manus audeat, nec modo telorum tuorum, sed etiam oculorum minarumque coniectum toto campo, totoque exercitu opposito, perhorrescat. Meruisti proxima moderatione, ut, quandocunque te vel inferre vel propulsare bellum coegerit imperii dignitas, non ideo vicisse videaris, ut triumphares, sed triumphare, quia viceris.

XVIII.

Aliud ex alio mihi occurrit. Quam speciosum est enim, quod disciplinam castrorum lapsam exstinctamque refovisti, depulso prioris seculi malo, inertia et contumacia et dedignatione parendi? Tutum est reverentiam, tutum caritatem mereri: nec ducum quisquam, aut non amari a militibus, aut amari timet: et inde offensae gratiaeque pariter securi, instant operibus, adsunt exercitationibus, arma, moenia, viros aptant. Quippe non is princeps, qui sibi imminere, sibi intendi putet, quod in hostes paretur: quae persuasio fuit illorum, qui hostilia quum facerent, timebant. Iidem ergo torpere militaria studia, nec animos modo, sed et corpora ipsa languescere, gladios etiam incuria hebetari retundique gaudebant. Duces porro nostri, non tam regum exterorum, quam suorum principum insidias, nec tam hostium, quam commilitonum manus ferrumque metuebant.

XIX.

Est haec natura sideribus, ut parva et exilia validiorum exortus obscuret: similiter Imperatoris adventu Legatorum dignitas inumbratur. Tu tamen maior omnibus quidem eras, sed sine ullius deminutione maior: eandem auctoritatem praesente te quisque, quam absente, retinebat: quin etiam plerisque ex eo reverentia accesserat, quod tu quoque illos reverebare. Itaque perinde summis atque infimis carus, sic imperatorem commilitonemque miscueras, ut studium omnium laboremque, et tanquam exactor intenderes, et tanquam particeps sociusque relevares. Felices illos, quorum fides et industria non per internuntios et interpretes, sed ab ipso te, nec auribus tuis, sed oculis probabantur! Consecuti sunt, ut absens quoque de absentibus nemini magis, quam tibi crederes.

XX.

Iam te civium desideria revocabant, amoremque castrorum superabat caritas patriae. Iter inde placidum ac modestum, ut plane a pace redeuntis. Nec vero ego in laudibus tuis ponam, quod adventum tuum non pater quisquam, non maritus expavit. Affectata aliis castitas, tibi ingenita et innata, interque ea, quae imputare non possis. Nullus in exigendis vehiculis tumultus, nullum circa hospitia fastidium; annona, quae ceteris; ad hoc comitatus accinctus et parens: diceres magnum aliquem ducem, ac te potissimum, ad exercitus ire: adeo nihil, aut certe parum intererat inter imperatorem factum, et brevi futurum. Quam dissimilis nuper alterius principis transitus! si tamen transitus ille, non populatio fuit, cum abactus hospitum exerceret, omniaque dextra laevaque perusta et attrita, ut si vis aliqua, vel ipsi illi barbari, quos fugiebat, inciderent. Persuadendum provinciis erat, illud iter Domitiani fuisse, non principis. Itaque non tam pro tua gloria, quam pro utilitate communi, edicto subiecisti, quid in utrumque vestrum esset impensum. Adsuescat imperator cum imperio calculum ponere: sic exeat, sic redeat, tanquam rationem redditurus; edicat, quid absumpserit. Ita fiet, ut non absumat, quod pudeat dicere. Praeterea futuri principes, velint nolint, sciant tamen, propositisque duobus exemplis meminerint, perinde coniecturam de moribus suis homines esse facturos, prout hoc vel illud elegerint.

XXI.

Nonne his tot tantisque meritis novos aliquos honores, novos titulos merebare? At tu etiam nomen patris patriae recusabas. Quam longa nobis cum modestia tua pugna! quam tarde vicimus! Nomen illud, quod alii primo statim principatus die, ut Imperatoris et Caesaris, receperunt, tu usque eo distulisti, donec tu quoque, beneficiorum tuorum parcissimus aestimator, iam te mereri fatereris. Itaque soli omnium contigit tibi, ut pater patriae esses, ante quam fieres; eras enim in animis, in iudiciis nostris: nec publicae pietatis intererat, quid vocarere; nisi quod ingrata sibi videbatur, si te imperatorem potius vocaret et Caesarem, quum patrem experiretur. Quod quidem nomen qua benignitate, qua indulgentia exerces! ut cum civibus tuis, quasi cum liberis parens, vivis! ut reversus imperator, qui privatus exieras, agnoscis, agnosceris! Eosdem nos, eundem te putas: par omnibus, et hoc tantum ceteris maior, quo melior.

XXII.

Ac primum, qui dies ille, quo exspectatus desideratusque urbem tuam ingressus es! Iam hoc ipsum, quod ingressus es, quam mirum laetumque! Nam priores invehi et importari solebant: non dico quadriiugo curru, et albentibus equis, sed humeris hominum, quod arrogantius erat. Tu sola corporis proceritate elatior aliis et excelsior, non de patientia nostra quendam triumphum, sed de superbia principum egisti. Ergo non aetas quemquam, non valetudo, non sexus retardavit, quo minus oculos insolito spectaculo impleret. Te parvuli noscere, ostentare iuvenes, mirari senes; aegri quoque, neglecto medentium imperio, ad conspectum tui, quasi ad salutem sanitatemque prorepere. Inde alii, se satis vixisse te viso, te recepto; alii, nunc magis esse vivendum, praedicabant. Feminas etiam tunc foecunditatis suae maxima voluptas subiit, quum cernerent, cui principi cives, cui imperatori milites peperissent. Videres referta tecta ac laborantia, ac ne eum quidem vacantem locum, qui non nisi suspensum et instabile vestigium caperet; oppletas undique vias, angustumque tramitem relictum tibi; alacrem hinc atque inde populum, ubique par gaudium paremque clamorem. Tam aequaliter ab omnibus ex adventu tuo laetitia percepta est, quam omnibus venisti: quae tamen ipsa cum ingressu tuo crevit, ac prope in singulos gradus adaucta est.

XXIII.

Gratum erat cunctis, quod senatum osculo exciperes, ut dimissus osculo fueras; gratum, quod equestris ordinis decora honore nominum sine monitore signares; gratum, quod tantum non ultro clientibus salutatis quasdam familiaritatis notas adderes. Gratius tamen, quod sensim et placide, et quantum respectantium turba pateretur, incederes; quod occursantium populus te quoque, te immo maxime, adstaret; quod primo statim die latus tuum crederes omnibus. Neque enim stipatus satellitum manu, sed circumfusus undique nunc senatus, nunc equestris ordinis flore, prout alterutrum frequentiae genus invaluisset, silentes quietosque lictores tuos subsequebare: nam milites nihil a plebe habitu, tranquillitate, modestia differebant. Ubi vero coepisti Capitolium adscendere, quam laeta omnibus adoptionis tuae recordatio! quam peculiare gaudium eorum, qui te primi eodem loco salutaverant imperatorem! Quin etiam deum ipsum tuum praecipuam voluptatem operis sui percepisse crediderim. Ut quidem iisdem vestigiis institisti, quibus parens tuus ingens illud deorum prolaturus arcanum, quae circumstantium gaudia! quam recens clamor! quam similis illi dies, qui hunc genuit diem! ut plena altaribus, augusta victimis cuncta! ut in unius salutem collata omnium vota! quum sibi se ac liberis suis intelligerent precari, quae pro te precarentur. Inde tu in Palatium quidem, sed eo vultu, sed ea moderatione, ut si privatam domum peteres: ceteri ad penates suos quisque, iteraturus gaudii fidem, ubi nulla necessitas gaudendi est.

XXIV.

Onerasset alium eiusmodi introitus; tu quotidie admirabilior et melior, talis denique, qualis alii principes futuros se tantum pollicentur. Solum ergo te commendat augetque temporis spatium. Iunxisti enim ac miscuisti res diversissimas, securitatem olim imperantis, et incipientis pudorem. Non tu civium amplexus ad pedes tuos deprimis, nec osculum manu reddis. Manet Imperatori, quae prior oris humanitas, dexterae verecundia. Incedebas pedibus; incedis: laetabaris labore; laetaris: eademque omnia illa circa te, nihil in ipso te Fortuna mutavit. Liberum est, ingrediente per publicum principe, subsistere, occurrere, comitari, praeterire: ambulas inter nos, non quasi contingas; et copiam tui, non ut imputes, facis. Haeret lateri tuo, quisquis accessit, finemque sermoni suus cuique pudor, non tua superbia, facit. Regimur quidem a te, et subiecti tibi, sed quemadmodum legibus, sumus. Nam et illae cupiditates nostras libidinesque moderantur, nobiscum tamen et inter nos versantur. Emines, excellis, ut honor, ut potestas, quae super homines quidem, hominum sunt tamen. Ante te principes, fastidio nostri, et quodam aequalitatis metu, usum pedum amiserant. Illos ergo humeri cervicesque servorum super ora nostra; te fama, te gloria, te civium pietas super ipsos principes vehunt; te ad sidera tollit humus ita communis, et confusa principis vestigia.

XXV.

Nec vereor, Patres Conscripti, ne longior videar, quum sit maxime optandum, ut ea, pro quibus aguntur principi gratiae, multa sint: quae quidem reverentius fuerit integra illibataque cogitationibus vestris reservari, quam carptim breviterque perstringi; quia fere sequitur, ut illa quidem, de quibus taceas, tanta, quanta sunt, esse videantur. Nisi vero leviter attingi placet, locupletatas tribus, datumque congiarium populo, et datum totum, quum donativi partem milites accepissent. An mediocris animi est, his potius repraesentare, quibus magis negari potest? quamquam in hac quoque diversitate aequalitatis ratio servata est. Aequati sunt enim populo milites, eo quod partem, sed priores; populus militibus, quod posterior, sed totum statim accepit. Enimvero qua benignitate divisum est! quantae curae tibi fuit, ne quis expers liberalitatis tuae fieret! Datum est iis, qui post edictum tuum in locum erasorum subditi fuerant: aequatique sunt ceteris illi etiam, quibus non erat promissum. Negotiis aliquis, valetudine alius, hic mari, ille fluminibus distinebatur: exspectatum est provisumque, ne quis aeger, ne quis occupatus, ne quis denique longe fuisset: veniret quisque, quum vellet: veniret quisque, quum posset. Magnificum, Caesar, et tuum, disiunctissimas terras munificentiae ingenio velut admovere, immensaque spatia liberalitate contrahere: intercedere casibus, occursare fortunae, atque omni ope adniti, ne quis e plebe Romana, dante congiarium te, hominem magis sentiret se fuisse, quam civem.

XXVI.

Adventante congiarii die, observare principis egressum in publicum, insidere vias examina infantium futurusque populus solebat. Labor parentibus erat, ostentare parvulos, impositosque cervicibus adulantia verba blandasque voces edocere: reddebant illi, quae monebantur. Ac plerique irritis precibus surdas principis aures adstrepebant; ignarique quid rogassent, quid non impetrassent, donec plane scirent, differebantur. Tu ne rogari quidem sustinuisti, et quamquam laetissimum oculis tuis esset, conspectu Romanae sobolis impleri, omnes tamen, antequam te viderent adirentve, recipi, incidi iussisti: ut iam inde ab infantia parentem publicum munere educationis experirentur; crescerent de tuo, qui crescerent tibi, alimentisque tuis ad stipendia tua pervenirent, tantumque omnes uni tibi quantum parentibus suis quisque deberet. Recte, Caesar, quod spem Romani nominis sumptibus tuis suscipis. Nullum est enim magno principe immortalitatemque merituro impendii genus dignius, quam quod erogatur in posteros. Locupletes ad tollendos liberos ingentia praemia, et pares poenae, cohortantur; pauperibus educandis una ratio est, bonus princeps. Hic fiducia sui procreatos nisi larga manu fovet, auget, amplectitur, occasum imperii, occasum reipublicae accelerat, frustraque proceres, plebe neglecta, ut defectum corpore caput nutaturumque instabili pondere, tuetur. Facile est coniectare, quod perceperis gaudium, quum te parentum, liberorum, senum, infantium, puerorum clamor exciperet. Haec prima parvulorum civium vox aures tuas imbuit, quibus tu daturus alimenta, hoc maximum praestitisti, ne rogarent. Super omnia est tamen, quod talis es, ut sub te liberos tollere libeat, expediat.

XXVII.

Nemo iam parens filio, nisi fragilitatis humanae vices horret; nec inter insanabiles morbos principis ira numeratur. Magnum quidem est educandi incitamentum, tollere liberos in spem alimentorum, in spem congiariorum; maius tamen, in spem libertatis, in spem securitatis. Atque adeo nihil largiatur princeps, dum nihil auferat; non alat, dum non occidat: nec deerunt, qui filios concupiscant. Contra, largiatur et auferat; alat et occidat: nae ille iam brevi tempore effecerit, ut omnes non posterorum modo, sed sui parentumque poeniteat. Quocirca nihil magis in tua tota liberalitate laudaverim, quam quod congiarium das de tuo, alimenta de tuo: neque a te liberi civium, ut ferarum catuli, sanguine et caedibus nutriuntur: quodque gratissimum est accipientibus, sciunt dari sibi, quod nemini est ereptum, locupletatisque tam multis, pauperiorem esse factum principem tantum: quamquam nec hunc quidem. Nam cuius est, quidquid est omnium, tantum ipse, quantum omnes, habet.

XXVIII.

Alio me vocat numerosa gloria tua: alio autem? quasi vero iam satis veneratus miratusque sim, quod tantam pecuniam profudisti, non ut flagitii tibi conscius ab insectatione eius averteres famam; nec ut tristes hominum moestosque sermones laetiore materia detineres. Nullam congiario culpam, nullam alimentis crudelitatem redemisti, nec tibi bene faciendi fuit caussa, ut, quae male feceras, impune fecisses. Amor impendio isto, non venia quaesita est; populusque Romanus obligatus a tribunali tuo, non exoratus recessit. Obtulisti enim congiarium gaudentibus gaudens, securusque securis; quodque antea principes ad odium sui leniendum tumentibus plebis animis obiectabant, id tu tam innocens populo dedisti, quam populus accepit. Paullo minus, Patres Conscripti, quinque millia ingenuorum fuerunt, quae liberalitas principis nostri conquisivit, invenit, adscivit. Hi subsidium bellorum, ornamentum pacis, publicis sumptibus aluntur, patriamque non ut patriam tantum, verum ut altricem amare condiscunt. Ex his castra, ex his tribus replebuntur; ex his quandoque nascentur, quibus alimentis opus non sit. Dent tibi, Caesar, aetatem dii, quam mereris, serventque animum, quem dederunt: et quanto maiorem infantium turbam iterum atque iterum videbis incidi! Augetur enim quotidie et crescit: non quia cariores parentibus liberi; sed quia principi cives. Dabis congiaria, si voles; [praestabis alimenta, si voles:] illi tamen propter te nascuntur.

XXIX.

Instar ego perpetui congiarii reor affluentiam annonae. Huius aliquando cura Pompeio non minus addidit gloriae, quam pulsus ambitus campo, exactus hostis mari, Oriens triumphis Occidensque lustratus. Nec vero ille civilius, quam parens noster, auctoritate, consilio, fide reclusit vias, portus patefacit, itinera terris, litoribus mare, litora mari reddidit, diversasque gentes ita commercio miscuit, ut, quod genitum esset usquam, id apud omnes natum esse videretur. Nonne cernere datur, ut sine ullius iniuria omnis usibus nostris annus exuberet? Quippe non, ut ex hostico raptae perituraeque in horreis messes, nequidquam quiritantibus sociis auferuntur. Devehunt ipsi, quod terra genuit, quod sidus aluit, quod annus tulit: nec novis indictionibus pressi ad vetera tributa deficiunt. Emit fiscus, quidquid videtur emere. Inde copiae, inde annona, de qua inter licentem vendentemque conveniat: inde hic satietas, nec fames usquam.

XXX.

Aegyptus alendis augendisque seminibus ita gloriata est, ut nihil imbribus coeloque deberet: siquidem proprio semper amne perfusa, nec alio genere aquarum solita pinguescere, quam quas ipse devexerat, tantis segetibus induebatur, ut cum feracissimis terris, quasi nunquam cessura, certaret. Haec inopina siccitate usque ad iniuriam sterilitatis exaruit: quia piger Nilus cunctanter alveo sese ac languide extulerat, ingentibus quoque tunc quidem ille fluminibus conferendus. Hinc pars magna terrarum, mergi palanti amne consueta, alto pulvere incanduit. Frustra tunc Aegyptus nubila optavit, coelumque respexit, quum ipse foecunditatis parens contractior et exilior, iisdem ubertatem eius anni angustiis, quibus abundantiam suam, cohibuisset. Neque enim solum vagus ille, quum expanditur, amnis intra usurpata semper collium substiterat atque haeserat; sed supino etiam ac detinenti solo placido se mollique lapsu refugum abstulerat, necdum satis humentes terras addiderat arentibus. Igitur inundatione, id est ubertate, regio fraudata, sic opem Caesaris invocavit, ut solet amnem suum: nec longius illi adversorum fuit spatium, quam dum nuntiat. Tam velox, Caesar, potentia tua est, tamque in omnia pariter intenta bonitas et accincta, ut tristius aliquid seculo tuo passis, ad remedium salutemque sufficiat, ut scias.

XXXI.

Omnibus equidem gentibus fertiles annos gratasque terras precor: crediderim tamen per hunc Aegypti statum tuas Fortunam vires experiri, tuamque vigilantiam exspectare voluisse. Nam quum omnia ubique secunda merearis: nonne manifestum est, si quid adversi cadat, tuis laudibus, tuisque virtutibus materiem campumque prosterni, quum secunda felices, adversa magnos probent? Percrebuerat antiquitus, urbem nostram nisi opibus Aegypti ali sustentarique non posse. Superbiebat ventosa et insolens natio, quod victorem quidem populum, pasceret tamen; quodque in suo flumine, in suis navibus vel abundantia nostra vel fames esset. Refudimus Nilo suas copias: recepit frumenta, quae miserat, deportatasque messes revexit. Discat igitur Aegyptus, credatque experimento, non alimenta se nobis, sed tributa praestare: sciat, se non esse Populo R. necessariam, et tamen serviat. Post haec, si volet, Nilus amet alveum suum, et fluminis modum servet: nihil hoc ad urbem, ac ne ad Aegyptum quidem, nisi ut inde navigia inania et vacua et similia redeuntibus, hinc plena et onusta et qualia solent venire, mittantur; conversoque munere maris, hinc potius venti ferentes et brevis cursus optentur. Mirum, Caesar, videretur, si desidem Aegyptum cessantemque Nilum non sensisset urbis annona: quae tuis opibus, tua cura usque illuc redundavit, ut simul probaretur, et nos Aegypto posse, et nobis Aegyptum carere non posse. Actum erat de foecundissima gente, si libera fuisset: pudebat sterilitatis insolitae, nec minus erubescebat fame, quam torquebatur; quum pariter a te necessitatibus eius pudorique subventum est. Stupebant agricolae plena horrea, quae non ipsi refersissent, quibus de campis illa subvecta messis, quave in Aegypti parte alius amnis. Ita beneficio tuo, nec maligna tellus, et obsequens Nilus Aegypto quidem saepe, sed gloriae nostrae nunquam largior fluxit.

XXXII.

Quam nunc iuvat provincias omnes in fidem nostram ditionemque venisse, postquam contigit princeps, qui terrarum foecunditatem nunc huc, nunc illuc, ut tempus et necessitas posceret, transferret referretque! qui diremptam mari gentem, ut partem aliquam populi plebisque Romanae, aleret ac tueretur! Et coelo quidem nunquam benignitas tanta, ut omnes simul terras uberet foveatque: hic omnibus pariter, si non sterilitatem, at mala sterilitatis exturbat: hic, si non foecunditatem, at bona foecunditatis importat: hic alternis commeatibus orientem occidentemque connectit, ut, quae ubique feruntur, quaeque expetuntur, omnes gentes invicem capiant, et discant, quanto libertate discordi servientibus sit utilius, unum esse, cui serviant. Quippe discretis quidem bonis omnium, sua cuiusque ad singulos mala; sociatis autem atque permixtis, singulorum mala ad neminem, ad omnes omnium bona pertinent. Sed sive terris divinitas quaedam, sive aliquis amnibus genius, et solum illud et flumen ipsum precor, ut hac principis benignitate contentum, molli gremio semina recondat, multiplicata restituat. Non equidem reposcimus foenus: putet tamen esse solvendum, fallacemque unius anni fidem, omnibus annis, omnibusque postea seculis tanto magis, quia non exigimus, excuset.

XXXIII.

Satisfactum qua civium, qua sociorum utilitatibus. Visum est spectaculum inde non enerve, nec fluxum, nec quod animos virorum molliret et frangeret, sed quod ad pulchra vulnera contemptumque mortis accenderet: quum in servorum etiam noxiorumque corporibus amor laudis et cupido victoriae cerneretur. Quam deinde in edendo liberalitatem, quam iustitiam exhibuit, omni affectione aut intactus, aut maior! Impetratum est, quod postulabatur: oblatum, quod non postulabatur. Institit ultro, et, ut concupisceremus, admonuit: ac sic quoque plura inopinata, plura subita. Iam quam libera spectantium studia, quam securus favor! Nemini impietas, ut solebat, obiecta, quod odisset gladiatorem: nemo e spectatore spectaculum factus, miseras voluptates unco et ignibus expiavit. Demens ille, verique honoris ignarus, qui crimina maiestatis in arena colligebat, ac se despici et contemni, nisi etiam gladiatores eius veneraremur, sibi maledici in illis, suam divinitatem, suum numen violari, interpretabatur; quum se idem quod deos, idem gladiatores quod se putabat.

XXXIV.

At tu, Caesar, quam pulchrum spectaculum pro illo nobis exsecrabili reddidisti! Vidimus delatorum iudicium, quasi grassatorum quasi latronum. Non solitudinem illi, non iter, sed templum, sed forum insederant: nulla iam testamenta secura, nullus status certus: non orbitas, non liberi proderant. Auxerat hoc malum principum avaritia. Advertisti oculos, atque ut ante castris, ita postea pacem foro reddidisti: exscidisti intestinum malum: et provida severitate cavisti, ne fundata legibus civitas eversa legibus videretur. Licet ergo cum fortuna, tum liberalitas tua visenda nobis praebuerit, ut praebuit, nunc ingentia robora virorum, et pares animos, nunc immanitatem ferarum, nunc mansuetudinem incognitam; nunc secretas illas et arcanas, ac sub te primum communes opes: nihil tamen gratius, nihil seculo dignius, quam quod contigit desuper intueri delatorum supina ora, retortasque cervices. Agnoscebamus et fruebamur, quum velut piaculares publicae solicitudinis victimae, supra sanguinem noxiorum, ad lenta supplicia gravioresque poenas ducerentur. Congesti sunt in navigia raptim conquisita, ac tempestatibus dediti. Abirent, fugerentque vastatas delationibus terras: ac, si quem fluctus ac procellae scopulis reservassent, hic nuda saxa et inhospitale litus incoleret: ageret duram et anxiam vitam, relictaque post tergum totius generis humani securitate, moereret.

XXXV.

Memoranda facies, delatorum classis permissa omnibus ventis, coactaque vela tempestatibus pandere, iratosque fluctus sequi, quoscunque in scopulos detulissent. Iuvabat, prospectare statim a portu sparsa navigia, et apud illud ipsum mare agere principi gratias, qui, clementia sua salva, ultionem hominum terrarumque diis maris commendasset. Quantum diversitas temporum posset, tum maxime cognitum est, quum iisdem, quibus antea cautibus innocentissimus quisque, tunc nocentissimus affigeretur; quumque insulas omnes, quas modo senatorum, iam delatorum turba compleret, quos quidem non in praesens tantum, sed in aeternum repressisti, in illa poenarum indagine inclusos. Ereptum alienas pecunias eunt? perdant, quas habent: expellere penatibus gestiunt? suis exturbentur: neque, ut antea, exsanguem illam et ferream frontem nequidquam convulnerandam praebeant punctis, et notas suas rideant; sed spectent paria praemio damna, nec maiores spes, quam metus habeant, timeantque, quantum timebantur. Ingenti quidem animo divus Titus securitati nostrae ultionique prospexerat, ideoque numinibus aequatus est: sed quanto tu quandoque dignior caelo, qui tot res illis adiecisti, propter quas illum deum fecimus! Id hoc magis arduum fuit, quod imperator Nerva, te filio, te successore dignissimus, postquam magna quaedam edicto Titi adstruxerat, nihil reliquisse tibi videbatur, qui tam multa excogitasti, ut si ante te nihil esset inventum. Quae singula quantum tibi gratiae dispensata adiecissent! At tu simul omnia profudisti; ut sol et dies non parte aliqua, sed statim totus, nec uni aut alteri, sed omnibus in commune, profertur.

XXXVI.

Quam iuvat cernere aerarium silens et quietum, et quale ante delatores erat! Nunc templum illud, nunc vere deus, non spoliarium civium, cruentarumque praedarum saevum receptaculum, ac toto in orbe terrarum adhuc locus unus, in quo, optimo principe, boni malis impares essent. Manet tamen honor legum, nihilque ex publica utilitate convulsum: nec poena cuiquam remissa, sed addita est ultio, solumque mutatum, quod iam non delatores, sed leges timentur. At fortasse non eadem severitate fiscum, qua aerarium, cohibes. Immo tanto maiore, quanto plus tibi licere de tuo, quam de publico credis. Dicitur actori, atque etiam procuratori tuo: In ius veni: sequere ad tribunal. Nam tribunal quoque excogitatum principatui est, par ceteris, nisi illud litigatoris amplitudine metiaris. Sors et urna fisco iudicem assignat: licet reiicere, licet exclamare: Hunc nolo, timidus est, et bona seculi parum intelligit: illum nolo, quia Caesarem fortiter amat. Eodem foro utuntur principatus et libertas. Quae praecipua tua gloria est, saepius vincitur fiscus; cuius mala caussa nunquam est, nisi sub bono principe. Ingens hoc meritum: maius illud, quod eos procuratores habes, ut plerumque cives tui non alios iudices malint. Liberum est autem disceptanti dicere: Nolo eum eligere. Neque enim ullam necessitatem muneribus tuis addis, ut qui scias, hanc esse beneficiorum principalium summam, si illis et non uti licet.

XXXVII.

Onera imperii pleraque vectigalia institui, ut pro utilitate communi, ita singulorum iniuriis coegerunt. His Vicesima reperta est, tributum tolerabile et facile heredibus dumtaxat extraneis, domesticis grave. Itaque illis irrogatum est, his remissum: videlicet, quod manifestum erat, quanto cum dolore laturi, seu potius non laturi homines essent, destringi aliquid et abradi bonis, quae sanguine, gentilitate, sacrorum denique societate, meruissent, quaeque nunquam ut aliena et speranda, sed ut sua semperque possessa, ac deinceps proximo cuique transmittenda cepissent. Haec mansuetudo legis veteribus civibus servabatur: novi, seu per Latium in civitatem, seu beneficio principis venissent, nisi simul cognationis iura impetrassent, alienissimi habebantur, quibus coniunctissimi fuerant. Ita maximum beneficium vertebatur in gravissimam iniuriam, civitasque Romana instar erat odii et discordiae et orbitatis, quum carissima pignora, salva ipsorum pietate, distraheret. Inveniebantur tamen, quibus tantus amor nominis nostri inesset, ut Romanam civitatem non Vicesimae modo, verum etiam affinitatum damno bene compensari putarent; sed iis maxime debebat gratuita contingere, a quibus tam magno aestimabatur. Igitur pater tuus sanxit, ut, quod ex matris ad liberos, ex liberorum bonis pervenisset ad matrem, etiamsi cognationum iura non recepissent, quum civitatem adipiscerentur, eius Vicesimam ne darent. Eandem immunitatem in paternis bonis filio tribuit, si modo reductus esset in patris potestatem: ratus, improbe et insolenter ac paene impie his nominibus inseri publicanum, nec sine piaculo quodam sanctissimas necessitudines velut intercedente Vicesima scindi; nullum esse tanti vectigal, quod liberos ac parentes faceret extraneos.

XXXVIII.

Hactenus ille: parcius fortasse, quam decuit optimum principem, sed non parcius, quam optimum patrem, qui Optimum adoptaturus, hoc quoque parentis indulgentissimi fecit, quod delibasse quaedam, seu potius demonstrasse contentus, largam ac prope intactam benefaciendi materiam filio reservavit. Statim ergo muneri eius liberalitas tua adstruxit, ut, quemadmodum in patris filius, sic in hereditate filii pater esset immunis, nec eodem momento, quo pater esse desisset, hoc quoque amitteret, quod fuisset. Egregie, Caesar, quod lacrymas parentum vectigales esse non pateris. Bona filii pater sine deminutione possideat, nec socium hereditatis accipiat, qui non habet luctus: nemo recentem et attonitam orbitatem ad computationem vocet, cogatque patrem, quid reliquerit filius, scire. Augeo Patres Conscripti principis munus, quum ostendo, liberalitati eius inesse rationem. Ambitio enim et iactantia, et effusio, et quidvis potius, quam liberalitas existimanda est, cui ratio non constat. Dignum ergo, Imperator, mansuetudine tua, minuere orbitatis iniurias, nec pati quemquam, filio amisso, insuper affici alio dolore. Sic quoque abunde misera res est, pater filio solus heres: quid si coheredem non a filio accipiat? Adde, quod, quum divus Nerva sanxisset, ut in paternis bonis liberi necessitate Vicesimae solverentur, congruens erat, eandem immunitatem parentes in liberorum bonis obtinere. Cur enim posteris amplior honor, quam maioribus, haberetur? curve non retro quoque recurreret aequitas eadem? Tu quidem, Caesar, illam exceptionem removisti, si modo filius in potestate patris fuisset: intuitus, opinor, vim legemque naturae, quae semper in ditione parentum esse liberos iussit, nec, uti inter pecudes, sic inter homines potestatem et imperium valentioribus dedit.

XXXIX.

Nec vero contentus primum cognationis gradum abstulisse Vicesimae, secundum quoque exemit, cavitque, ut in sororis bonis frater, et contra, in fratris soror, utque avus, avia, in neptis nepotisque, et invicem illi, servarentur immunes. His quoque, quibus per Latium civitas Romana patuisset, idem indulsit, omnibusque inter se cognationum iura commisit, simul et pariter, et more naturae; quae priores principes a singulis rogari gestiebant, non tam praestandi animo, quam negandi. Ex quo intelligi potest, quantae benignitatis, quanti spiritus fuerit, sparsas, atque, ut ita dicam, laceras gentilitates colligere atque connectere, et quasi renasci iubere;

deferre, quod negabatur, atque id praestare cunctis, quod saepe singuli non impetrassent, postremo, ipsum sibi eripere tot beneficiorum occasiones, tam numerosam obligandi imputandique materiam. Indignum credo ei visum, ab homine peti, quod dii dedissent. Sorores estis et frater, avus et nepotes, quid est ergo, cur rogetis, ut sitis? vobis estis. Quid? pro cetera sua moderatione non minus invidiosum putat dare hereditatem, quam auferre. Laeti ergo adite honores, capessite civitatem, neminem hoc necessitudinis abruptum, velut truncum amputatumque destituet: iisdem omnes quibus ante pignoribus, sed honestiores perfruentur. Ac ne remotus quidem, iamque deficientis affinitatis gradus, a qualibet quantitate Vicesimam inferre cogetur. Statuit enim communis omnium parens summam, quae publicanum pati possit.

XL.

Carebit onere Vicesimae parva et exilis hereditas: et si ita gratus heres volet, tota sepulcro, tota funeri serviet. Nemo observator, nemo castigator adsistet. Cuicumque modica pecunia ex hereditate alicuius obvenerit, securus habeat quietusque possideat. Ea lex Vicesimae dicta est, ut ad periculum eius perveniri, nisi opibus, non possit. Conversa est iniquitas in gratulationem; iniuria in votum: optat heres, ut Vicesimam debeat. Additum est, ut, qui eiusmodi ex caussis in diem edicti Vicesimam deberent, nondum tamen intulissent, non inferrent. At in praeteritum subvenire ne dii quidem possunt: tu tamen subvenisti, cavistique, ut desineret quisque debere, quod non esset postea debiturus. Idem effecisti, ne malos principes habuissemus; quo ingenio, si natura pateretur, quam libenter tot spoliatis, tot trucidatis sanguinem et bona refudisses! Vetuisti exigi, quod deberi non tuo seculo coeperat. Alius ut contumacibus irasceretur, tarditatemque solvendi dupli vel et quadrupli irrogatione mulctaret: tu nihil referre iniquitatis existimas, exigas, quod deberi non oportuerit, an constituas, ut debeatur?

XLI.

Feres, Caesar, curam et solicitudinem consularem. Nam mihi cogitanti, eundem te collationes remisisse, donativum reddidisse, congiarium obtulisse, delatores abegisse, vectigalia temperasse, interrogandus videris, satisne computaveris imperii reditus, an tantas vires habeat frugalitas principis, ut tot impendiis, tot erogationibus sola sufficiat. Nam quid est caussae, cur aliis quidem, quum omnia raperent, et rapta retinerent, ut si nihil rapuissent, defuerint omnia? tibi, quum tam multa largiaris, et nihil auferas, omnia supersint? Nunquam principibus defuerunt, qui fronte gravi et tristi supercilio utilitatibus fisci contumaciter adessent; et erant principes ipsi sua sponte avidi et rapaces, et qui magistris non egerent: plura tamen semper a nobis contra nos didicerunt. Sed ad tuas aures quum ceteris omnibus, tum vel maxime avaris adulationibus obstructus est aditus. Silent ergo et quiescunt, et postquam non est, cui suadeatur, qui suadeant, non sunt. Quo evenit, ut tibi quum plurimum pro tuis, plus tamen pro nostris moribus debeamus.

XLII.

Locupletabant et fiscum et aerarium non tam Voconiae et Iuliae leges, quam maiestatis singulare et unicum crimen eorum, qui crimine vacarent. Huius tu metum penitus sustulisti, contentus magnitudine, qua nulli magis caruerunt, quam qui sibi maiestatem vindicabant. Reddita est amicis fides, liberis pietas, obsequium servis: verentur, et parent, et dominos habent. Non enim iam servi nostri principis amici, sed nos sumus: nec pater patriae alienis se mancipiis cariorem, quam civibus suis credit. Omnes accusatore domestico liberasti, unoque salutis publicae signo illud, ut sic dixerim, servile bellum sustulisti, in quo non minus servis, quam dominis praestitisti. Hos enim securos, illos bonos fecisti. Non vis interea laudari; nec fortasse laudanda sint: grata sunt tamen recordantibus principem illum in capita dominorum servos subornantem, monstrantemque crimina, quae tanquam delata puniret magnum et inevitabile, ac toties cuique experiendum malum, quoties quisque similes principi servos haberet.

XLIII.

In eodem genere ponendum est, quod testamenta nostra secura sunt: nec unus omnium, nunc quia scriptus, nunc quia non scriptus, heres. Non tu falsis, non tu iniquis tabulis advocaris. Nullius ad te iracundia, nullius impietas, nullius furor confugit: nec quia offendit alius, nuncuparis, sed quia ipse meruisti. Scriberis ab amicis, ab ignotis praeteriris: nihilque inter privatum et principem interest, nisi quod nunc a pluribus amaris: nam et plures amas. Tene, Caesar, hunc cursum, et probabitur experimento, sitne feracius et uberius, non ad laudem modo, sed ad pecuniam, principi, si herede illo mori homines velint, quam si cogantur. Donavit pater tuus multa, et ipse donasti. Cesserit parum gratus: manent tamen ii, qui bonis eius fruantur, nihilque ex illis ad te nisi gloria redit. Nam liberalitatem iucundiorem debitor gratus, clariorem ingratus facit. Sed quis ante te laudem istam pecuniae praetulit? quotusquisque principum ne id quidem in patrimoniis nostris suum duxit, quod esset de suo? Nonne ut regum, ita Caesarum munera illitos cibis hamos, opertos praeda laqueos, aemulabantur; quum privatis facultatibus velut hausta et implicata, retro secum, quidquid attingerant, referrent?

XLIV.

Quam utile est, ad usum secundorum per adversa venisse! Vixisti nobiscum, periclitatus es, timuisti, quae tunc erat innocentium vita. Scis et expertus es, quantopere detestentur malos principes etiam, qui malos faciunt. Meministi, quae optare nobiscum, quae sis queri solitus. Nam privato iudicio principem geris, meliorem immo te praestas, quam tibi alium precabare. Itaque sic imbuti sumus, ut, quibus erat summa votorum melior pessimo princeps, iam non possimus nisi optimum ferre. Nemo est ergo tam tui, tam ignarus sui, ut locum istum post te concupiscat. Facilius est, ut esse aliquis successor tuus possit, quam ut velit. Quis enim curae tuae molem sponte subeat? quis comparari tibi non reformidet? Expertus et ipse es, quam sit onerosum succedere bono principi, et afferebas excusationem adoptanti. An prona parvaque sunt ad aemulandum, quod nemo incolumitatem turpitudine rependit? Salva est omnibus vita, et dignitas vitae: nec iam consideratus ac sapiens, qui aetatem in tenebris agit. Eadem quippe sub principe virtutibus praemia, quae in libertate: nec benefactis tantum ex conscientia merces. Amas constantiam civium, rectosque ac vividos animos non, ut alii, contundis ac deprimis, sed foves et attollis. Prodest bonos esse, quum sit satis abundeque, si non nocet: his honores, his sacerdotia, his provincias offers: hi amicitia tua, hi iudicio florent. Acuuntur isto integritatis et industriae pretio similes, dissimiles alliciuntur: nam praemia bonorum malorumque bonos ac malos faciunt. Pauci adeo ingenio valent, ut non turpe honestumque, prout bene ac secus cessit, expetant fugiantve; ceteri, ubi laboris inertiae, vigilantiae somno, frugalitatis luxuriae merces datur, eadem ista, quibus alios artibus assequutos vident, consectantur: qualesque sunt illi, tales esse et videri volunt; et dum volunt, fiunt.

XLV.

Et priores quidem principes, excepto patre tuo, praeterea uno aut altero, (et nimis dixi,) vitiis potius civium, quam virtutibus laetabantur: primum, quod in alio sua quemque natura delectat; deinde, quod patientiores servitutis arbitrabantur, quos non deceret esse nisi servos. Horum in sinum omnia congerebant: bonos autem otio aut situ abstrusos, et quasi sepultos, non nisi delationibus et periculis in lucem ac diem proferebant. Tu amicos ex optimis legis, et hercule aequum est, esse eos carissimos bono principi, qui invisi malo fuerint. Scis, ut sunt diversa natura dominatio et principatus, ita non aliis esse principem gratiorem, quam qui maxime dominum graventur. Hos ergo provehis, et ostentas quasi specimen et exemplar, quae tibi secta vitae, quod hominum genus placeat: et ideo non censuram adhuc, non praefecturam morum recepisti, quia tibi beneficiis potius, quam remediis ingenia nostra experiri placet. Et alioquin nescio, an plus moribus conferat princeps, qui bonos esse patitur, quam qui cogit. Flexibiles quamcunque in partem ducimur a principe, atque, ut ita dicam, sequaces sumus. Huic enim cari, huic probati esse cupimus; quod frustra speraverint dissimiles: eoque obsequii continuatione pervenimus, ut prope omnes homines unius moribus vivamus. Porro, non tam sinistre constitutum est, ut, qui malum principem possumus, bonum non possimus imitari. Perge modo, Caesar, et vim effectumque censurae tuum propositum, tui actus obtinebunt. Nam vita principis censura est, eaque perpetua: ad hanc dirigimur, ad hanc convertimur: nec tam imperio nobis opus est, quam exemplo. Quippe infidelis recti magister est metus. Melius homines exemplis docentur, quae in primis hoc in se boni habent, quod approbant, quae praecipiunt, fieri posse.

XLVI.

Et quis terror valuisset efficere, quod reverentia tui effecit? Obtinuit aliquis, ut spectaculum pantomimorum populus Romanus tolli pateretur; sed non obtinuit, ut vellet. Rogatus es tu, quod cogebat alius, coepitque esse beneficium, quod necessitas fuerat. Neque enim a te minore concentu, ut tolleres pantomimos, quam a patre tuo, ut restitueret, exactum est. Utrumque recte: nam et restitui oportebat, quos sustulerat malus princeps; et tolli restitutos. In his enim, quae a malis bene fiunt, hic tenendus est modus, ut appareat, auctorem displicuisse, non factum. Idem ergo populus ille aliquando scenici imperatoris spectator et applausor, nunc in pantomimis quoque aversatur et damnat effeminatas artes, et indecora seculo studia. Ex quo manifestum est, principum disciplinam capere etiam vulgus: quum rem, si ab uno fiat, severissimam, fecerint omnes. Macte hac gravitatis gloria, Caesar, qua consequutus es, ut, quod antea vis et imperium, nunc mores vocarentur. Castigaverunt vitia sua ipsi, qui castigari merebantur: iidemque emendatores, qui emendandi fuerunt. Itaque nemo de severitate tua queritur, et liberum est queri. Sed quum ita comparatum sit, ut de nullo minus principe querantur homines, quam de quo maxime licet; tuo in seculo nihil est, quo non omne hominum genus laetetur et gaudeat. Boni provehuntur; mali, qui est tranquillissimus status civitatis, nec timent nec timentur. Mederis erroribus, sed implorantibus: omnibusque, quos bonos facis, hanc adstruis laudem, ne coegisse videaris.

XLVII.

Quid vitam? quid mores iuventutis? quam principaliter formas! Quem honorem dicendi magistris, quam dignationem sapientiae doctoribus habes! Ut sub te spiritum et sanguinem et patriam receperunt studia! quae priorum temporum immanitas exsiliis puniebat, quum sibi vitiorum omnium conscius princeps inimicas vitiis artes non odio magis, quam reverentia, relegaret. At tu easdem artes in complexu, oculis, auribus habes. Praestas enim, quaecunque praecipiunt, tantumque eas diligis, quantum ab illis probaris. An quisquam studia humanitatis professus, non quum omnia tua, tum vel in primis laudibus ferat admissionum tuarum facilitatem? Magno quidem animo parens tuus hanc ante vos principes arcem PUBLICARUM AEDIUM nomine inscripserat; frustra tamen, nisi adoptasset, qui habitare, ut in publicis, posset. Quam bene cum titulo isto moribus tuis convenit! quamque omnia sic facis, tanquam non alius inscripserit! Quod enim forum, quae templa tam reserata? Non Capitolium, ipsaque illa adoptionis tuae sedes magis publica, magis omnium. Nullae obices, nulli contumeliarum gradus: superatisque iam mille liminibus, ultra semper aliqua dura et obstantia. Magna ante te, magna post te, iuxta tamen maxima quies: tantum ubique silentium, tam altus pudor, ut ad parvos penates et larem angustum ex domo principis, modestiae et tranquillitatis exempla referantur.

XLVIII.

Ipse autem ut excipis omnes! ut exspectas! ut magnam partem dierum inter tot imperii curas quasi per otium transigis! Itaque non ut alias attoniti, nec ut periculum capitis adituri tarditate, sed securi et hilares, quum commodum est, convenimus. Et admittente principe, interdum est aliquid, quod nos domi quasi magis necessarium teneat: excusati semper tibi, nec unquam excusandi sumus. Scis enim sibi quemque praestare, quod te videat, quod te frequentet: ac tanto liberalius ac diutius voluptatis huius copiam praebes. Nec salutationes tuas fuga et vastitas sequitur. Remoramur, resistimus, ut in communi domo, quam nuper immanissima bellua plurimo terrore munierat: quum velut quodam specu inclusa, nunc propinquorum sanguinem lamberet, nunc se ad clarissimorum civium strages caedesque proferret. Obversabantur foribus horror et minae, et par metus admissis et exclusis. Ad haec ipse occursu quoque visuque terribilis: superbia in fronte, ira in oculis, femineus pallor in corpore, in ore impudentia multo rubore suffusa. Non adire quisquam, non adloqui audebat tenebras semper secretumque captantem, nec unquam ex solitudine sua prodeuntem, nisi ut solitudinem faceret.

XLIX.

Ille tamen, quibus sibi parietibus et muris salutem suam tueri videbatur, dolum secum et insidias, et ultorem scelerum deum inclusit. Dimovit perfregitque custodias poena, angustosque per aditus et obstructos, non secus ac per apertas fores et invitantia limina, irrupit: longeque tunc illi divinitas sua, longe arcana illa cubilia saevique secessus, in quos timore, et superbia, et odio hominum agebatur. Quanto nunc tutior, quanto securior eadem domus, postquam non crudelitatis, sed amoris excubiis, non solitudine et claustris, sed civium celebritate defenditur! Ecquid ergo discimus experimento, fidissimam esse custodiam principis ipsius innocentiam? Haec arx inaccessa, hoc inexpugnabile munimentum, munimento non egere. Frustra se terrore succinxerit, qui septus caritate non fuerit: armis enim arma irritantur. Num autem serias tantum partes dierum in oculis nostris coetuque consumis? non remissionibus tuis eadem frequentia, eademque illa socialitas interest? Non tibi semper in medio cibus, semperque mensa communis? Non ex convictu nostro mutua voluptas? Non provocas reddisque sermones? Non ipsum tempus epularum tuarum, quum frugalitas contrahat, extendit humanitas? Non enim ante medium diem distentus solitaria coena spectator adnotatorque convivis tuis immines: nec ieiunis et inanibus plenus ipse et eructans, non tam apponis, quam obiicis cibos, quos dedigneris attingere, aegreque perpessus superbam illam convictus simulationem, rursus te ad clandestinam ganeam occultumque luxum refers. Ergo non aurum, nec argentum, nec exquisita ingenia coenarum, sed suavitatem tuam iucunditatemque miramur: quibus nulla satietas adest, quando sincera omnia, et vera, et ornata gravitate. Neque enim aut peregrinae superstitionis mysteria, aut obscena petulantia, mensis principis oberrat: sed benigna invitatio, et liberales ioci, et studiorum honor. Inde tibi parcus et brevis somnus, nullumque amore nostri angustius tempus, quam quod sine nobis agis.

L.

Sed quum rebus tuis ut participes perfruamur: quae habemus ipsi, quam propria, quam nostra sunt! Non enim exturbatis prioribus dominis, omne stagnum, omnem lacum, omnem etiam saltum, immensa possessione circumvenis: nec unius oculis flumina, fontes, maria deserviunt. Est, quod Caesar non suum videat;

tandemque imperium principis, quam patrimonium, maius est. Multa enim ex patrimonio refert in imperium, quae priores principes occupabant, non ut ipsi fruerentur, sed ne quis alius. Ergo in vestigia sedesque nobilium immigrant pares domini, nec iam clarissimorum virorum receptacula habitatore servo teruntur aut foeda vastitate procumbunt. Datur intueri pulcherrimas aedes, deterso situ auctas ac vigentes. Magnum hoc tuum non erga homines modo, sed erga tecta ipsa meritum, sistere ruinas, solitudinem pellere, ingentia opera eodem quo exstructa sunt animo ab interitu vindicare. Muta quidem illa et anima carentia, sentire tamen et laetari videntur, quod niteant, quod frequententur, quod aliquando coeperint esse domini scientis. Circumfertur sub nomine Caesaris tabula ingens rerum venalium; quo sit detestanda avaritia illius, qui tam multa concupiscebat, quum haberet supervacua tam multa. Tum exitialis erat apud principem, huic laxior domus, illi amoenior villa. Nunc princeps in haec eadem dominos quaerit, ipse inducit: ipsos illos magni aliquando imperatoris hortos, illud nunquam nisi Caesaris suburbanum, licemur, emimus, implemus. Tanta benignitas principis, tanta securitas temporum est, ut ille nos principalibus rebus existimet dignos, nos non timeamus, quod digni esse videmur. Nec vero emendi tantum civibus tuis copiam praebes, sed amoenissima quaeque largiris et donas: ita, inquam, donas, in quae electus, in quae adoptatus es: transfers, quod iudicio accepisti, ac nihil magis tuum credis, quam quod per amicos habes.

LI.

Idem tam parcus in aedificando, quam diligens in tuendo. Itaque non, ut ante, immanium transvectione saxorum urbis tecta quatiuntur. Stant securae domus, nec iam templa nutantia. Satis est tibi, nimiumque, quum successeris frugalissimo principi; mavis recidere aliquid et amputare ex his, quae princeps tanquam necessaria reliquit. Praeterea pater tuus usibus suis detrahebat, quae fortuna imperii dederat: tu tuis, quod pater. At quam magnificus in publicum es? Hinc porticus, inde delubra occulta celeritate properantur, ut non consummata, sed tantum commutata videantur. Hic immensum latus Circi templorum pulchritudinem provocat, digna populo victore gentium sedes, nec minus ipsa visenda, quam quae ex illa spectabuntur: visenda autem cum cetera specie, tum quod aequatus plebis ac principis locus. Siquidem per omne spatium una facies, omnia continua et paria, nec magis proprius spectanti Caesari suggestus, quam propria, quae spectet. Licebit ergo civibus tuis invicem contueri: dabitur, non cubiculum principis, sed ipsum principem cernere: in publico, in populo sedentem: populo, cui locorum quinque millia adiecisti. Auxeras enim numerum eius congiarii facilitate, maioremque in posterum suscipi liberalitatis tuae fide iusseras.

LII.

Horum unum si praestitisset alius, illi iam dudum radiatum caput, et media inter deos sedes auro staret aut ebore, augustioribusque aris et grandioribus victimis invocaretur. Tu delubra non nisi adoraturus intras, tibi maximus honor excubare pro templis, postibusque praetexi. Sic fit, ut dei summum inter homines fastigium servent, quum deorum ipse non adpetas. Itaque tuam statuam in vestibulo Iovis Optimi Maximi unam alteramve, et hanc aeream, cernimus. At paullo ante aditus omnes, omnes gradus, totaque area hinc auro, hinc argento relucebat, seu potius polluebatur: quum incesti principis statuis permixta deorum simulacra sorderent. Ergo istae quidem aereae et paucae manent, manebuntque, quam diu templum ipsum: illae autem aureae et innumerabiles strage et ruina publico gaudio litaverunt. Iuvabat illidere solo superbissimos vultus, instare ferro, saevire securibus, ut si singulos ictus sanguis dolorque sequeretur. Nemo tam temperans gaudii seraeque laetitiae, quin instar ultionis videretur, cernere laceros artus, truncata membra, postremo truces horrendasque imagines abietas, excoctasque flammis; ut ex illo terrore et minis in usum hominum ac voluptates ignibus mutarentur. Simili reverentia, Caesar, non apud Genium tuum bonitati tuae gratias agi, sed apud numen Iovis Optimi Maximi pateris: illi debere nos, quidquid debeamus, illius, quod bene facias, muneris esse, qui te dedit. Ante quidem ingentes hostiarum greges per Capitolinum iter, magna sui parte velut intercepti, devertere via cogebantur: quum saevissimi domini atrocissima effigies tanto victimarum cruore coleretur, quantum ipse humani sanguinis profundebat.

LIII.

Omnia, Patres Conscripti, quae de aliis principibus a me aut dicuntur, aut dicta sunt, eo pertinent, ut ostendam, quam longa consuetudine corruptos depravatosque mores principatus parens noster reformet et corrigat. Alioqui nihil non parum grate sine comparatione laudatur. Praeterea hoc primum erga optimum imperatorem piorum civium officium est, insequi dissimiles. Neque enim satis amarit bonos principes, qui malos satis non oderit. Adiice, quod imperatoris nostri non aliud amplius ac diffusius meritum est, quam quod insectari malos principes tutum est. An excidit dolori nostro modo vindicatus Nero? Permitteret, credo, famam vitamque eius carpi, qui mortem ulciscebatur: nec ut in se dicta interpretaretur, quae de simillimo dicerentur. Quare ego, Caesar, muneribus tuis omnibus comparo, multis antepono, quod licet nobis et in praeteritum de malis imperatoribus quotidie vindicari, et futuros sub exemplo praemonere, nullum locum, nullum esse tempus, quo funestorum principum manes a posterorum exsecrationibus conquiescant. Quo constantius, Patres Conscripti, et dolores nostros et gaudia proferamus: laetemur his, quibus fruimur; ingemiscamus illis, quae patiebamur. Simul utrumque faciendum est sub bono principe. Hoc secreta nostra, hoc sermones, hoc ipsae gratiarum actiones agant; meminerintque, sic maxime laudari incolumem imperatorem, si priores secus meriti reprehendantur. Nam quum de malo principe posteri tacent, manifestum est, eadem facere praesentem.

LIV.

Et quis iam locus miserae adulationis manebat ignarus, quum laudes imperatorum ludis etiam et commissionibus celebrarentur, saltarentur, atque in omne ludibrium effeminatis vocibus, modis, gestibus, frangerentur? Sed illud indignum, quod eodem tempore in senatu et in scena, ab histrione et a consule laudabantur. Tu procul a tui cultu ludicras artes removisti. Seria ergo te carmina, honorque aeternus annalium, non haec brevis et pudenda praedicatio colit: quin etiam tanto maiore consensu in venerationem tui theatra ipsa consurgent, quanto magis de te scenae silebunt. Sed quid ego istud admiror, quum eos quoque honores, qui tibi a nobis offeruntur, aut delibare parcissime, aut omnino soleas recusare? Nihil ante tam vulgare, tam parvum in senatu agebatur, ut non laudibus principum immorarentur, quibuscumque censendi necessitas accidisset. De ampliando numero gladiatorum, aut de instituendo collegio fabrorum consulebamur: et quasi prolatis imperii finibus nunc ingentes arcus, excessurosque templorum fastigium titulos, nunc menses etiam, nec hos singulos, nomini Caesarum dicabamus. Patiebantur illi, et, quasi meruissent, laetabantur. At nunc quis nostrum, tanquam oblitus eius, de quo refertur, censendi officium principis honore consumit? Tuae moderationis laus haec constantia nostra: tibi obsequimur, quod in curiam non ad certamen adulationum, sed ad usum munusque iustitiae convenimus, hanc simplicitati tuae veritatique gratiam relaturi, ut te, quae vis, velle, quae non vis, nolle credamus. Incipimus inde, desinimus ibi, a quo incipi, in quo desini sub alio principe non posset. Nam plerosque ex decretis honoribus et alii non receperunt; nemo ante tantus fuit, ut crederetur noluisse decerni. Quod ego titulis omnibus speciosius reor, quando non trabibus aut saxis nomen tuum, sed monumentis aeternae laudis inciditur.

LV.

Ibit in secula, fuisse principem, cui florenti et incolumi, nunquam nisi modici honores, saepius nulli decernerentur. Et sane, si velimus cum priorum temporum necessitate certare, vincemur: ingeniosior est enim ad excogitandum simulatio veritate, servitus libertate, metus amore. Simul quum iampridem novitas omnis adulatione consumpta sit, non alius erga te novus honor superest, quam si aliquando de te tacere audeamus. Age, si quando pietas nostra silentium rupit, et verecundiam tuam vicit, quae qualiaque decernimus nos, tu non recusas! ut appareat, non superbia et fastidio te amplissimos honores repudiare, qui minores non dedigneris. Pulchrius hoc, Caesar, quam si recusares omnes: nam recusare omnes, ambitionis; moderationis est, eligere parcissimos. Quo temperamento et nobis et aerario consulis: nobis quidem, quod omni liberas suspicione; aerario autem, quod sumptibus eius adhibes modum, ut qui exhaustum non sis innocentium bonis repleturus. Stant igitur effigies tuae, quales olim ob egregia in rempublicam merita privatis dicabantur. Visuntur eadem e materia Caesaris statuae, qua Brutorum, qua Camillorum. Nec discrepat caussa. Illi enim reges hostemque victorem moenibus depulerunt: hic regnum ipsum, quaeque alia captivitas gignit, arcet ac submovet; sedemque obtinet principis, ne sit domino locus. Ac mihi, intuenti sapientiam tuam, minus mirum videtur, quod mortales istos caducosque titulos, aut depreceris, aut temperes. Scis enim, ubi vera principis, ubi sempiterna sit gloria: ubi sint honores, in quos nihil flammis, nihil senectuti, nihil successoribus liceat. Arcus enim et statuas, aras etiam templaque demolitur et obscurat oblivio, negligit carpitque posteritas: contra, contemptor ambitionis, et infinitae potestatis domitor ac frenator animus ipsa vetustate florescit, nec ab ullis magis laudatur, quam quibus minime necesse est. Praeterea, ut quisque factus est princeps, extemplo fama eius, incertum bona an mala, ceterum aeterna est. Non ergo perpetua principi fama quae invitum manet, sed bona concupiscenda est: ea porro non imaginibus et statuis, sed virtute ac meritis prorogatur. Quin etiam leviora haec, formam principis figuramque, non aurum melius, vel argentum, quam favor hominum exprimat teneatque. Quod quidem prolixe tibi cumulateque contingit, cuius laetissima facies et amabilis vultus in omnium civium ore, oculis, animo sedet.

LVI.

Adnotasse vos credo, Patres Conscripti, iamdudum me non eligere, quae referam: propositum est enim mihi, principem laudare, non principis facta. Nam laudabilia multa etiam mali faciunt; ipse laudari, nisi optimus, non potest. Quare non alia maior, imperator auguste, gloria tua, quam quod agentibus tibi gratias nihil velandum est, nihil omittendum est. Quid est enim in principatu tuo, quod cuiusquam praedicatio vel transsilire vel praetervehi debeat? Quod momentum, quod immo temporis punctum, aut beneficio sterile, aut vacuum laude? Nonne omnia eiusmodi, ut is optime te laudasse videatur, qui narraverit fidelissime? Quo fit, ut prope in immensum diffundatur oratio mea: et necdum de biennio loquor. Quam multa dixi de moderatione, et quanto plura adhuc restant! ut illud, quod secundum consulatum recepisti, quia princeps et pater deferebat. At postquam ad te imperii summam, et quum omnium rerum, tum etiam tui potestatem dii transtulerunt; tertium consulatum recusasti, quum agere tam bonum consulem posses. Magnum est, differre honorem: gloriam, maius. Gestum consulatum mirer, an non receptum? gestum non in hoc urbis otio, et intimo sinu pacis; sed iuxta barbaras gentes: ut illi solebant, quibus erat moris paludamento mutare praetextam, ignotasque terras victoria sequi. Pulchrum imperio, gloriosum tibi, quum te socii atque amici, sua in patria, suis in sedibus adierunt. Decora facies consulis: multa post secula tribunal viridi cespite exstructum, nec fascium tantum, sed pilorum signorumque honore circumdatum. Augebant maiestatem praesidentis, diversi postulantium habitus, ac dissonae voces, raraque sine interprete oratio. Magnificum est, civibus iura; quid, hostibus reddere? speciosum, certam fori partem; quid, immanes campos sella curuli victorisque vestigio premere? imminere minacibus ripis tutum quietumque; quid, spernere barbaros fremitus, hostilemque terrorem non armorum magis, quam togarum, ostentatione compescere? Itaque non te apud imagines, sed ipsum praesentem audientemque consalutabant imperatorem: nomenque, quod alii domitis hostibus, tu contemptis merebare.

LVII.

Haec laus acti consulatus; illa dilati, quod adhuc initio principatus, ut iam excusatus honoribus et expletus, consulatum recusasti: quem novi imperatores destinatum aliis, in se transferebant. Fuit etiam, qui in principatus sui fine consulatum, quem dederat ipse, magna ex parte iam gestum, extorqueret et raperet. Hoc ergo honore, quem et incipientes principes et desinentes adeo concupiscunt, ut auferant, tu, otioso ac vacante, privatis cessisti. Invidiosusne erat aut tibi tertius consulatus, aut principi primus? Nam secundum imperator quidem, sub imperatore tamen, inisti: nihilque imputari in eo vel honori potest, vel exemplo, nisi obsequium. Ita vero, quae civitas quinquies, atque etiam sexies, consules vidit, non illos, qui exspirante iam libertate per vim ac tumultum creabantur, sed quibus sepositis et absentibus, in rura sua consulatus ferebantur: in hac civitate tertium consulatum princeps generis humani, ut praegravem, recusasti? Tantone Papyriis etiam et Quinctiis moderatior Augustus, et Caesar, et Pater patriae? At illos respublica ciebat. Quid? te non eadem respublica? non senatus? non consulatus ipse? qui sibi tuis humeris attolli et augescere videtur?

LVIII.

Non te ad exemplar eius voco, qui continuis consulatibus fecerat longum quendam et sine discrimine annum: his te confero, quos certum est, quoties consules fuerunt, non sibi praestitisse. Erat in senatu ter consul, quum tu tertium consulatum recusabas. Onerosum nescio quid verecundiae tuae consensus noster indixerat, ut princeps toties consul esses, quoties senator tuus: nimia modestia istud, etiam privatus, recusasses. An consularis viri triumphalisque filius, quum tertio consul creatur, adscendit? non debitum hoc illi? non vel sola generis claritate promeritum? Contigit ergo privatis aperire annum, fastosque reserare: et hoc quoque redditae libertatis indicium fuit, quod consul alius, quam Caesar, esset. Sic exactis regibus coepit liber annus: sic olim servitus pulsa, privata fastis nomina induxit. Miseros ambitionis, qui ita consules semper, ut semper principes erant! Quamquam non ambitio magis, quam livor et malignitas videri potest, omnes annos possidere, summumque illud purpurae decus non nisi praecerptum praefloratumque transmittere. Tuam vero magnanimitatem, an modestiam, an benignitatem prius mirer? Magnanimitas fuit, expetito semper honore abstinere; modestia, cedere; benignitas, per alios frui.

LIX.

Sed iam tempus est, te ipsi consulatui praestare, ut maiorem eum suscipiendo gerendoque augustiorem facias. Nam saepius recursare, ambiguam ac potius illam interpretationem habet, tanquam minorem putes. Tu quidem ut maximum recusasti; sed hoc persuadere nemini poteris, nisi aliquando et non recusa veris. Quum arcus, quum tropaea, quum statuas deprecaris: tribuenda est verecundiae tuae venia; illa enim sane tibi dicantur: quum vero postulamus, [ut consulatum suscipias gerasque, postulamus,] ut futuros principes doceas inertiae renuntiare, paullisper delicias differre, paullisper et saltem ad brevissimum tempus, ex illo felicitatis somno velut excitatos, induere praetextam quam quum dare possent, occuparint; adscendere curulem, quam detineant; esse denique, quod concupierunt, nec ideo tantum velle consules fieri, ut fuerint. Gessisti alterum consulatum, scio: illum exercitibus, illum provinciis, illum etiam ceteris gentibus poteris imputare, non potes nobis. Audimus quidem, te omne munus consulis obiisse; sed audimus. Diceris iustissimus, humanissimus, patientissimus fuisse; sed diceris. Aequum est aliquando nos iudicio nostro, nostris oculis, non famae semper et rumoribus credere. Quousque absentes de absente gaudebimus? Liceat experiri, an aliquid superbiae tibi ille ipse secundus consulatus attulerit. Multum in commutandis moribus hominum medius annus valet, in principum plus. Didicimus quidem, cui virtus aliqua contingat, omnes inesse: cupimus tamen experiri, an nunc quoque una eademque res sit, bonus consul et bonus princeps. Nam praeter id, quod est arduum, duas, easque summas, simul capere potestates, tum inest utrique nonnulla diversitas, quum principem quam simillimum esse privato, consulem quam dissimillimum, deceat.

LX.

Atque ego video, proximo anno consulatus recusandi hanc praecipuam fuisse rationem, quod eum absens gerere non poteras: sed iam urbi votisque publicis redditus, quid est, in quo magis sis approbaturus, quae quantaque fuerint, quae desiderabamus? Parum est, ut in curiam venias, nisi et convocas: ut intersis senatui, nisi et praesides; ut censentes audias, nisi et perrogas. Vis illud augustissimum consulum aliquando tribunal maiestati suae reddere? adscende. Vis constare reverentiam magistratibus, legibus auctoritatem, modestiam postulantibus? adi. Quod enim interesset reipubliciae, si privatus esses, consulem te haberet tantum, an et senatorem; hoc nunc scito interesse, principem te habeat tantum, an et consulem. His tot tantisque rationibus, quamquam multum reluctata verecundia Principis nostri, tandem tamen cessit. At quemadmodum cessit? Non se ut privatis, sed ut privatos pares sibi faceret. Recepit enim tertium consulatum, ut daret. Noverat moderationem hominum, noverat pudorem, qui non sustinerent tertio consules esse, nisi cum ter consule. Bellorum istud sociis olim, periculorum consortibus, parce tamen tribuebatur; quod tu singularibus viris, ac de te quidem bene ac fortiter meritis praestitisti, sed in toga meritis. Utriusque cura, utriusque vigilantia obstrictus es, Caesar. Sed in principe rarum ac prope insolitum est, ut se putet obligatum, aut, si putet, amet. Debes ergo, Caesar, et solvis. Sed quum ter consules facis, non tibi magnus princeps, sed non ingratus amicus videris. Quin etiam perquam modica quaedam civium merita fortunae tuae viribus in maius extollis. Efficis enim, ut tantum tibi quisque praestitisse videatur, quantum a te recepit. Quid isti benignitati precer? nisi ut semper obliges, obligeris; incertumque facias, utrum magis expediat civibus tuis debere tibi, an praestitisse.

LXI.

Equidem illum antiquum senatum contueri videbar, quum ter consule assidente, tertio consulem designatum rogari sententiam cernerem. Quanti tunc illi, quantusque tu! Accidit quidem, ut corpora quamlibet ardua et excelsa, procerioribus admota, decrescant; item, ut altissimae civium dignitates collatione fastigii tui quasi deprimantur, quantoque propius ad magnitudinem tuam adscenderint, tantum etiam a sua descendisse videantur. Illos tamen tu, quamquam non potuisti tibi aequare, quum velles, adeo in edito collocasti, ut tantum super ceteros, quantum infra te cernerentur. Si unius tertium consulatum eundem in annum, in quem tuum, contulisses: ingentis animi specimen haberetur. Ut enim felicitatis est, quantum velis, posse: sic magnitudinis, velle, quantum possis. Laudandus quidem et ille, qui tertium consulatum meruit; sed magis, sub quo meruit: magnus memorandusque, qui tantum praemium cepit; sed maior, qui capienti dedit. Quid? quod duos pariter tertio consulatu collegii tui sanctitate decorasti? ut sit nemini dubium, hanc tibi praecipuam caussam fuisse extendendi consulatus tui, ut duorum consulatus amplecteretur, et collegam te non uni daret. Uterque nuper consulatum alterum gesserat a patre tuo, id est, quanto minus quam a te? datum: utriusque adhuc oculis paullo ante dimissi fasces oberrabant: utriusque solemnis ille lictorum et praenuntius clamor auribus insederat; quum rursus curulis, rursusque purpura: ut olim, quum hostis in proximo, et in summum discrimen adducta respublica, expertum honoribus virum posceret, non consulatus hominibus iisdem, sed iidem homines consulatibus reddebantur. Tanta tibi benefaciendi vis, ut indulgentia tua necessitates aemuletur. Modo praetextas exuerant; resumant: modo lictores abire iusserant; revocent: modo gratulantes amici recesserant; revertantur. Hominisne istud ingenium est? hominis potestas? renovare gaudia, redintegrare laetitiam, nullamque requiem gratulationibus dare, neque alia repetendis consulatibus intervalla permittere, nisi dum finiuntur? Facias ista semper, nec unquam in hoc opere aut animus tuus, aut fortuna lassetur. Des quam plurimis tertios consulatus, et, quum plurimis tertios consulatus dederis, semper tamen plures, quibus debeas dare, supersint.

LXII.

Omnium quidem beneficiorum, quae merentibus tribuuntur, non ad ipsos gaudium magis, quam ad similes redundat: praecipue tamen ex horum consulatu non ad partem aliquam senatus, sed ad totum senatum tanta laetitia pervenit, ut eundem honorem omnes sibi et dedisse et accepisse videantur. Nempe enim hi sunt, quos senatus, quum publicis sumptibus minuendis optimum quemque praeficeret, elegit, et quidem primos. Hoc est igitur, hoc est, quod penitus illos animo Caesaris insinuavit. An parum saepe experti sumus, hanc esse rerum conditionem, ut senatus favor apud principem aut prosit aut noceat? Nonne paullo ante nihil magis exitiale erat, quam illa principis cogitatio? Hunc senatus probat, hic senatui carus est. Oderat, quos nos amaremus; sed et nos, quos ille. Nunc inter principem senatumque dignissimi cuiusque caritate certatur. Demonstramus invicem, credimus invicem, quodque maximum amoris mutui signum est, eosdem amamus. Proinde, Patres Conscripti, favete aperte, diligite constanter. Non iam dissimulandus est amor, ne noceat: non premendum odium, ne prosit. Eadem Caesar, quae senatus, probat improbatque. Vos ille praesentes, vos etiam absentes in consilio habet. Tertio consules fecit, quos vos elegeratis: et fecit hoc ordine, quo electi a vobis erant. Magnus utique honor vester, sive eosdem maxime diligit, quos scit vobis esse carissimos: sive illis neminem praefert, quamvis aliquem magis amet. Proposita sunt senioribus praemia, iuvenibus exempla: adeant, frequentent securas tandem ac patentes domos: quisquis probatos senatui viros suspicit, hic maxime principem promeretur. Sibi enim accrescere putat, quod cuique adstruatur: nullamque in eo gloriam ponit, quod sit omnibus maior, nisi maximi fuerint, quibus maior est. Persta, Caesar, in ista ratione propositi, talesque nos crede, qualis fama cuiusque est. Huic aures, huic oculos intende: ne respexeris clandestinas existimationes, nullisque magis quam audientibus insidiantes susurros. Melius omnibus, quam singulis creditur: singuli enim decipere et decipi possunt: nemo omnes, neminem omnes fefellerunt.

LXIII.

Revertor iam ad consulatum tuum: etsi sunt quaedam ad consulatum quidem pertinentia, ante consulatum tamen. In primis quod comitiis tuis interfuisti, candidatus, non consulatus tantum, sed immortalitatis, et gloriae, et exempli, quod sequerentur boni principes, mali mirarentur. Vidit te populus Romanus in illa vetere potestatis suae sede: perpessus es longum illud carmen comitiorum, nec iam irridendam moram: consulque sic factus es, ut unus ex nobis, quos facis consules. Quotusquisque principum antecedentium honorem istum aut consulatui habuit, aut populo? Non alii marcidi somno hesternaque coena redundantes, comitiorum suorum nuntios opperiebantur? Alii sane pervigiles et insomnes, sed intra cubilia sua illis ipsis consulibus, a quibus consules renuntiabantur, exsilia et caedem machinabantur. O prava et inscia verae maiestatis ambitio, concupiscere honorem, quem dedigneris, dedignari, quem concupieris: quumque ex proximis hortis campum et comitia prospectes, sic ab illis abesse, tanquam Danubio Rhenoque dirimare! Averseris tu honori tuo sperata suffragia, renuntiarique te consulem iussisse contentus, liberae civitatis ne simulationem quidem serves? Abstineas denique comitiis, abstrusus atque abditus, quasi illic tibi non consulatus detur, sed abrogetur imperium? Haec persuasio superbissimis dominis erat, ut sibi viderentur principes esse desinere, si quid facerent tanquam senatores. Plerique tamen non tam superbia, quam metu quodam submovebantur. An stuprorum sibi incestarumque noctium conscii, auspicia polluere, sacratumque campum nefario auderent contaminare vestigio? Non adeo deos hominesque contemserant, ut in illa spatiosissima sede hominum deorumque coniectos in se oculos ferre ac perpeti possent. Tibi contra et moderatio tua suasit, et sanctitas, ut te et religioni deorum et iudiciis hominum exhiberes.

LXIV.

Alii consulatum ante quam acciperent, tu et dum accipis, meruisti. Peracta erant solennia comitiorum, si principem cogitares, iamque se omnis turba commoverat, quum tu, mirantibus cunctis, accedis ad consulis sellam: adigendum te praebes in verba principibus ignota, nisi quum iurare cogerent alios. Vides, quam necessarium fuerit consulatum non recusare? Non putassemus istud facturum te fuisse, si recusasses. Stupeo, Patres Conscripti, necdum satis aut oculis meis aut auribus credo: atque identidem me, an audierim, an viderim, interrogo. Imperator ergo, et Caesar, et Augustus, Pontifex maximus, stetit ante gremium consulis? seditque consul, principe ante se stante? et sedit inturbatus, interritus, et tanquam ita fieri soleret? Quin etiam sedens stanti praeivit iusiurandum, et ille iuravit, expressit, explanavitque verba, quibus caput suum, domum suam, si sciens fefellisset, deorum irae consecraret. Ingens, Caesar, et par gloria tua, sive fecerint istud postea principes, sive non fecerint. Ullane satis praedicatio digna est, idem tertio consulem fecisse, quod primo? idem principem, quod privatum? idem imperatorem, quod sub imperatore? Nescio iam, nescio, pulchriusne sit istud, quod praeeunte nullo, an hoc, quod alio praeeunte iurasti.

LXV.

In rostris quoque simili religione ipse te legibus subiecisti: legibus, Caesar, quas nemo principi scripsit. Sed tu nihil amplius vis tibi licere, quam nobis: sic fit, ut nos tibi plus velimus. Quod ego nunc primum audio, nunc primum disco: non est princeps supra leges, sed leges supra principem: idem Caesari consuli, quod ceteris, non licet. Iurat in legem attendentibus diis; nam cui magis quam Caesari attendant? Iurat observantibus his, quibus idem iurandum est: non ignarus alioqui, nemini religiosius, quod iuraverit, custodiendum, quam cuius maxime interest, non peierari. Itaque et abiturus consulatu iurasti, te nihil contra leges fecisse. Magnum hoc erat, quum promitteres; maius, postquam praestitisti. Iam toties procedere in rostra, inascensumque illum superbiae principum locum terere, hic suscipere, hic ponere magistratus, quam dignum te, quamque diversum consuetudine illorum, qui pauculis diebus gestum consulatum, immo non gestum, abiiciebant per edictum! Hoc pro concione, pro rostris, pro iureiurando: scilicet ut primis extrema congruerent: utque hoc solo intelligerentur ipsi consules fuisse, quod alii non fuissent.

LXVI.

Non transsilivi, Patres Conscripti, Principis nostri consulatum; sed eundem in locum contuli, quidquid de iureiurando dicendum erat. Neque enim, ut in sterili ieiunaque materia, eandem speciem laudis diducere ac spargere, atque identidem tractare debemus. Illuxerat primus consulatus tui dies, quo tu curiam ingressus, nunc singulos, nunc universos adhortatus es resumere libertatem, capessere quasi communis imperii curas, invigilare publicis utilitatibus et insurgere. Omnes ante te eadem ista dixerunt, nemini tamen ante te creditum est. Erant sub oculis naufragia multorum, quos insidiosa tranquillitate provectos improvisus turbo perculerat. Quod enim tam infidum mare, quam blanditiae principum illorum, quibus tanta levitas, tanta fraus, ut facilius esset iratos, quam propitios habere? Te vero securi et alacres, quo vocas, sequimur. Iubes esse liberos; erimus. Iubes, quae sentimus, promere in medium: proferemus. Neque enim adhuc ignavia quadam et insito torpore cessavimus: terror, et metus, et misera illa ex periculis facta prudentia monebat, ut a republica (erat autem omnino nulla respublica) oculos, aures, animos averteremus. At nunc tua dextera tuisque promissis freti et innixi, obsepta diutina servitute ora reseramus, frenatamque tot malis linguam resolvimus. Vis enim tales esse nos, quales iubes, nihilque exhortationibus tuis fucatum, nihil subdolum, denique nihil, quod credentem fallere paret, non sine periculo fallentis. Neque enim unquam deceptus est princeps, nisi qui prius ipse decepit.

LXVII.

Equidem hunc parentis publici sensum, cum ex oratione eius, tum pronuntiatione ipsa perspexisse videor. Quae enim illa gravitas sententiarum!

quam inaffectata veritas verborum! quae asseveratio in voce! quae affirmatio in vultu! quanta in oculis, habitu, gestu, toto denique corpore fides! Tenebit ergo semper, quod suaserit: scietque nos, quoties libertatem, quam dedit, experiemur, sibi parere. Nec verendum est, ne incautos putet, si fidelitate temporum constanter utamur, quos meminit sub malo principe aliter vixisse. Nuncupare vota et pro aeternitate imperii, et pro salute civium? immo pro salute principum, ac propter illos pro aeternitate imperii solebamus. Haec pro imperio nostro, in quae sint verba suscepta, operae pretium est annotare: SI BENE REMPUBLICAM ET EX UTILITATE OMNIUM REXERIS. Digna vota, quae semper suscipiantur, semperque solvantur. Egit cum diis, ipso te auctore, Caesar, respublica, ut te sospitem incolumemque praestarent, si tu ceteros praestitisses: si contra, illi quoque a custodia tui [capitis] oculos dimoverent, teque relinquerent votis, quae non palam susciperentur. Alii se superstites reipublicae optabant, faciebantque: tibi salus tua invisa est, si non sit cum reipublicae salute coniuncta. Nihil pro te pateris optari, nisi expediat optantibus: omnibusque annis in consilium de te deos mittis; exigisque, ut sententiam suam mutent, si talis esse desieris, qualis electus es. Sed ingenti conscientia, Caesar, pacisceris cum diis, ut te, si mereberis, servent: quum scias, an merearis, neminem magis, quam deos scire. Nonne vobis, Patres Conscripti, haec diebus ac noctibus agitare secum videtur? Ego quidem in me, si omnium utilitas ita posceret, etiam praefecti manum armavi: sed ne deorum quidem aut iram aut negligentiam deprecor: quaeso immo et obtestor, ne unquam pro me vota respublica invita suscipiat; aut, si susceperit invita, ne debeat.

LXVIII.

Capis ergo, Caesar, salutis tuae gloriosissimum fructum ex consensu deorum. Nam quum excipias, ut ITA DEMUM TE DII SERVENT, SE BENE REMPUBLICAM ET EX UTILITATE OMNIUM REXERIS: certus es, te bene rempublicam gerere, cum servent. Itaque securus tibi et laetus dies exit, qui principes alios cura et metu distinebat: quum suspensi et attoniti, parumque confisi patientia nostra, hinc atque inde publicae servitutis nuntios exspectarent. Ac si forte aliquos flumina, nives, venti praepedissent, statim hoc illud esse credebant, quod merebantur; nec erat discrimen ullum pavoris: propterea quod, quum a malo principe tanquam successor timeatur, quisquis est dignior, quum sit nemo non dignior, omnes timentur. Tuam securitatem non mora nuntiorum, non literarum tarditas differt. Scis tibi ubique iurari, quum ipse iuraveris omnibus. Nemo hoc sibi non praestat. Amamus quidem te, in quantum mereris; istud tamen non tui facimus amore, sed nostri: nec unquam illucescat dies, quo pro te nuncupet vota non utilitas nostra, sed fides, Caesar. Turpis tutela principis, cui potest imputari. Queri libet, quod in secreta nostra non inquirant principes, nisi quos odimus. Nam si eadem cura bonis, quae malis essent, quam ubique admirationem tui, quod gaudium exsultationemque deprehenderes! quos omnium cum coniugibus ac liberis, quos etiam cum domesticis aris focisque sermones! Scires mollissimis illis auribus parci. Et alioqui, quum sint odium amorque contraria, hoc perquam simile habent, quod ibi intemperantius amamus bonos principes, ubi liberius malos odimus.

LXIX.

Cepisti tamen et affectus nostri et iudicii experimentum, quantum maximum praesens capere potuisti, illo die, quo solicitudini pudorique candidatorum ita consuluisti, ne ullius gaudium alterius tristitia turbaret. Alii cum laetitia, alii cum spe recesserunt: multis gratulandum, nemo consolandus fuit. Nec ideo segnius iuvenes nostros exhortatus es, senatum circumirent, senatui supplicarent, atque ita a principe sperarent honores, si a senatu petissent. Quo quidem in loco, si quibus opus exemplo, adiecisti, ut te imitarentur. Arduum, Caesar, exemplum, et quod imitari non magis quisque candidatorum, quam principum possit. Quis enim vel uno die reverentior senatus candidatus, quam tu, cum omni vita, tum illo ipso tempore, quo iudicas de candidatis? An aliud a te, quam senatus reverentia obtinuit, ut iuvenibus clarissimae gentis debitum generi honorem, sed antequam deberetur, offerres? Tandem ergo nobilitas non obscuratur, sed illustratur a principe: tandem illos ingentium virorum nepotes, illos posteros libertatis, nec terret Caesar, nec pavet: quin immo festinatis honoribus amplificat atque auget, et maioribus suis reddit. Si quid usquam stirpis antiquae, si quid residuae claritatis; hoc amplexatur, et refovet, et in usum reipublicae promit. Sunt in honore hominum, et in honore famae magna nomina ex tenebris oblivionis, indulgentia Caesaris, cuis est, ut nobiles et conservet et efficiat.

LXX.

Praefuerat provinciae quaestor unus ex candidatis, inque ea civitatis amplissimae reditus egregia constitutione fundaverat. Hoc senatui allegandum putasti. Cur enim te principe, qui generis tui claritatem virtute superasti, deterior esset conditio eorum, qui posteros habere nobiles mererentur, quam eorum, qui parentes habuissent? O de dignum, qui de magistratibus nostris semper haec nunties, nec poenis malorum, sed bonorum praemiis bonos facias! Accensa est iuventus, erexitque animos ad aemulandum, quod laudari videbat: nec fuit quisquam, quem non haec cogitatio subiret, quum sciret, quidquid a quoque in provinciis bene fieret, omnia te scire. Utile est, Caesar, et salutare praesidibus provinciarum, hanc habere fiduciam: paratum esse sanctitati, industriae suae maximum praemium, iudicium principis, suffragium principis. Adhuc autem quamlibet sincera rectaque ingenia, etsi non detorquebat, hebetabat tamen misera, sed vera reputatio. Vides enim: si quid bene fecero, nesciet Caesar; aut si scierit, testimonium non reddet. Ita eadem illa seu negligentia, seu malignitas principum, quum male consultis impunitatem, recte factis nullum praemium polliceretur, nec illos a crimine, et hos deterrebat a laude. At nunc, si bene aliquis provinciam rexerit, huic quaesita virtute dignitas offertur. Patet enim omnibus honoris et gloriae campus: ex hoc quisque, quod cupit, petat, et assecutus, sibi debeat. Provinciis quoque in posterum, et iniuriarum metum, et accusandi necessitatem remisisti. Nam si profuerint, quibus gratias egerint, de nullo queri cogentur. Et alioqui [liquet,] nihil magis prodesse candidato ad sequentes honores, quam peractos. Optime magistratus magistratu, honore honor petitur. Volo ego, qui provinciam rexerit, non tantum codicillos amicorum, nec urbana coniuratione eblanditas preces, sed decreta coloniarum, decreta civitatum alleget. Bene suffragiis consularium virorum urbes, populi, gentes inseruntur. Efficacissimum pro candidato genus est rogandi, gratias agere.

LXXI.

Iam quo assensu senatus, quo gaudio exceptum est, quum candidatis, ut quemque nominaveras, osculo occurreres! devexus quidem in planum, et quasi unus ex gratulantibus. Te mirer magis, an improbem illos, qui effecerunt, ut istud magnum videretur? quum velut affixi curulibus suis manum tantum, et hanc cunctanter et pigre, et imputantibus similes, promerent. Contigit ergo oculis nostris insolita facies, princeps et candidatus [equitis] simul stantes: [contigit] intueri parem accipientibus, honorem qui dabat. Quod factum tuum a cuncto senatu quam vera acclamatione celebratum est, TANTO MAIOR, TANTO AUGUSTIOR! Nam cui nihil ad augendum fastigium superest, hic uno modo crescere potest, si se ipse submittat, securus magnitudinis suae. Neque enim ab ullo periculo fortuna principum longius abest, quam ab humilitate. Mihi quidem non tam humanitas tua, quam intentio eius admirabilis videbatur. Quippe quum orationi oculos, vocem, manum commodares: ut si alii eadem ista mandasses, omnes comitatis numeros obibas. Atque etiam, quum suffragatores candidatorum nomina honore, quo solent, exciperent: tu quoque inter excipientes eras, et ex ore principis ille senatorius assensus audiebatur: quodque apud principem perhibere testimonium merentibus gaudebamus, perhibebatur a principe. Faciebas ergo, quum diceres, OPTIMOS: nec ipsorum modo vita a te, sed iudicium senatus comprobabatur, ornarique se non illos magis, quos laudabas, laetabatur.

LXXII.

Nam quod precatus es, ut illa ipsa ordinatio comitiorum bene ac feliciter eveniret NOBIS, REI PUBLICAE, TIBI; nonne tale est, ut nos hunc ordinem votorum convertere debeamus? deos denique obsecrare, ut omnia, quae facis quaeque facies, prospere cedant TIBI, REI PUBLICAE, NOBIS? vel, si brevius sit optandum, ut UNI TIBI? in quo et res publica et nos sumus. Fuit tempus, ac nimium diu fuit, quo alia adversa, alia secunda principi et nobis: nunc communia tibi nobiscum tam laeta, quam tristia: nec magis sine te nos esse felices, quam tu sine nobis potes. An, si posses, in fine votorum adiecises, UT ITA PRECIBUS TUIS DII ANNUERENT, SI IUDICIUM NOSTRUM MERERI PERSEVERASSES? Adeo nihil tibi amore civium antiquius, ut ante a nobis, deinde a diis, atque ita ab illis amari velis, si a nobis ameris. Et sane priorum principum exitus docuit, ne a diis quidem amari, nisi quos homines ament. Arduum erat, has precationes tuas laudibus adaequare: adaequavimus tamen. Qui amoris ardor, qui stimuli, quae faces illas nobis acclamationes subiecerunt! Non nostri, Caesar, ingenii, sed tuae virtutis tuorumque meritorum voces fuerunt: quas nulla unquam adulatio invenit, nullus cuiusquam terror expressit. Quem sic timuimus, ut haec fingeremus? quem sic amavimus, ut haec fateremur? Nosti necessitatem servitutis: quando simile aliquid audisti, et quando dixisti? Multa quidem excogitat metus, sed quae appareant quaesita ab invitis; aliud solicitudinis, aliud securitatis ingenium est; alia tristium invento, alia gaudentium; neutrum simulationes expresserint. Habent sua verba miseri, sua verba felices: utque iam maxime eadem ab utrisque dicantur, aliter dicuntur.

LXXIII.

Testis ipse es, quae in omnium ore laetitia. Non amictus cuiquam, non habitus, quem modo extulerat. Inde resultantia vocibus tecta, nihilque tantis clamoribus satis clausum. Quis tunc non e vestigio suo exsiluit? quis exsiluisse sensit? Multa fecimus sponte, plura instinctu quodam et imperio. Nam gaudio quoque cogendi vis inest. Num ergo modum ei tua saltem modestia imposuit? Nam quanto magis a te reprimebatur, exarsimus, non contumacia, Caesar: sed ut in tua potestate est, an gaudeamus; ita, in quantum, nec in nostra. Comprobasti et ipse acclamationum nostrarum fidem lacrymarum tuarum veritate. Vidimus humescentes oculos tuos, demissumque gaudio vultum, tantumque sanguinis in ore, quantum in animo pudoris. Atque hoc magis incensi sumus, ut precaremur, ne quando tibi non eadem caussa lacrymarum, utque nunquam frontem tuam [abstergeres]. Hoc ipsum [templum], has sedes nobis quasi responsuras interrogemus, viderintne unquam principis lacrymas: at senatus saepe viderunt. Onerasti futuros principes: sed et posteros nostros. Nam et hi a principibus suis exigent, ut eadem audire mereantur: et illi, quod non audiant, indignabuntur.

LXXIV.

Nihil magis possum proprie dicere, quam quod dictum est a cuncto senatu: O TE FELICEM! Quod quum diceremus, non opes tuas, sed animum mirabamur. Est enim demum vera felicitas, felicitate dignum videri. Sed cum multa illo die dicta sunt sapienter et graviter, tum vel inprimis [hoc]: CREDE NOBIS, CREDE TIBI. Magna hoc fiducia nostri, maiore tamen tui diximus. Alius enim fortasse alium, ipsum se nemo deceperit. Introspiciat modo vitam, seque, quid mereatur, interroget. Proinde dabat vocibus nostris fidem apud optimum principem, quod apud malos detrahebat. Quamvis enim faceremus, quae amantes solent: illi tamen, non amari se, credebant sibi. Super haec precati sumus, ut SIC TE AMARENT DII, QUEMADMODUM TU NOS. Quis hoc aut de se, aut principi diceret mediocriter amanti? Pro nobis ipsis quidem haec fuit summa votorum, ut NOS SIC AMARENT DII, QUOMODO TU. Estne verum, quod inter ista clamavimus: O NOS FELICES! Quid enim felicius nobis, quibus non iam illud optandum est, ut nos diligat princeps, sed dii, quemadmodum princeps? Civitas religionibus dedita, semperque deorum indulgentiam pie merita, nihil felicitati suae putat adstrui posse, nisi ut dii Caesarem imitentur.

LXXV.

Sed quid singula consector et colligo? Quasi vero aut oratione complecti, aut memoria consequi possim, quae vos, Patres Conscripti, ne qua interciperet oblivio, et in publica acta mittenda, et incidenda in aere censuistis. Ante, orationes principum tantum eiusmodi genere monumentorum mandari aeternitati solebant: acclamationes quidem nostrae parietibus curiae claudebantur. Erant enim, quibus nec senatus gloriari nec principes possent. Has vero et in vulgus exire, et posteris prodi, cum ex utilitate, tum ex dignitate publica fuit: primum, ut orbis terrarum pietatis nostrae adhiberetur testis et conscius: deinde, ut manifestum esset, audere nos de bonis malisque principibus, non tantum post ipsos iudicare: postremo, ut experimento cognosceretur, et ante nos gratos, sed miseros fuisse; quibus esse nos gratos probare antea non licuit. At qua contentione, quo nisu, quibus clamoribus expostulatum est, ne affectus nostros, ne tua merita supprimeres! denique, ut in posterum exemplo provideres! Discant et principes acclamationes veras falsasque discernere, habeantque muneris tui, quod iam decipi non poterunt. Non instruendum illis iter ad bonam famam, sed non deserendum: non submovenda adulatio, sed non reducenda est. Certum est, et quae facere, et quae debeant audire, si faciant. Quid nunc ego super ea, quae sum cum toto senatu precatus, pro senatu precer, nisi ut haereat animo tuo gaudium, quod tunc oculis protulisti? Ames illum diem, et tamen vincas: nova merearis, nova audias: eadem enim dici, nisi ob eadem facta, non possunt.

LXXVI.

Iam quam antiquum, quam consulare, quod triduum totum senatus sub exemplo tui sedit, quum interea nihil praeter consulem ageres! Interrogavit quisque, quod placuit: dissentire, discedere, et copiam iudicii sui reipublicae facere, tutum fuit: consulti omnes, atque etiam dinumerati sumus: vicitque sententia non prima, sed melior. At quis antea loqui, quis hiscere audebat, praeter miseros illos, qui primi interrogabantur? Ceteri quidem defixi et attoniti ipsam illam mutam ac sedentariam assentiendi necessitatem, quo cum dolore animi, quo cum totius corporis horrore perpetiebantur! Unus solusque censebat, quod sequerentur omnes, et omnes improbarent, in primis ipse, qui censuerat. Adeo nulla magis omnibus displicent, quam quae sic fiunt, tanquam omnibus placeant. Fortasse imperator in senatu ad reverentiam eius componebatur: ceterum egressus, statim se recipiebat in principem, omniaque consularia officia abigere, negligere, contemnere solebat. Ille vero ita consul, ut si tantum consul foret: nihil infra se putabat, nisi quod infra consulem esset. Ac primum, ita domo progrediebatur, ut illum nullus apparatus arrogantiae principalis, nullus praecursorum tumultus detineret. Una erat in limine mora, consultare aves, revererique numinum monitus. Nemo proturbabatur, nemo submovebatur: tanta viatoribus quies, tantus pudor fascibus, ut plerumque aliena turba subsistere et consulem et principem cogeret. Ipsius quidem officium tam modicum, tam temperatum, ut antiquus aliquis magnusque consul sub bono principe incedere videretur. Iter illi saepius in forum, frequenter tamen et in campum.

LXXVII.

Nam comitia consulum obibat ipse; tantum ex renuntiatione eorum voluptatis, quantum prius ex destinatione capiebat. Stabant candidati ante curulem principis, ut ipse ante consulis steterat: adigebanturque in verba, in quae paullo ante ipse iuraverat princeps; qui tantum putat esse in iureiurando, ut illud et ab aliis exigat. Reliqua pars diei tribunali dabatur. Ibi vero quanta religio aequitatis! quanta legum reverentia! Adibat aliquis ut principem: respondebat, se consulem esse. Nullius ab eo magistratus ius, nullius auctoritas imminuta est: aucta etiam; siquidem pleraque ad praetores remittebat, atque ita, ut collegas vocaret: non quia populare gratumque audientibus, sed quia ita sentiebat. Tantum dignationis in ipso honore ponebat, ut non amplius esse censeret, quod aliquis collega appellaretur a principe, quam quod praetor esset. Ad haec tam assiduus in tribunali, ut labore refici ac reparari videretur. Quis nostrum idem curae, idem sudoris sumit? quis adeo expetitis honoribus aut deservit, aut sufficit? Et sane aequum est, tantum ceteris praestare consulibus ipsum, qui consules facit: quippe etiam Fortunae videbatur indignum, si posset honores dare, qui gerere non posset. Facturus consules doceat, accepturisque amplissimum honorem persuadeat, scire se, quid sit, quod daturus sit: sic fit, ut illi quoque sciant, quid acceperit.

LXXVIII.

Quo iustius senatus, ut susciperes quartum consulatum, et rogavit et iussit. Imperii hoc verbum, non adulationis esse, obsequio tuo crede: quod non alia in re magis aut senatus exigere a te, aut tu praestare senatui debes. Ut enim ceterorum hominum, ita principum, illorum etiam, qui dii sibi videntur, aevum omne ei breve et fragile est. Itaque optimum quemque niti et contendere decet, ut post se quoque reipublicae prosit, moderationis scilicet iustitiaeque monumentis, quae plurima statuere consul potest. Haec nempe intentio tua, ut libertatem revoces ac reducas. Quem ergo honorem magis amare, quod nomen usurpare saepius debes, quam quod primum invenit recuperata libertas? Non est minus civile, et principem esse pariter, et consulem, quam tantum consulem. Habe etiam rationem verecundiae collegarum tuorum; collegarum inquam: ita enim et ipse loqueris, et nos loqui vis. Onerosa erit modestiae illorum tertii consulatus sui recordatio, donec te consulem videant. Neque enim potest non nimium esse privatis, quod principi satis est. Annuas, Caesar, optantibus, quibusque apud deos adesse consuesti, quorum potens es ipse, votorum compotes facias.

LXXIX.

Fortasse sufficiat tibi tertius consulatus: sed nobis tanto minus sufficit. Ille nos instituit et induxit, ut te iterum interumque consulem habere cupiamus. Remissius istud contenderemus, si adhuc non sciremus, qualis esses futurus.

Tolerabilius fuit, experimentum tui nobis, quam usum negari. Dabiturne rursus videre consulem illum? Audiet, reddet, quas proxime, voces? praestabitque gaudium, quantum ipse percipiet? Praesidebit laetitiae publicae, auctor eius et caussa? tentabitque affectus nostros, ut solet, cohibere, nec poterit? Erit pietati senatus cum modestia principis felix speciosumque certamen, seu fuerit victa, seu vicerit? Equidem incognitam quandam, proximaque maiorem praesumo laetitiam. Quis enim est tam imbecilli ingenio, qui non tanto meliorem consulem speret, quanto saepius fuerit? Alius labores, si non continuo se desidiae ac voluptati dedisset, otio tamen et quiete recreasset: hic consularibus curis exsolutus, principales resumpsit; tam diligens temperamenti, ut nec consulis officium princeps, nec principis consul appeteret. Videmus, ut provinciarum desideriis, ut singularum etiam civitatum precibus occurat. Nulla in audiendo difficultas, nulla in respondendo mora: adeunt statim, dimittuntur statim: tandemque principis fores exclusa legationum turba non obsidet.

LXXX.

Quid? in omnibus cognitionibus, quam mitis severitas, quam non dissoluta clementia! Non locupletando fisco sedes, nec aliud tibi sententiae tuae pretium, quam bene iudicasse. Stant ante te litigatores, non de fortunis suis, sed de tua aestimatione soliciti; nec tam verentur, quid de caussa sua, quam quid de moribus sentias. O vere principis, atque etiam consulis, reconciliare aemulas civitates, tumentesque populos non imperio magis, quam ratione compescere: intercedere iniquitatibus magistratuum, infectumque reddere, quidquid fieri non oportuerit: postremo, velocissimi sideris more, omnia invisere, omnia audire, et undecunque invocatum statim, velut numen, adesse et adsistere! Talia esse crediderim, quae ipse mundi parens temperat nutu, si quando oculos demisit in terras et fata mortalium inter divina opera numerare dignatus est: qua nunc parte curarum liber solutusque, caelo tantum vacat, postquam te dedit, qui erga omne hominum genus vice sua fungereris. Fungeris enim, sufficisque mandanti, quum tibi dies omnis summa cum utilitate nostra, cum tua laude, condatur.

LXXXI.

Quodsi quando cum influentibus negotiis paria fecisti, instar refectionis existimas mutationem laboris. Quae enim remissio tibi, nisi lustrare saltus, excutere cubilibus feras, superare immensa montium iuga, et horrentibus scopulis gradum inferre, nullius manu, nullius vestigio adiutum; atque inter haec pia mente adire lucos, et occursare numinibus? Olim haec experientia iuventutis, haec voluptas erat; his artibus futuri duces imbuebantur: certare cum fugacibus feris cursu, cum audacibus robore, cum callidis astu: nec mediocre pacis decus habebatur submota campis irruptio ferarum, et obsidione quadam liberatus agrestium labor. Usurpabant gloriam istam illi quoque principes, qui obire non poterant: usurpabant autem, ut domitas fractasque claustris feras, ac deinde in ipsorum quidem ludibrium emissas, mentita sagacitate colligerent. Huic par capiendi quaerendique sudor, summusque et idem gratissimus labor, invenire. Enim vero, si quando placuit idem corporis robur in maria proferre, non ille fluitantia vela aut oculis sequitur aut manibus: sed nunc gubernaculis assidet, nunc cum valentissimo quoque sodalium certat frangere fluctus, domitare ventos reluctantes, remisque transfretare obstantia freta.

LXXXII.

Quantum dissimilis illi, qui non Albani lacus otium, Baianique torporem et silentium ferre, non pulsum saltem fragoremque remorum perpeti poterat, quin ad singulos ictus turpi formidine horresceret. Itaque procul ab omni sono inconcussus ipse et immotus, religato revinctoque navigio, non secus ac piaculum aliquod, trahebatur. Foeda facies, quum Populi Romani Imperator alienum cursum, alienumque rectorem, velut capta nave, sequeretur. Nec deformitate ista saltem flumina carebant atque amnes. Danubius ac Rhenus tantum illud nostri decoris vehere gaudebant, non minore cum pudore imperii, quod haec Romanae aquilae, Romana signa, Romana denique ripa, quam quod hostium prospectarent: hostium, quibus moris est, eadem illa nunc rigentia gelu flumina, aut campis superflua, nunc liquida ac deferentia, lustrare navigiis, nandoque superare. Nec vero laudaverim per se magnopere duritiam corporis ac lacertorum: sed si his validior toto corpore animus imperitet, quem non fortunae indulgentia molliat, non copiae principales ad segnitiem luxumque detorqueant; tunc ego, seu montibus, seu mari exerceatur, et laetum opere corpus, et crescentia laboribus membra mirabor. Video enim iam inde antiquitus maritos dearum, ac deorum liberos, nec dignitate nuptiarum magis quam his artibus inclaruisse. Simul cogito, quum sint ista ludus et avocamentum huius, quae quantaeque sint illae seriae et intentae, et a quibus se in tale otium recipit, voluptates. Sunt enim voluptates, quibus optime de cuiusque gravitate, sanctitate, temperantia creditur. Nam quis adeo dissolutus, cuius non occupationibus aliqua species severitatis insidat? Otio prodimur. An non plerique principes hoc idem tempus in aleam, stupra, luxum conferebant, quum seriarum laxamenta curarum vitiorum contentione supplerent?

LXXXIII.

Habet hoc primum magna fortuna, quod nihil tectum, nihil occultum esse patitur: principum vero non modo domus, sed cubicula ipsa intimosque secessus recludit, omniaque arcana noscenda famae proponit atque explicat. Sed tibi, Caesar, nihil accommodatius fuerit ad gloriam, quam penitus inspici. Sunt quidem praeclara, quae in publicum profers; sed non minora ea, quae limine tenes. Est magnificum, quod te ab omni contagione vitiorum reprimis ac revocas, sed magnificentius, quod tuos. Quanto enim magis arduum est, alios praestare, quam se: tanto laudabilius, quod, quum ipse sis optimus, omnes circa te similes tui effecisti. Multis illustribus dedecori fuit aut inconsultius uxor assumpta, aut retenta patientius: ita foris claros domestica destruebat infamia: et ne maximi cives haberentur, hoc efficiebat, quod mariti minores erant. Tibi uxor in decus et gloriam cedit. Quid enim illa sanctius? quid antiquius? Nonne, si Pontifici Maximo deligenda sit coniux, aut hanc, aut similem (ubi est autem similis?) elegerit? Quam illa nihil sibi ex fortuna tua, nisi gaudium, vendicat! quam constanter, non potentiam tuam, sed ipsum te reveretur! Idem estis invicem, quod fuistis: probatis ex aequo: nihilque vobis felicitas addidit, nisi quod scire coepistis, quam bene uterque vestrum felicitatem ferat. Eadem quam modica cultu! quam parca comitatu! quam civilis incessu! Mariti hoc opus, qui ita imbuit, ita instituit: nam uxori sufficit obsequii gloria. An, quum videat, quam te nullus terror, nulla comitetur ambitio, non et ipsa cum silentio incedat? ingredientemque pedibus maritum, in quantum patitur sexus, imitetur? Decuerit hoc illam, etiamsi diversa tu facias. Sub hac vero modestia viri, quantam debet verecundiam uxor marito! femina sibi!

LXXXIV.

Soror autem tua, ut se sororem esse meminit! ut in illa tua simplicitas, tua veritas, tuus candor agnoscitur! ut, si quis eam uxori tuae conferat, dubitare cogatur, utrum sit efficacius ad recte vivendum, bene institui, aut feliciter nasci. Nihil est tam pronum ad simultates, quam aemulatio, in feminis praesertim: ea porro maxime nascitur ex coniunctione, aliter aequalitate, exardescit invidia, cuius finis est odium. Quo quidem admirabilius existimandum est, quod mulieribus duabus in una domo, parique fortuna, nullum certamen, nulla contentio est. Suspiciunt invicem, invicem cedunt: quumque te utraque effusissime diligat, nihil sua putant interesse, utram tu magis ames. Idem utrique propositum, idem tenor vitae, nihilque, ex quo sentias duas esse. Te enim imitari, te subsequi student. Ideo utraque mores eosdem, quia utraque tuos, habet: inde moderatio, inde etiam perpetua securitas. Neque enim unquam periclitabuntur esse privatae, quae non desierunt. Obtulerat illis senatus cognomen Augustarum, quod certatim deprecatae sunt, quam diu appellationem patris patriae tu recusasses: seu quod plus esse in eo iudicabant, si uxor et soror tua, quam si Augustae dicerentur. Sed quaecunque illis ratio tantam modestiam suasit, hoc magis dignae sunt, quae in animis nostris et sint et habeantur augustae, quia non vocantur. Quid enim laudabilius feminis, quam si verum honorem non in splendore titulorum, sed in iudiciis hominum reponant, magnisque nominibus pares se faciant, etiam dum recusant?

LXXXV.

Iam etiam et in privatorum animis exoleverat priscum mortalium bonum, amicitia, cuius in locum migraverant assentationes, blanditiae, et peior odio amoris simulatio. Etenim in principum domo nomen tantum amicitiae, inane scilicet irrisumque, manebat. Nam quae poterat esse inter eos amicitia, quorum sibi alii domini, alii servi videbantur? Tu hanc pulsam et errantem reduxisti: habes amicos, quia amicus ipse es. Neque enim, ut alia subiectis, ita amor imperatur: neque est ullus affectus tam erectus, et liber, et dominationis impatiens, nec qui magis vices exigat. Potest fortasse princeps inique, potest tamen odio esse nonnullis, etiamsi ipse non oderit: amari, nisi ipse amet, non potest. Diligis ergo, quum diligaris, et in eo, quod utrinque honestissimum est, tota gloria tua est, qui superior factus, descendis in omnia familiaritatis officia, et in amicum ex imperatore submitteris; immo tunc maxime imperator, quum amicum ex imperatore agis. Etenim quum plurimis amicitiis fortuna principum indigeat, praecipuum est principis opus, amicos parare. Placeat tibi semper haec secta, et cum alias virtutes tuas, tum hanc constantissime teneas: nec unquam persuadeatur, humile esse principi, nisi odisse. Iucundissimum est in rebus humanis amari, sed non minus amare: quorum utroque ita frueris, ut, quum ipse ardentissime diligas, adhuc tamen ardentius diligaris: primum, quia facilius est, unum amare, quam multos: deinde, quia tibi amicos tuos obligandi adest facultas tanta, ut nemo possit te, nisi ingratus, non magis amare.

LXXXVI.

Operae pretium est referre, quod tormentum tibi iniunxeris, ne quid amico negares. Dimisisti optimum virum tibique carissimum, invitus et tristis, et quasi retinere non posses. Quantum amares eum, desiderio expertus es, distractus separatusque, dum cedis et vinceris. Ita, quod fando inauditum, quum princeps et principis amicus diversa velletis, id potius factum est, quod amicus volebat. O rem memoriae literisque mandandam! praefectum praetorii non ex ingerentibus, sed ex subtrahentibus legere: eundemque otio, quod pertinaciter amet, reddere: quumque sis ipse distentus imperii curis, non quietis gloriam cuiquam invidere. Intelligimus, Caesar, quantum tibi pro laboriosa ista statione et exercita debeamus, quum otium a te, tanquam res optima, et petatur, et detur. Quam ego audio confusionem tuam fuisse, quum digredientem prosequeris! Prosequutus enim nec temperasti tibi, quo minus exeunti in litore amplexus osculum ferres. Stetit Caesar in illa amicitiae specula, precatusque maria, celeremque (si tamen ipse voluisset) recursum, nec sustinuit recedentem non etiam atque etiam votis, lacrymis, sequi. Nam de liberalitate taceo. Quibus enim muneribus aequari haec cura principis, haec patientia potest, qua meruisti, ut ille sibi nimium fortis, ac prope durus videretur? Nec dubito, quin agitaverit secum, an gubernacula retorqueret: et fecisset, nisi quod paene ipso contubernio principis felicius iucundiusque est, desiderare principem desiderantem. Et ille quidem, ut maximo fructu suscepti, ita maiore deposti officii gloria fruitur: tu autem facilitate ista consequutus es, ne quem retinere videaris invitum.

LXXXVII.

Civile hoc erat, et parenti publico convenientissimum, nihil cogere, semperque meminisse, nullam tantam potestatem cuiquam dari posse, ut non sit gratior potestate libertas. Dignus es, Caesar, qui officia mandes deponere optantibus; qui petentibus vacationem invitus quidem, sed tamen tribuas; qui ab amicis orantibus requiem non te relinqui putes; qui semper invenias, et quos ex otio revoces, et quos otio reddas. Vos quoque, quos parens noster familiariter inspicere dignatur, fovete iudicium eius, quod de vobis habet: hic vester labor est. Princeps enim, quum in uno probavit amare se scire, vacat culpa, si alios minus amat. Ipsum quidem quis mediocriter diligat, quum leges amandi non det, sed accipiat? Hic praesens, ille mavult absens amari: uterque ametur, ut mavult; nemo in taedium praesentia, nemo in oblivionem absentia veniat. Tenet quisque locum, quem semel meruit; faciliusque est, ut oculis eius vultus absentis, quam ut animo caritas excidat.

LXXXVIII.

Plerique principes, quum essent civium domini, libertorum erant servi: horum consiliis, horum nutu regebantur: per hos audiebant, per hos loquebantur: per hos praeturae etiam, et sacerdotia et consulatus, immo et ab his, petebantur. Tu

libertis tuis summum quidem honorem, sed tamquam libertis, habes; abundeque
sufficere his credis, si probi et frugi existimentur. Scis enim, praecipuum esse
indicium non magni principis magnos libertos. Ac primum neminem in usu
habes, nisi aut tibi, aut patri tuo, aut optimo cuiquam [principum] dilectum;
statimque hos ipsos quotidie deinde ita formas, ut se non tua fortuna, sed sua,
metiantur: et tanto magis digni, quibus honor omnis praestetur a nobis, quia non
est necesse. Iustisne de causis Senatus Populusque Romanus OPTIMI tibi
cognomen adiecit? Paratum id quidem, et in medio positum, novum tamen. Scias
neminem ante meruisse, quod non erat excogitandum, si quis meruisset. An satius
fuit, FELICEM vocare? quod non moribus, sed fortunae datum est: satius,
MAGNUM? cui plus invidiae, quam pulchritudinis inest. Adoptavit te optimus
princeps in suum, senatus in OPTIMI nomen. Hoc tibi tam proprium, quam
paternum; nec magis definite distincteque designat, qui TRAIANUM, quam qui
OPTIMUM appellat: ut olim frugalitate Pisones, sapientia Laelii, pietate Metelli
monstrabantur. Quae simul omnia uno isto nomine continentur. Nec videri
potest optimus, nisi qui est omnibus optimis in sua cuiusque laude praestantior.
Merito tibi ergo post ceteras appellationes haec est addita, ut maior. Minus est
enim, imperatorem et Caesarem et Augustum, quam omnibus imperatoribus et
Caesaribus et Augustis esse meliorem. Ideoque ille parens hominum deorumque
OPTIMI prius, deinde MAXIMI nomine colitur. Quo praeclarior laus tua, quem
non minus constat optimum esse, quam maximum. Adsequutus es nomen, quod
ad alium transire non possit, nisi ut appareat in bono principe alienum, in malo
falsum: quod licet omnes postea usurpent, semper tamen agnoscetur ut tuum.
Etenim, ut nomine AUGUSTI admonemur eius, cui primum dicatum est, ita
haec OPTIMI appellatio nunquam memoriae hominum sine te recurret,
quotiesque posteri nostri OPTIMUM aliquem vocare cogentur, toties
recordabantur, quis meruerit vocari.

LXXXIX.

Quanto nunc, dive Nerva, gaudio frueris, quum vides, et esse OPTIMUM et dici,
quem tamquam optimum elegisti! quam laetum tibi, quod comparatus filio tuo
vinceris! Neque enim alio magis approbatur animi tui magnitudo, quam quod
optimus ipse non timuisti eligere meliorem. Sed et tu, pater Traiane, (nam tu
quoque, si non sidera, proximam tamen sideribus obtines sedem) quantam
percipis voluptatem, quum illum tribunum, illum militem tuum, tantum
imperatorem, tantum principem cernis! cumque eo, qui adoptavit, amicissime
contendis, pulchrius fuisse genuisse talem, an elegisse! Macte uterque ingenti in

rempublicam merito, cui hoc tantum boni contulistis! Licet alteri vestrum filii virtus triumphalia, coelum alteri dederit: non minor tamen vestra laus, quod ista per filium, quam si ipsi meruissetis.

XC.

Scio, Patres Conscripti, cum ceteros cives, tum praecipue consules, oportere sic affici, ut se publice magis, quam privatim, obligatos putent. Ut enim malos principes rectius pulchriusque est ex communibus iniuriis odisse, quam propriis: ita boni speciosius amantur ob ea, quae generi humano, quam quae hominibus praestant. Quia tamen in consuetudinem venit, ut consules, publica gratiarum actione perlata, suo quoque nomine, quantum debeant principi, profiteantur: concedite, me non pro me magis munere isto, quam pro collega meo, Cornuto Tertullo, clarissimo viro, fungi. Cur enim non pro illo quoque gratias agam, pro quo non minus debeo? praesertim quum indulgentissimus imperator in concordia nostra ea praestiterit ambobus, quae si tantum in alterum contulisset, ambos tamen aequaliter obligasset. Utrumque nostrum ille optimi cuiusque spoliator et carnifex stragibus amicorum, et in proximum iacto fulmine afflaverat. Iisdem enim amicis gloriabamur, eosdem amissos lugebamus: ac sicut nunc spes gaudiumque, ita tunc communis nobis dolor et metus erat. Habuerat hunc honorem periculis nostris divus Nerva, ut nos, etsi minus ut bonos, tamen promovere vellet: quia mutati seculi signum et hoc esset, quod florerent, quorum praecipuum votum ante fuerat, ut memoriae principis elaberentur.

XCI.

Nondum biennium compleramus in officio laboriosissimo et maximo, quum tu nobis, optime principum, fortissime imperatorum, consulatum obtulisti, ut ad summum honorem gloria celeritatis accederet. Tantum inter te et illos principes interest, qui beneficiis suis commendationem ex difficultate captabant, gratioresque accipientibus honores arbitrabantur, si prius illos desperatio, et taedium, et similis repulsae mora, in notam quandam pudoremque vertissent. Obstat verecundia, quo minus percenseamus, quo utrumque nostrum testimonio ornaris: ut amore recti, amore reipublicae, priscis illis consulibus aequaveris. Merito nec ne, neutram in partem decernere audeamus; quia nec fas est, affirmationi tuae derogare, et onerosum confiteri, vera esse, quae de nobis, praesertim tam magnifica, dixisti. Tu tamen dignus es, qui eos consules facias, de quibus possis ista praedicare. Tribuas veniam, quod inter haec beneficia tua gratissimum est nobis, quod nos rursus collegas esse voluisti. Ita caritas mutua, ita congruens tenor vitae, ita una eademque ratio propositi postulabat: cuius ea vis, ut morum similitudo concordiae nostrae gloriam minuat, ac perinde sit mirum, si alter nostrum a collega, ac si a seipso dissentiat. Non ergo temporarium et subitum est, quod uterque collegae consulatu, tamquam iterum suo gaudet; nisi quod tamen, qui rursus consules fiunt, bis quidem, sed temporibus diversis obligantur: nos duos consulatus accipimus simul, simul gerimus, alterque in altero consul, sed iterum et pariter sumus.

XCII.

Illud vero quam insigne, quod nobis praefectis aerario consulatum ante, quam successorem dedisti! Aucta est dignitas dignitate: neque continuatus tantum, sed geminatus est honor, finemque potestatis alterius, tamquam parum esset excipere, praevenit. Tanta tibi integritatis nostrae fiducia fuit, ut non dubitares, te salva diligentiae tuae ratione esse facturum, si nos post maximum officium privatos esse non sineres. Quid, quod eundem in annum consulatum nostrum contulisti? Ergo non alia nos pagina, quam quae te consulem accipiet, et nostra quoque nomina addentur fastis, quibus ipse praescriberis. Tu comitiis nostris praesidere, tu nobis sanctissimum illud carmen praeire dignatus es, tuo iudicio consules facti, tua voce renuntiati sumus: ut idem honoribus nostris suffragator in curia, in campo declarator exsisteres. Nam quod eum potissimum mensem attribuisti, quem tuus natalis exornat, quam pulchrum nobis! quibus edicto, quibus spectaculo celebrare continget diem illum, triplici gaudio laetum: qui principem abstulit pessimum, dedit optimum, meliorem optimo genuit. Nos sub oculis tuis augustior solito currus accipiet: nos inter secunda omina, et vota certantia, quae praesenti tibi conferentur, vehemur alacres, et incerti, ex utra parte maior auribus nostris accidat clamor.

XCIII.

Super omnia tamen praedicandum videtur, quod pateris consules esse, quos fecisti: quippe nullum periculum, nullus ex principe metus consulares animos debilitat et frangit: nihil invitis audiendum, nihil coactis decernendum erit. Manet manebitque honori veneratio sua, nec securitatem auctoritate perdemus. Ac si quid forte ex consulatus fastigio fuerit diminutum, nostra haec erit culpa, non seculi. Licet enim, quantum ad principem, licet tales consules agere, quales ante principes erant. Ullamne tibi pro beneficiis referre gratiam parem possumus? nisi tantum illam, ut semper nos meminerimus consules fuisse, et consules tuos; ea sentiamus, ea censeamus, quae consularibus digna sunt; ita versemur in republica, ut credamus esse rempublicam. Non consilium nostrum, non operam subtrahamus, nec disiunctos nos et quasi dimissos consulatu, sed quasi adstrictos et devinctos putemus; eundemque locum laboris et curae, quem reverentiae dignitatisque, teneamus.

XCIV.

In fine orationis praesides custodesque imperii deos, ego consul pro rebus humanis, ac te praecipue, Capitolone Iupiter, precor, ut beneficiis tuis faveas, tantisque addas muneribus perpetuitatem. Audisti, quae malo principi precabamur; exaudi, quae pro dissimillimo optamus. Non te distringimus votis. Non enim pacem, non concordiam, non securitatem, non opes oramus, non honores: simplex cunctaque ista complexum unum omnium votum est, SALUS PRINCIPIS. Nec vero nova tibi iniungimus. Tu enim iam tunc illum in tutelam recepisti, quum praedonis avidissimi faucibus eripuisti. Neque enim sine auxilio tuo, quum altissima quaeque quaterentur, hic, qui omnibus excelsior, inconcussus stetit. Praeteritus est a pessimo principe, qui praeteriri ab optimo non potuit. Tu clara iudicii tui signa misisti, quum proficiscenti ad exercitum tuo nomine, tuo honore cessisti. Tu voce imperatoris quid sentires locutus, filium illi, nobis parentem, tibi pontificem maximum elegisti. Quo maiore fiducia iisdem illis votis, quae ipse pro se nuncupari iubet, oro et obtestor, si bene rempublicam, si ex utilitate omnium regit, primum, ut illum nepotibus nostris ac pronepotibus serves: deinde, ut quandoque successorem ei tribuas, quem genuerit, quem formaverit, similemque fecerit adoptato; aut, si hoc fato negatur, in consilio sis eligenti, monstresque aliquem, quem adoptari in Capitolio deceat.

XCV.

Vobis, Patres Conscripti, quantum debeam, publicis etiam monimentis continetur. Vos mihi in tribunatu quietis, in praetura modestiae; vos in istis officiis etiam, quae e studiis nostris circa tuendos socios iniunxeratis, cuncti constantiae antiquissimum testimonium perhibuistis. Vos proxime destinationem consulatus mei his acclamationibus approbavistis, ut intelligam, etiam atque etiam enitendum mihi, ut hunc consensum vestrum complectar, et teneam, et in dies augeam. Etenim memini, tunc verissime iudicari, meruerit quis honorem, nec ne, quum adeptus est. Vos modo favete huic proposito, et credite, si cursu quodam provectus ab illo insidiosissimo principe, antequam profiteretur odium bonorum, postquam professus est, substiti; quum viderem, quae ad honores compendia paterent, longius iter malui; si malis temporibus inter moestos et paventes, bonis inter securos gaudentesque numeror; si denique in tantum diligo optimum principem, in quantum invisus pessimo fui. Ego reverentiae vestrae sic semper inserviam, non ut me consulem, et mox consularem, sed ut candidatum consulatus putem.

Also Available from JiaHu Books

Ἰλιάς - The Iliad (Ancient Greek) - 9781909669222

Ὀδύσσεια - The Odyssey (Ancient Greek) -

9781909669260

Ἀνάβασις - Anabasis (Ancient Greek)

9781909669321

Μήδεια - Βάκχαι Medea and Bacchae (Ancient Greek) - 9781909669765

Νεφέλαι - Λυσιστράτη Clouds and Lysistrata (Ancient Greek) -
9781909669956

De rerum natura - Lucretius - 9781909669970

Metamorphoses - Ovid (Latin) 9781909669352

Satyricon (Latin) - 9781909669789

Metamorphoses - Asinus Aureus (Latin) -

9781909669802

Plays of Terence (Latin) - 9781909669994

Egils Saga (Old Norse) - 9781909669093

Egils Saga (Icelandic) - 9781909669857

Brennu-Njáls saga (Icelandic) - 9781909669925

Laxdæla Saga (Icelandic) - 9781909669871

अभीज्ञानशाकु न्ताकम्- Recognition of Sakuntala (Sanskrit) - 978909669192

CPSIA information can be obtained
at www.ICGtesting.com
Printed in the USA
FSHW020605281218
54731FS

9 781909 669987